Cuprins

POVEȘTILE SULINEI
PIEDICI ÎN CALEA UITĂRII

"Sulina este locul unde oameni din toate colțurile lumii s-au adunat pentru a-și croi destine și a dezvolta această localitate, pe un pământ adus din toate zările, fie de corăbii ca lest, fie de Dunăre sub formă de aluviuni. Aici, diversitatea și efortul comun se împletesc pentru a crea un mozaic al prosperității."

Gheorghe Comârzan,

<u>**EDIȚIA A-II-A**</u>

UN ALTFEL DE JURNAL DE BORD

Pe axa geografică a literaturii romane, Sulina și-a redobândit notorietatea și imaginea de port cosmopolit, misterios și pitoresc încă din anul 1930. Jean Bart – comandorul, și nu piratul – ilustrul nostru antecesor Eugeniu Botez, rămâne statornicul paznic de far și călăuza fidelă a spiritului și culturii autohtone, pentru posteritate.

Întâmplarea – fericită, de altfel – a făcut ca, vreme de aproape un an, din vara caniculară a lui 1986 până în cea a anului următor, să hălăduiesc peste dunele celebrei și, la unison, damnatei garnizoane de la gura Dunării, privată de strălucirea, faima și reputația de odinioară. Decidenții militari dispuseseră, fără nicio noimă, dislocarea Divizionului 50 Vânătoare de Submarine de la cheul sulfuros din Mangalia în pustietatea bazinului Portului Nou din Sulina. Acolo, singurele jaloane logistice ale unei frustrante etape de supraviețuire erau doar cofretul de electricitate și babalele de acostare.

Dincolo de acest experiment cazon accidental, din Sulina am rămas cu amintiri de tot soiul. Le-am amplificat ulterior, prin alte și alte escale, mult mai agreabile, ca jurnalist militar și director al Muzeului Marinei Romane, participant la activitățile comemorative organizate de Liga Navală Română.

Așa am cunoscut-o pe entuziasta bibliotecară Ilinca Mihăilă, custodele unui veritabil tezaur de carte veche și incredibil de rară. Tot aici l-am redescoperit pe ofițerul fluvial Valentina Mândroiu, secundul navei hidrografice „Mamaia".

La o agapă camaraderească pe nava „Fortuna", aveam să-l cunosc pe maistrul militar principal Gheorghe Comârzan, proaspăt pensionar și împătimit colecționar. Conjunctural, l-am reîntâlnit la Techirghiol, prilej cu care l-am încurajat să persevereze în proiectele sale valoroase privind trecutul deltaic al pescarilor, corăbierilor, armatorilor, bancherilor, diplomaților, aventurierilor și piraților de altădată. I-am sugerat să oficializeze paternitatea și autoritatea asupra primului muzeu particular din Dobrogea, pe care, cu modestie, l-a numit „Expoziţia Sulina Veche". Aceasta îl reprezintă fidel, reflectând harul, personalitatea şi pasiunea sa pentru promovarea culturii ancestrale a locurilor natale, într-un mod captivant.

Dincolo de geografia şi trecutul glorios al portului de odinioară, Sulina are propria memorie identitară. De-a lungul secolului trecut, o pleiadă de oameni generoşi, studioşi şi devotaţi locurilor natale sau zonei unde au locuit, chiar vremelnic, au contribuit la această memorie. Mă limitez doar la pitorescul scrierilor comandorului Eugeniu Botez, demersurile enciclopedice ale colonelului de marină Mihail Drăghicescu, insolita monografie a necropolei explorate de inginerul constănţean Petre Covacev, consistentele memorii ale sulineanului Zaharia Potârniche şi rememorările gălăţeanului neobosit Tudose Tatu, devotat lumii marinăreşti de odinioară. De asemenea, merită menţionate recentele romane ale Marcelei Barbu, fiica legendarului pilot Benone Barbu, sau ale fostului cadet Adrian G. Romila.

„Poveştile Sulinei", scrise de Gheorghe Comârzan şi Nicolae Iacob, sunt un veritabil jurnal de bord sentimental, generos ilustrat şi afectuos scris. Structurat în 14 capitole cu arie tematică atotcuprinzătoare, acest volum merită să continue şi să ajungă la inima cititorilor.

Sperăm că, într-o retrospectivă enciclopedică policromă, această istorie vie va deveni nu doar o stavilă împotriva uitării, ci şi o veritabilă carte de vizită a Sulinei în mileniul III.

24 noiembrie 2024

Comandor (r) dr. Marian MOŞNEAGU

Această carte nu ar fi fost posibilă fără contribuţia fundamentală a doi oameni dedicaţi: Gheorghe Comârzan şi Iacob Nicolae.

Gheorghe Comârzan, *navigator de profesie şi colecţionar pasionat, a adunat cu minuţiozitate informaţiile şi artefactele care stau la baza acestei lucrări. Prin munca sa neobosită, el a reuşit să strângă o colecţie impresionantă de obiecte şi poveşti care reflectă istoria şi* *tradițiile Sulinei. Expoziția "Sulina Veche", creată și întreținută de el, este o adevărată comoară de cunoștințe și istorie locală, oferind o privire profundă în trecutul acestui oraș fascinant. Fiecare obiect colectat de Gheorghe Comârzan spune o poveste, iar dedicația sa pentru păstrarea și valorificarea moștenirii culturale a Sulinei este cu adevărat remarcabilă.*

Iacob Nicolae *a avut un rol important în transformarea acestor informații într-o narațiune captivantă și bine structurată. Responsabil cu scrierea și editarea cărții, Iacob Nicolae a adus o rigoare academică și o atenție deosebită la detalii, asigurându-se că fiecare capitol este clar, coerent și plin de viață. Prin talentul său literar, a reușit să îmbine datele istorice cu poveștile personale, creând o lucrare care nu doar informează, ci și inspiră cititorii să descopere și să aprecieze bogata moștenire a Sulinei.*

Munca colaborativă a acestor doi autori a rezultat într-o carte ce aduce la viață istoria vibrantă a Sulinei, invitând cititorii într-o călătorie fascinantă prin timp și spațiu.

Autorii,

Bine ați venit în "Povestirile Sulinei"! Această carte este rezultatul unei călătorii fascinante prin timp și spațiu, iar fiecare pagină este îmbibată cu esența istoriei vibrante a orașului Sulina.

*Cu ajutorul inestimabil al **"Expoziției Sulina Veche"** și al fondatorului său, Gheorghe Comârzan, am adus la viață amintiri și povestiri ce își au rădăcinile în acest colț pitoresc al României. Încă din curtea sa, Gheorghe Comârzan a strâns cu pasiune și devotament obiecte ce îmbrățișează trecutul și tradițiile acestui oraș marin, creând astfel o colecție unică și valoroasă: Expoziția Sulina Veche.*

Cu fiecare pagină pe care o parcurgeți, veți fi purtați în lumea plină de farmec și mister a Sulinei de altădată, învăluindu-vă în povestea acestei comori ascunse în inima Deltei Dunării.

Vă invităm să vă alăturați călătoriei noastre și să descoperiți frumusețea și bogăția istoriei Sulinei, împărtășite cu dragoste și pasiune în această carte memorabilă.

Cu recunoștință și admirație,
Autorii

Cuprins

Capitolul 5
Cimitirul cosmopolit din Sulina

Capitolul 6
Bisericile din Sulina

Capitolul 10
Sulina în timpul primului război mondial

Capitolul 11
Sulina în perioada interbelica

Capitolul 12

Un rezumat pe scurt a istoriei orașului

C *uvânt înainte,*

O rașul Sulina se află la confluența Dunării cu Marea Neagră și este cunoscut pentru legătura sa strânsă cu apele și comerțul. Prima mențiune a Sulinei apare în lucrarea "De administrando Imperio" a împăratului bizantin Constantin Porfirogenetul, din secolul al X-lea. Aici, Sulina apare sub numele de Selina, care în greacă înseamnă canal sau scurgere. Comerțul în regiune a înflorit în timpul dominației Republicii Genova. Genovezii au controlat porturile strategice Chilia, Sulina și Sfântu Gheorghe până în 1484. Sulina era considerată una dintre cele mai importante așezări din Dobrogea, conform lui Constantin Porfirogenetul. Genovezii au valorificat portul Sulina, așa cum reiese din portulanele din secolele XIV-XV, inclusiv harta lui Pietro Visconti din 1327.

Fiecare braț al Dunării era important pentru Bizanț și negustorii genovezi. Brațul sudic, San Giorgio (azi Sfântu Gheorghe), este menționat pe harta lui Visconti. După ce Dobrogea a fost cucerită de otomani, genovezii au continuat comerțul, dar sub presiunea otomană și-au redus activitățile. Corăbiile genoveze au părăsit Dobrogea, dar așezările lor au supraviețuit până în prezent. Descrierea orașului Sulina în 1783, făcută de călătorul Franz Mihalovici, oferă o imagine detaliată a acelei perioade. Orașul era situat pe brațul Dunării, aproape de Marea Neagră. Cuprindea aproximativ 12 case pe malul stâng al fluviului, inclusiv locuința comandantului (Aga), lângă o veche fortăreață.

Pe malul drept se afla o cafenea și un far înalt de 50 de picioare, numit Fener. Orașul găzduia și o navă de pază, Bayractar. Navele care navigau pe Dunăre spre Marea Neagră plăteau taxe și primeau direcții de navigație prin intermediul a două geamanduri fixate cu saci de nisip. După 1858, Comisia Europeană a Dunării a început lucrările de dragare și rectificare a canalului Sulina. Sulina a cunoscut o creștere semnificativă și o activitate economică intensă.

În 1870, Sulina a devenit porto franco. Comisia Europeană a Dunării, un organism internațional înființat în 1856 după încheierea Războiului Crimeii și semnarea Tratatului de pace de la Paris, a facilitat navigația pe Dunăre, îmbunătățind infrastructura și contribuind la dezvoltarea orașului Sulina. În 1928, I. Simionescu oferă o imagine vie a orașului Sulina. Casele, variate în stil și materiale, reflectă influențele diverse ale vremii și culturii locale. Palatele occidentale din apropierea mării contrastează cu căsuțele mai modeste, cu influențe turcești. Casele din scânduri coabitează cu cele din chirpici. Diversitatea religioasă este evidentă, cu biserici și lăcașuri de cult ale diferitelor confesiuni.

Descrierea din "Europolis" a lui Jean Bart oferă o privire fascinantă asupra vieții și atmosferei din Sulina în anii '30. Orașul este descris ca un loc de întâlnire al aventurierilor din toate colțurile lumii. Sulina devine astfel un mozaic de rase, națiuni și limbi. O legendă fascinantă despre originea numelui Sulina este transmisă de la străbunica, Marta. Conform acestei legende, o turcoaică pe nume Sulimanca a fost izgonită din haremul sultanului în secolul al XVIII-lea. Ea a ajuns în Sulina și a construit o cafenea din lemn, renumită printre corăbieri. Expresia "Mergem la Sulimanca!" a dus probabil la denumirea orașului. Există chiar și un canal numit Sulimanca, amintind de această poveste.

În "Europolis" de Jean Bart, se spune că numele Sulina provine de la unul dintre capii unei hoarde de cazaci - Sulina. Orașul este poarta

Dunării, locul prin care grâul iese şi aurul intră. Această legendă oferă o altă perspectivă asupra etimologiei numelui oraşului. Interesul strategic pentru regularizarea gurilor Dunării datează încă din 1785, conform unei lucrări turceşti. Alexandru Mavrocordat şi Mihail Şuţu, iar mai târziu Nicolae Mavrogheni, au fost implicaţi în planurile de amenajare a gurilor Dunării. Proiectul prevedea construirea de diguri pentru a regulariza cursul fluviului şi a îmbunătăţi navigaţia. Din cauza războiului, lucrările nu s-au realizat, iar zona a rămas sub controlul otomanilor după 1791. Comerţul în zonă era desfăşurat cu ajutorul navelor specifice timpului. Conflictele europene din regiune au provocat distrugeri, dar au influenţat pozitiv navigaţia şi dezvoltarea porturilor. În 1802, austriecii au construit un far din lemn la Sulina, iar Kara Osman Oglu şi englezul Andrew Pare au construit o redută de apărare. Începutul secolului al XIX-lea a fost marcat de rivalitatea între Imperiul Otoman şi Rusia. Rusia a obţinut controlul asupra celor trei braţe ale Dunării: Chilia în 1812, Sulina în 1826 şi Sfântu Gheorghe în 1829. Războiul dintre otomani şi ruşi (1806-1812) a condus la pierderea Basarabiei de către otomani şi la controlul Rusiei asupra gurilor Dunării.

În ciuda pericolelor naturale, navigaţia şi comerţul erau intense. În 1829, Sulina a intrat sub ocupaţie rusă şi a cunoscut o perioadă de dezvoltare. În perioada 1838-1841, a fost construit farul care se află şi în prezent, transformat în muzeu din 2003. De asemenea, au fost ridicate un fort şi un spital de carantină, dar acestea au fost distruse în timpul Războiului Crimeii (1853-1856).

După Războiul Crimeii, în 1856, Sulina a revenit sub ocupaţie otomană. În 1870, Sulina a devenit porto franco şi a cunoscut o nouă perioadă de dezvoltare. Comisia Europeană a Dunării a făcut lucrări de amenajare hidrotehnică, permiţând accesul navelor de capacitate mai mare.

Din 1878, Sulina a revenit sub administraţia României şi a

cunoscut o dezvoltare semnificativă. La începutul secolului al XX-lea, Portul Sulina opera peste 50% din totalul exportului de cereale realizat pe Dunăre. Consulate și agenții de navigație activau pentru aprovizionarea navelor. În această perioadă, s-au construit spitale, școli, biserici și ateliere pentru reparația navelor. Populația orașului a crescut semnificativ, de la aproximativ 1.100 de locuitori în 1856, la aproximativ 7.500 în 1913. În 1927, populația a scăzut la aproximativ 5.000 de locuitori. La începutul secolului al XX-lea, portul Sulina a cunoscut fluctuații în activitate. După construcția podului de la Cernavodă în 1895 și dezvoltarea portului Constanța, activitatea în portul Sulina a început să scadă treptat. Retragerea statutului de porto franco în 1931 a contribuit la plecarea unor comercianți. Conflictele și bombardamentele din timpul celui de-al Doilea Război Mondial au afectat grav orașul, dar acesta a reușit să se reconstruiască.

În anii '50 și '70, s-au întreprins eforturi pentru revitalizarea orașului, inclusiv reconstrucția unor infrastructuri importante. În anii '80, orașul a cunoscut o nouă perioadă de creștere economică și demografică. Încercarea de a revitaliza comerțul prin înființarea Administrației Zonei Libere Sulina în 1978 a fost umbrită de evoluțiile ulterioare. Deschiderea Canalului Dunăre-Marea Neagră și dezvoltarea Portului Constanța - Agigea Sud, precum și blocarea Canalului Sulina în 1991, au dus la o stagnare a activității portuare în Sulina.

Orașul a demonstrat reziliență în fața dificultăților, renăscând de fiecare dată după bombardamentele din timpul razboaielor și schimbări economice. Cu toate acestea, una dintre cele mai dramatice lovituri a fost blocarea Canalului Sulina, în urma eșuării și scufundării navei **Rostok**. Deși epava a fost ulterior înlăturată, activitatea portuară nu a mai revenit la nivelul de odinioară, cauzând pierderi semnificative pentru economia locală și afectând profund comunitatea.

Este tragic să observăm cum schimbările politice și administrative, alături de evenimente precum acesta, au avut un impact negativ asupra orașului Sulina după Revoluție. Guvernele și autoritățile locale trebuie să recunoască nevoile și potențialul comunităților din orașe precum Sulina și să întreprindă măsuri concrete pentru revitalizarea și susținerea lor. Speranța este că, prin eforturi adecvate și investiții în infrastructură, portul Sulina și orașul său vor reuși să-și regăsească strălucirea de altădată, oferind locuitorilor șansa unui viitor mai prosper.

Capitolul 1
Sulina în perioada turcească până la 1829

La sfârșitul secolului al XVII-lea și începutul secolului al XVIII-lea, Imperiul Otoman și-a consolidat controlul asupra Sulinei. Au fost impuse reguli și taxe pentru cei care tranzitau sau făceau comerț în zonă. Comerțul cu grâu, cereale și textile a continuat, iar activitatea în port era intensă. Oamenii veneau să-și vândă mărfurile, iar navele încărcau și descărcau bunuri constant.

Pentru a combate pirateria și alte amenințări, otomanii au întărit apărarea Sulinei, construind fortificații și menținând o prezență militară puternică. Sulina rămânea un loc vibrant și diversificat, unde oameni de diferite etnii și religii coexistau și contribuiau la un amestec cultural bogat. În 1710, Sulina a intrat sub controlul direct al Imperiului Otoman, devenind parte a Eyaletului Silistra. Autoritățile otomane au impus impozite și taxe noi și au întărit fortificațiile pentru a proteja orașul și interesele comerciale. În ciuda acestor schimbări, Sulina a continuat să prospere ca centru comercial, menținându-și importanța strategică.

În secolul al XVIII-lea, Sulina a rămas integrată în rețelele comerciale regionale și internaționale, jucând un rol important în transportul și schimbul de mărfuri. Negustorii aduceau bunuri din toate colțurile lumii, alimentând prosperitatea orașului. Cultura și viaţa socială au continuat să fie vibrante, Sulina rămânând un punct de întâlnire şi schimb cultural pentru oameni din diferite colţuri ale lumii. În urma războaielor ruso-turce de la începutul secolului al XIX-lea, Imperiul Ţarist a obţinut controlul asupra celor trei braţe ale Dunării. Braţul Chilia a intrat sub stăpânire rusă în 1812, în urma Păcii de la Bucureşti, care a stabilit graniţa dintre Imperiul Ţarist şi Imperiul Otoman. Ulterior, graniţa a fost extinsă pe Braţul Sulina în 1826, după Pacea de la Akerman (Cetatea Albă), şi pe Braţul Sfântul Gheorghe în 1829, în urma Păcii de la Adrianopol. În acea perioadă, doar vasele comerciale turceşti aveau permisiunea să navigheze pe Braţul Sulina, în timp ce vasele militare turceşti erau restricţionate la navigarea pe Braţul Sfântul Gheorghe.

Litografie din perioada turcească până 1829

Trupele ruseşti au intrat în localitate, iar autorităţile otomane s-au retras. Această schimbare a adus o nouă ordine şi un nou mod de viaţă pentru locuitorii Sulinei, dar comerţul şi activitatea economică au continuat, iar influenţa rusă a crescut în oraş. Sulina a rămas un punct important pe harta intereselor Rusiei în regiunea Mării Negre, păstrându-şi în acelaşi timp identitatea culturală distinctivă.

Capitolul 2

Sulina în perioada Administrației Țariste de la 1829 până la războiul Crimeii

Î n inima Deltei Dunării, între apele Mării Negre și brațele fluviului Dunărea, se găsea Sulina, un mic port cu o importanță strategică semnificativă. În 1829, după ce Tratatul de la Adrianopol a pus capăt Războiului Ruso-Turc, Sulina a intrat sub administrația țaristă. Cu apele sale adânci și poziția sa strategică, portul a devenit esențial pentru comerțul maritim al Imperiului Rus. Sub conducerea țarilor, portul a fost modernizat și fortificat, transformându-se într-un punct de ancorare sigur pentru flota rusă în Marea Neagră.

Această dezvoltare a atras o populație diversă în Sulina marinari, comercianți și expatriați din diferite părți ale imperiului. Odată cu extinderea portului, orașul a devenit un loc de întâlnire pentru diverse culturi și tradiții. Străzile răsunau de o diversitate de limbi, iar piața centrală era plină de bunuri exotice aduse din toate colțurile lumii. În același timp, locuitorii Sulinei trebuiau să facă față provocărilor naturii, precum inundațiile și furtunile frecvente. Comunitatea locală s-a adaptat acestor dificultăți cu solidaritate și înțelepciune.

Sub administrația țaristă, Sulina a devenit un nod vital în rețeaua comercială și de apărare a Imperiului Rus. Portul a fost extins pentru a putea găzdui mai multe nave şi a facilita transportul mărfurilor între Europa şi Asia. Fortificaţiile au fost întărite pentru a proteja portul de atacuri, consolidând prezenţa militară rusă în zonă. Această perioadă a adus cu sine o diversificare a populaţiei, formată din marinari, comercianţi, soldaţi şi lucrători portuari. Sulina a devenit un centru al schimburilor comerciale şi culturale, aducând laolaltă oameni de diferite etnii şi religii.

Odată cu creşterea activităţii comerciale şi a influenţei ruseşti, oraşul a cunoscut o expansiune demografică şi urbană. Noi cartiere şi infrastructură au fost construite pentru a susţine populaţia în creştere şi fluxul continuu de mărfuri şi persoane. În paralel, politica de colonizare şi stabilire a ruşilor şi a altor grupuri etnice loiale imperiului a condus la o diversificare a comunităţii, dar şi la apariţia tensiunilor interetnice. Pe măsură ce Sulina se dezvolta, relaţiile sale cu comunităţile învecinate şi cu autorităţile otomane au devenit mai complexe, reflectând rivalităţile geopolitice dintre Rusia şi Imperiul Otoman. În ciuda acestor tensiuni, oraşul a reuşit să-şi păstreze identitatea distinctă, manifestată prin tradiţiile culturale şi solidaritatea locuitorilor în faţa provocărilor.

Evenimentele care au precedat Războiul Crimeii au amplificat tensiunile din regiune, iar Sulina a devenit un punct de agitaţie. Blocada şi luptele din jur au perturbat viaţa cotidiană a oraşului. Comunitatea locală a trebuit să se mobilizeze pentru a-şi apăra oraşul şi modul de viaţă. Războiul Crimeii a marcat un punct de cotitură în istoria Sulinei, iar după încheierea conflictului, oraşul a intrat într-o perioadă de reconstrucţie şi adaptare la noul context geopolitic.

Povestea tainelor ascunse în țărmurile erodate ale Sulinei

Era o iarnă aspră, una dintre acelea în care vântul tăios din Est Nord-Est bătea cu o forță necruțătoare, atingând viteze de peste 80 km/h. În astfel de vremuri, Sulina, un oraș cu o istorie adânc înrădăcinată în apele și pământurile Deltei Dunării, devenea scena unui spectacol dramatic al naturii. Vânturile puternice și valurile învolburate ale Mării Negre loveau necontenit țărmul, amplificând eroziunea în zona gurii de vărsare a Canalului Împuțita în mare.

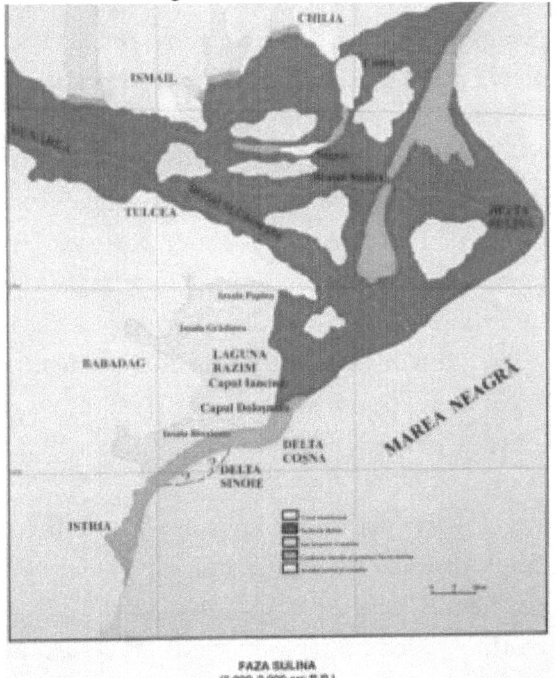

Acest canal șerpuiește la o distanță de 10 kilometri în sudul Sulinei, ascunzându-se printre plauri și stufărișuri. Localnicii știau că, după astfel de furtuni, marea avea să scoată la iveală vestigii ale unui trecut îndepărtat. Pe nisipurile umede, la marginea apei, apăreau mici fragmente de ceramică și fragmente de piatră colțuroasă cu nisip de rău, purtând cu ele povești vechi de mii de ani. Aceste bucăți fragile erau singurele martore care mai puteau indica faptul că, odinioară, în această zonă, corăbiile aveau poarta de intrare către Dunăre. Ele erau dovada unei civilizații antice care și-a lăsat amprenta pe aceste tărâmuri, într-o perioadă în care tarmul mării se afla mult mai avansat în larg, cu aproximativ 2,5 kilometri față de poziția sa actuală. După cum povestesc istoricii și arheologii, în antichitate, linia țărmului era mult diferită de ceea ce vedem astăzi. În trecut, țărmul mării era mult mai retras în zona Sfântu Gheorghe și Sulina, avansând în mare sub forma unui con în zona gurii de vărsare a Canalului Împutita. Acest canal, un vechi braț al Dunării, se bifurca în apropierea milei marine 8, formând un peisaj natural distinct în această regiune. De-a lungul timpul, aluviunile aduse de brațele Dunării au împins tarmul tot mai departe în mare, formând noi întinderi de pământ și transformând peisajul Deltei. Cu toate acestea, în zona vechiului Braț Împuțita, unde eroziunea era un fenomen natural și constant, tarmul a început să se retragă, mai ales după prelungirea digurilor în mare, menite să protejeze navigația și să direcționeze apele Dunării. Curentii puternici, alimentați de vânturile de iarnă, au început să muște din țărm cu o forță neînduplecată, aducând cu sine schimbări ce vor remodela peisajul în mod inevitabil.

Odată cu trecerea anilor, eroziunea va continua să modifice linia țărmului, iar marea, în drumul său inexorabil, va avansa până la poziția actuală a Canalului de legătură dintre Sulina și Sfântu Gheorghe. În același timp, aluviunile vor continua să se depună pe lângă digul de sud, apropiindu-se încet de Farul Nou, un martor al schimbărilor din peisajul deltei. Pentru a proteja aceste fragmente de istorie, multe dintre ele sunt acum păstrate cu grijă la Muzeul Farul Vechi din Sulina. Acolo, vizitatorii pot vedea bucăți de ceramică care spun povești despre civilizații uitate, corăbii care navigau cândva pe aceste ape, și despre un țărm care, deși schimbat de trecerea timpului și forțele naturii, păstrează amintirile a unei lumi de mult apuse.

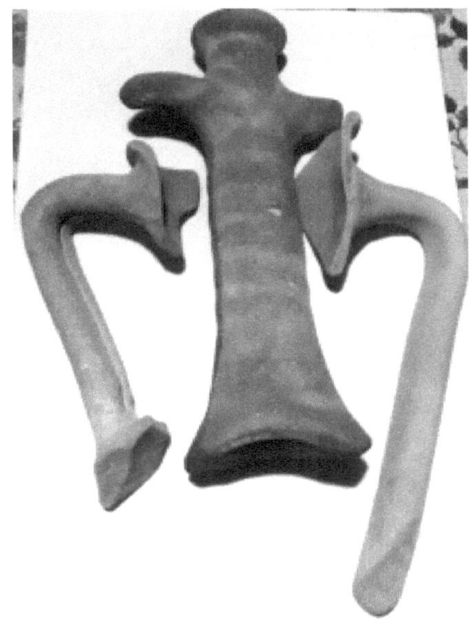

Ceramică antică scoasă de furtună în zona gurii de vărsare a Canalului Împuțita în mare

Povestea Hărții din 1567: enigmele Dunării și trecutul uitării

Într-o zi liniștită de toamnă, pe malurile Dunării, într-un mic sat din Delta Dunării, un bătrân pescar povestea despre o hartă veche, o relicvă a vremurilor demult apuse. Această hartă, datată din 1567, realizată de cartografii turci, dezvăluia un peisaj al Deltei Dunării foarte diferit de cel de astăzi. Întinsă pe masă, harta arăta cu precizie cursurile Dunării, brațele sale care se vărsau în mare, și Insula Șerpilor, marcată cu roșu, aproape de Sulina.

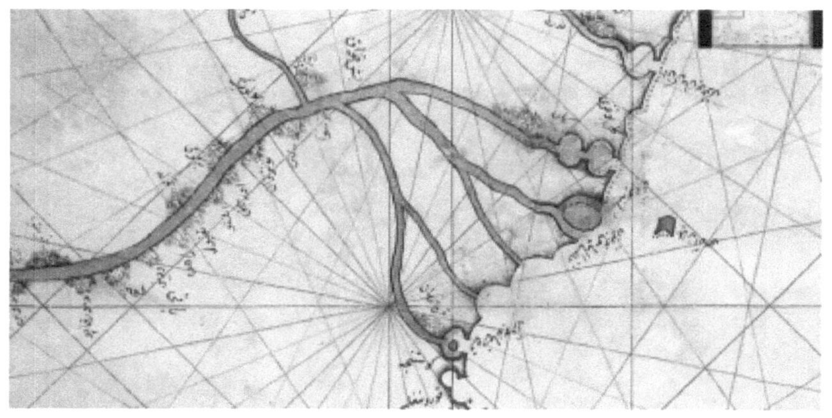

Harta turcească (1567)

Î n acele vremuri, Sulina era un punct de referinţă important, dar nu la fel de dominant precum în zilele noastre. Pe hartă, braţul cel mai sudic al Dunării se vărsa în mare la Karaharman, localitatea cunoscută astăzi sub numele de Vadu. Dar ceea ce atrăgea atenţia era Braţul Sulina, care se împărţea la un moment dat, la aproximativ 8 mile marine de la vărsare, în două braţe secundare. Unul dintre ele era cel cunoscut astăzi, iar celălalt, după cum unii cercetători cred, ar putea fi fost Canalul Împuţita, un vechi braţ al Dunării, acum aproape uitat.

Bătrânul pescar povestea cu pasiune despre aceste ape misterioase şi despre felul în care, de-a lungul secolelor, Dunărea şi-a schimbat faţa. Apele sale au sculptat pământul, au creat noi cursuri şi au închis vechi căi navigabile. Canalul Împuţita, odinioară o arteră vitală a Dunării, se zvoneşte că ar fi fost cândva un braţ major, înainte ca natura să îşi lase amprenta şi să-l transforme într-un canal secundar. Pe malul stâng al Dunării, acolo unde se află astăzi Chilia Nouă, harta turcească marca cu precizie cetatea de la Chilia. În acele vremuri, aceasta era cea mai importantă aşezare din Delta Dunării, o fortăreaţă strategică ce controla comerţul şi navigaţia pe fluviu. Cetatea Chilia era un bastion de apărare şi un nod comercial vital, având o influenţă care se resimţea pe întreaga Dunăre.

Povestea bătrânului pescar continuă, dezvăluind secretele uitate ale Deltei. El vorbea despre cum, în decursul secolelor, aluviunile aduse de Dunăre au schimbat conturul deltei, formând noi grinduri şi ridicând noi terenuri, în timp ce vechile braţe se înfundau sau erau înghiţite de mlaştini. Astfel, ceea ce fusese odată un braţ larg şi navigabil, devenise un canal îngust, ascuns printre stufărişuri şi tăinuind poveştile unei epoci demult apuse.

În timp ce povestea lui se desfăşura, imaginea Deltei Dunării din secolul al XVI-lea prindea viaţă în minţile ascultătorilor săi. Era o lume diferită, unde navigaţia pe Dunăre era ghidată de stele şi de hărţi desenate manual, iar braţele fluviului formau căi naturale care legau civilizaţiile Europei de cele ale Orientului.

Povestea primului locuitor civil al Sulinei în 1830

În anul 1830, după devastatoarele războaie ruso-turce de la începutul secolului al XIX-lea, Sulina era practic un loc pustiu, cu excepţia unui detaşament de militari ruşi. Primul civil care s-a stabilit în Sulina după aceste conflicte a fost Andreea Arseni, de origine greacă, cunoscut de ruşi ca "markalant" datorită prăvăliei sale pentru aprovizionarea navelor comerciale. Pacea de la Adrianopol, semnată pe 14 septembrie 1829, a acordat Rusiei controlul asupra teritoriului dintre braţele Sulina şi Sfântu Gheorghe, cu angajamentul de a nu construi locuinţe civile în zonă. Pe 8 iulie 1833, Andreea Arseni a murit de holeră, lăsând în urmă doar trei case în Sulina: două ocupate de oficialităţile ruse şi una de nepotul său, care i-a continuat afacerea.

În septembrie 1834, vasul austriac "Holstein" a intrat pe gura Sulinei, purtând ciuma la bord şi ajungând până la Galaţi. Din echipaj, doar căpitanul şi doi mateloţi au supravieţuit. Acest incident a determinat autorităţile ruse să construiască o carantină la Sulina, pe malul stâng la gura de vărsare, în prezent locul fiind situat între gârla de la Cherhana şi Şantier. Deşi Pacea de la Adrianopol impunea restricţii stricte, Sulina a început încet, dar sigur, să se repopuleze.

În decembrie 1836, James Bailie Fraser descria Sulina astfel: „...Această staţiune de pază constă din 3 clădiri aflate în interiorul unei incinte alcătuite din trunchiuri de copaci, clădiri care formează lazaretul; iar alte 2 împrejmuiri adăpostesc câteva magherniţe ce reprezintă locuinţele ofiţerilor şi ale corpului de pază staţionat aici. Pe malul drept se află o jumătate de duzină de case din lemn şi câteva colibe, alături de care se înălţau câteva grămezi de cherestea."

Povestea vaporului Ferdinando-Primo

Într-o dimineaţă strălucitoare de vară, soarele îşi reflecta razele în apele liniştite ale Dunării. Pe malurile măreţului fluviu, vaporul „Ferdinando-Primo" se pregătea să plece spre Constantinopol. Cu zbaturile rotindu-se cu graţie, vaporul părea o bijuterie plutitoare, gata să-şi poarte pasagerii într-o aventură plină de mister şi descoperiri.

Printre călători se afla Sofia, o tânără curajoasă şi plină de energie, hotărâtă să exploreze lumea dincolo de rutina zilnică. Cu emoţie în suflet, ea urcă pe vapor, nerăbdătoare să pornească într-o călătorie spre necunoscut. Pe măsură ce vaporul naviga pe Dunăre, pasagerii se bucurau de peisaje fascinante, unde natura sălbatică a Deltei se îmbina armonios cu albastrul cerului. Aerul curat şi atmosfera vibrantă de pe punte îi făceau să uite de orice grijă. Trecând prin meandrele fluviului, vaporul dezvăluia peisaje uimitoare şi oraşe pitoreşti. Ajunşi la Sulina, pasagerii coborau în bărci mai mici pentru a explora Delta Dunării, admirând frumuseţea naturală şi întâlnindu-se cu localnicii primitori. Fiecare oprire aducea noi aventuri şi descoperiri, iar experienţele trăite îmbogăţeau sufletele călătorilor.

Gura Dunării la Sulina în 1844.Vaporul cu zbaturi "Ferdinando-Primo" aparţinând societăţii austriaceD.D.S.G. care făcea curse pe linia Galaţi -Sulina-Constantinopol,linie inaugurată în anul 1837.Nava transporta pasageri şi de asemenea poşta

Pentru Sofia, fiecare moment de pe „Ferdinando-Primo" era o lecţie despre lume şi despre ea însăşi. Răsăriturile şi apusurile pe care le privea de pe punte îi ofereau momente de reflecţie profundă. În liniştea nopţii, sub cerul înstelat, se gândea la viitor şi la minunile pe care încă avea să le descopere. Fiecare port în care opreau dezvăluia o cultură nouă, poveşti fascinante şi oameni cu tradiţii diferite.

Când vaporul ajunse la Constantinopol, Sofia simţi o emoţie specială. Oraşul se ridica în faţa ei ca o bijuterie strălucitoare, cu minaretele înalte şi străzile înguste pline de arome exotice. Explorând Constantinopolul, Sofia descoperea relicve ale unei istorii glorioase, plimbându-se printre biserici şi palate impresionante. Vizita la Hagia Sophia o copleşi prin măreţia acestui monument istoric, fiecare piatră păstrând poveşti din trecut.

În pieţele aglomerate, Sofia întâlni negustori şi artizani care îi împărtăşeau tradiţiile locale. Fiecare colţ al oraşului îi dezvăluia noi experienţe, iar bucătăria orientală o încânta cu arome şi gusturi nemaiîntâlnite. Noaptea, luminile feerice ale Constantinopolului o făceau să se simtă parte dintr-o poveste magică.

La finalul călătoriei, privind spre orizontul mării, Sofia reflecta asupra aventurii sale. Ştia că această călătorie fusese doar începutul unei vieţi pline de explorări şi descoperiri. Cu sufletul plin de amintiri şi recunoştinţă, se întoarse acasă, hotărâtă să continue să descopere frumuseţile lumii. Pentru Sofia, călătoria nu fusese doar un drum, ci o experienţă de neuitat, o căutare continuă a frumuseţii şi înţelepciunii în această lume vastă şi minunată.

Capitolul 3
Sulina în timpul Razboiului Crimeii 1853-1856

În timpul Războiului Crimeii (1853-1856), Sulina a devenit un punct important în confruntarea dintre Imperiul Rus și coaliția formată din Imperiul Otoman, Regatul Unit, Franța și Regatul Sardiniei. Poziționat strategic la gura Dunării, portul Sulina a avut o importanță majoră pentru controlul navigației pe Dunăre și accesul la Marea Neagră. Pe măsură ce conflictul s-a intensificat, Sulina a fost implicată în lupte și acțiuni militare. Imperiul Rus a utilizat portul pentru aprovizionarea flotei și pentru a facilita mișcările trupelor, încercând să-și consolideze prezența în regiune. De cealaltă parte, forțele aliate au încercat să blocheze accesul rusesc la Marea Neagră, controlul asupra Sulinei devenind astfel un obiectiv strategic.

Blocada și atacurile asupra portului au afectat viața locuitorilor, orașul fiind supus bombardamentelor și asediilor. Infrastructura portuară a fost deteriorată, iar activitățile comerciale au fost suspendate. În ciuda acestor dificultăți, comunitatea locală a răspuns cu rezistență și determinare. Locuitorii au colaborat pentru a-și proteja orașul și pentru a face față provocărilor războiului, solidaritatea fiind esențială în supraviețuirea lor. Pe măsură ce războiul se apropia de sfârșit, Sulina a rămas un punct de tensiune, chiar şi în perioada armistiţiului. Luptele sporadice şi schimburile de focuri au continuat să provoace teamă în rândul locuitorilor. Cu toate acestea, comunitatea a rămas hotărâtă să îşi apere oraşul şi să îşi protejeze modul de viaţă.

După semnarea Tratatului de la Paris, în martie 1856, Războiul Crimeii s-a încheiat oficial. Pentru locuitorii Sulinei, pacea a adus uşurare, dar şi tristeţe pentru pierderile suferite. Oraşul a trebuit să treacă printr-un proces de reconstrucţie, refacerea infrastructurii portuare şi redresarea economiei fiind priorităţi. Comunitatea a demonstrat o determinare impresionantă, reuşind să reconstruiască oraşul şi să îşi reia activităţile comerciale.

Sulina a continuat să joace un rol important în regiunea Mării Negre, iar locuitorii săi au lucrat împreună pentru a-şi restaura oraşul. Deşi războiul a adus suferinţă şi distrugere, a consolidat şi spiritul comunitar al oraşului, contribuind la eforturile de reconstrucţie.

În perioada post-Războiului Crimeii, Sulina şi-a recăpătat locul de centru comercial şi strategic în regiune. Portul şi-a reluat activităţile comerciale şi a sprijinit transportul de mărfuri între Europa şi Asia. În ciuda provocărilor din timpul războiului, Sulina a continuat să se dezvolte, locuitorii săi arătând rezilienţă şi perseverenţă. Astfel, experienţele trăite în timpul şi după conflict au definit identitatea oraşului, marcând-o ca un loc de curaj şi determinare în faţa provocărilor istorice.

Povestea carantinei de la Sulina

În zorii dimineţii anului 1854, cerul de deasupra Dunării era învăluit într-o ceaţă densă, iar valurile se loveau furioase de maluri, ca nişte creaturi care încearcă să evadeze din prăpastie, pe stâncile de la mal. În linia de plutire, vasele engleze "Firebrand" şi "Vesuvius" se pregăteau pentru un atac surpriză asupra carantinei de la Sulina. Comandantul Hyde Parker, un bărbat cu privirea aspră şi hotărâtă, îşi coordona trupele cu precizie militară. Ştiau că misiunea lor era periculoasă, dar erau hotărâţi să îndeplinească ordinele şi să-şi atingă obiectivul.

Mormântul fiului amiralului Parker, ucis la Sulina, se află în cimitirul Peria din Istanbul

Sub o ploaie de gloanţe şi explozibil, Hyde Parker a ordonat asaltul. Conducându-şi oamenii în frunte, a coborât în bărci de asalt şi a navigat cu hotărâre spre mal. Fiecare marinar care îl urma ştia că îşi riscă viaţa, dar inspiraţi de curajul căpitanului lor, nu au dat înapoi. Tunurile ruseşti au început să tragă, iar cerul s-a umplut de fum şi strigăte de război. În haosul luptei, Hyde Parker a fost rănit mortal, căzând glorios pe câmpul de bătălie, în timp ce îşi conducea oamenii spre fortificaţiile inamicului.

Căpitanul Hyde Parker a murit în mijlocul unei lupte crâncene, dar sacrificiul său nu a fost în zadar. Atacul a slăbit apărarea rusă, iar victoria britanică a fost obţinută în cele din urmă, cu un preţ greu plătit în vieţi omeneşti. Moartea căpitanului Hyde Parker a fost o pierdere profund resimţită nu doar de oamenii săi, ci şi de întreaga flotă britanică. Ofiţerii, marinarii şi marinarii de pe „HMS Firebrand" au fost deosebit de afectaţi, căci căpitanul lor nu era doar un lider, ci şi un prieten, un om a cărui inteligenţă şi caracter au comandat respect şi afecţiune de la toţi cei care l-au cunoscut.

Ilustraţie atacul armatei Angliei asupra carantinei de la Sulina

În semn de respect şi aducere aminte, un monument a fost ridicat în memoria lui Hyde Parker de către colegii săi, ofiţerii şi marinarii de pe „HMS Firebrand". Monumentul era un tribut al onoarei şi afecţiunii lor, un simbol al devotamentului şi sacrificiului suprem pe care căpitanul lor l-a făcut pentru patrie.

Inscripţia de pe monument reflecta sentimentul profund al pierderii, dar şi mândria de a fi servit sub un astfel de lider. Căpitanul Hyde Parker nu a murit doar pentru a-şi salva propria reputaţie; el a murit pentru a-şi apăra ţara şi pentru a-şi proteja oamenii, iar numele său avea să trăiască pentru totdeauna în rândurile celor care au dat totul pentru datorie şi onoare. După eşecul atacului britanic asupra carantinei, trupul fiului amiralului Parker este recuperat şi înmormântat cu onoruri militare la Cimitirul Peria din Constantinopol. La zece zile după acest eveniment, drept represalii, armata britanică trimite cele două nave de război *R. şi Spitfire*, care bombardează şi incendiază Sulina, fiind însă cruţate farul şi biserica. În acest context, ruşii se refugiază prin smarcurile Deltei.

Farul Vechi și Cimitirul din Sulina se aflau pe țărmul mării în anul 1858 (în prezent Farul Vechi se află la 2,5 km față de țărm)
După construcția celor două diguri de la gura de vărsare a Dunării, uscatul a început să înainteze în mare pe lângă diguri, datorită influenței lor asupra curenților marini din zona litoralului.

Pe măsură ce bărcile bine înarmate se apropiau de țărm, tunurile și puștile trăgeau salve puternice, acoperind debarcarea pușcașilor marini. Răsunetul exploziilor se auzea până în depărtare, semnalând începutul unei lupte crâncene. Cazacii care păzeau carantina s-au trezit brusc față în față cu furia neașteptată a atacului britanic. Lupta care a urmat a fost aprigă, dar voința lor de a-și apăra pozițiile nu a fost suficientă în fața forței inamicului. Înfrânți și depășiți numeric, cazacii au fost nevoiți să abandoneze carantina, lăsând-o în mâinile englezilor.

Armata engleză nu s-a oprit aici. Cu toată furia și determinarea, au pornit spre orașul Sulina, cu intenția de a-l distruge din temelii. Străzile înguste și casele de piatră au devenit martore ale unui război devastator. Cu toate acestea, englezii au fost atenți să păstreze în picioare doar farul și biserica, simboluri ale istoriei și identității locului.

La sfârșitul zilei, orașul Sulina zăcea în ruine, dar flacăra speranței ardea încă în inimile celor care supraviețuiseră. În ciuda distrugerii, spiritul de rezistență și hotărârea de a reconstrui erau mai puternice decât oricând. O nouă zi aducea oportunități noi și speranțe pentru viitorul lor. În mijlocul ruinelor și al fumului, oamenii din Sulina își adunau curajul și încercau să-și revină după șocul provocat de atacul neașteptat al armatei engleze. În timp ce flăcările mistuiau tot ce găseau în cale, locuitorii se strângeau în grupuri mici, căutând alinare și planificând viitorul. Printre ei se afla și Alexandru, un tânăr pescar cu ochi plini de hotărâre și inimă plină de speranță. Deși casa lui fusese distrusă de tirurile de tun și străzile pe care le știa atât de bine acum păreau de nerecunoscut, el nu și-a pierdut determinarea. În zilele care au urmat, o nouă solidaritate a început să se nască între supraviețuitorii atacului. Oamenii și-au unit forțele pentru a începe reconstrucția orașului lor iubit. Fiecare pietricică așezată la locul ei era un pas spre recâștigarea speranței și a normalității.

Povestea căpitanul Giuseppe Valentino Leonardi

În anul 1854, pe țărmurile sălbatice și neîmblânzite ale Mării Negre, căpitanul Giuseppe Valentino Leonardi, un marinar experimentat al bricului *Talette*, se afla într-o misiune de o importanță vitală. Furtunile de iarnă și primăvară transformaseră Gura Sulinei într-o capcană periculoasă pentru corăbiile care navigau în zonă. Bancurile de nisip se modificau constant, făcând navigația nesigură. Căpitanul știa că pentru a supraviețui în aceste ape tulburi, hărțile existente nu mai erau de încredere. În 15 octombrie 1854, Leonardi, cu ochii săi antrenați de nenumărate voiaje, și-a îndreptat atenția asupra realizării unei noi hărți a gurii de vărsare a Brațului Sulina în mare. Din locul său de observație, nota fiecare detaliu important: farul situat aproape de gura de vărsare, bancul de nisip care reprezenta o amenințare constantă și adâncimile nesigure ale apelor.

Coperta atlasului cu harti a căpitanul Giuseppe Valentino Leonardi, 1858

Folosindu-se de reperele din zonă, crea un ghid prețios pentru toți căpitanii care aveau să traverseze aceste ape. Anii treceau, iar pe scena internațională, interesul pentru regiunea Deltei Dunării creștea. Amiralitatea britanică, conștientă de importanța acestei zone strategice, a trimis, între 1855 și 1856, faimoasa navă cu zbaturi *H.M.S. Medina*, sub comanda căpitanului Thomas Spratt. Spratt, un hidrograf priceput, a condus cercetări minuțioase la Gurile Dunării: Chilia, Sulina și Sfântul Gheorghe. Sub coordonarea sa, locotenentul G.R. Wilkinson s-a ocupat de sondarea și cartografierea bancurilor de nisip, întocmind primele hărți detaliate ale regiunii.

Planul portului Sulina, realizat de Spratt în 1857, a devenit un instrument crucial pentru marinarii din întreaga lume. Pe hartă, farul de pe malul mării strălucea ca un far de speranță în întunericul necunoscut, iar cimitirul aflat tot pe malul mării amintea de pericolele la care se expuneau cei care încercau să traverseze aceste ape dificile.

Hartă realizată de căpitanul Giuseppe Valentino Leonardi, 1854

Bancul de nisip, cauza multor naufragii, apărea clar marcat. Corăbiile mari, pentru a trece peste acest obstacol, trebuiau descărcate și apoi reîncărcate – un proces anevoios și periculos numit *alimbare*. Însă pericolele naturale nu erau singurele la care trebuiau să fie atenți marinarii. Pirații locali, bine cunoscuți pentru metodele lor perfide, operau cu îndemânare în această zonă.

Sub pretextul de a oferi servicii de pilotaj, îi atrăgeau pe nefericiții căpitani în capcane bine puse la punct. Colaborați cu răufăcătorii de pe uscat, acești pirați dirijau intenționat corăbiile către maluri periculoase, pentru a le jefui cu mai multă ușurință. Un alt truc folosit era ascunderea unei părți din marfă în fundul dublu al bărcilor de alimbare, făcând ca multe bunuri să dispară fără urmă.

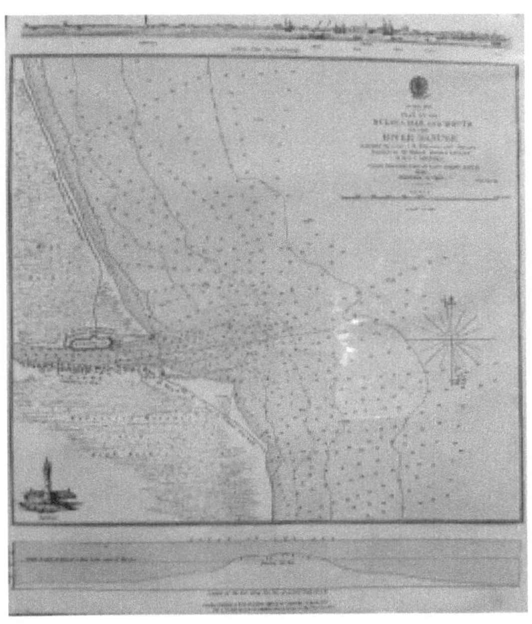

Planul portului Sulina și a Gurii de Vărsare executat de cpt.Spratt în 1857, Farul și Cimitirul pe malul mării

Sulina, acest port al oportunităţilor şi al pericolelor, devenea un loc unde curajul şi înşelăciunea se întâlneau la fiecare colţ. Marinarii înfruntau atât mânia naturii, cât şi pe cea a omului. Iar în mijlocul acestor provocări, hărţile lui Leonardi şi Spratt rămâneau singurele lor ghiduri de încredere în faţa necunoscutului. Mormântul căpitanului Giuseppe Leonardi se află în Cimitirul Catolic din Sulina.

Povestea piraţilor din Sulina

În vara fierbinte a anului 1854, pe malurile Sulinei, valurile Dunării şopteau secrete vechi, iar fumul bătăliilor recente întuneca cerul. Primul atac al britanicilor asupra micii aşezări adusese sfârşitul tragic al căpitanului Hyde Parker de pe nava

"Firebrand". Sulina a resimţit greutatea acestei pierderi, dar şi mai mult, aşteptarea răzbunării care urma să vină. Zece zile mai târziu, două nave britanice, mânate de dorinţa de răzbunare, s-au năpustit asupra Sulinei, arzând şi distrugând tot ce le-a ieşit în cale, cu excepţia farului şi a bisericii ortodoxe, ultimele bastioane ale speranţei.

După acest atac devastator, Sulina a devenit un teren fertil pentru răufăcători. Amiralitatea britanică, prinsă în vârtejul conflictelor din Peninsula Crimeea, a abandonat oraşul, lăsându-l pradă pirateriei. Aşa au apărut piraţii, greci de origine ioniană şi albaneză, care prădau vasele ce treceau prin Gura Sulinei. Se spune că, pentru a deruta navele şi a le face să eşueze, legau un drug de lemn de coarnele boilor, la capetele căruia puneau două felinare aprinse. Aceasta era o metodă ingenioasă, dar diabolică, de a atrage corăbiile în capcană, în condiţiile în care farul nu funcţiona, lămpile fiind luate de administraţia ţaristă când s-a retras din Sulina.

Pe 14 martie 1855, povestea corabiei "Braga" din Lübeck s-a transformat într-un coşmar. Eşuată la Gura Sulinei, echipajul acesteia a fost atacat de piraţi, care le-au luat proviziile şi marfa. Înspăimântaţi, marinarii s-au baricadat în curtea farului, un mic fort cu ziduri de cărămidă. Abia peste două zile, echipajul a fost salvat de corabia "Ocean" din Bremen.

Mormântul ultimului Pirat din Sulina

Această întâmplare a ajuns rapid la urechile autorităților. Austria, hotărâtă să restabilească ordinea, a trimis în luna mai a aceluiași an o navă de război pentru a patrula permanent la Gura de vărsare a Dunării. Ordinea a fost în cele din urmă restabilită, iar pirații au dispărut treptat.

Un simbol al vremurilor tumultuoase poate fi găsit în cimitirul ortodox din Sulina, unde se află mormântul unui grec pe nume Georgios Kontoguris. Născut în Kefalonia la 14 octombrie 1838 și decedat la 25 martie 1871, mormântul său poartă un însemn al pirateriei. Pe placa de mormânt, inscripția în greacă amintește trecătorilor de viața sa: „Aici odihnește Georgios Kontoguris, născut în Kefalonia la 14 octombrie 1838, și-a dat sufletul la Domnul la 25 martie 1871. Fratele său, Grigorios, a pus această placă."

Grigorios, fratele său, un negustor din Sulina, a murit în anul 1915 și își doarme somnul de veci în cimitirul ortodox din Sulina, alături de soția sa, Elena.

Legenda piraților din Sulina

Legenda piraților din Sulina este presărată cu fapte incredibile și metode ingenioase de a atrage corăbiile în capcane. Folosind boii ca momeală, pirații aveau un avantaj tactic, făcându-i pe marinari să creadă că sunt în siguranță în ape mai puțin adânci, doar pentru a se trezi eșuați pe nisipurile perfide de la Gura Dunării. Odată ce vasele erau prinse, pirații, folosind caiuce maritime bine construite, atacau rapid, profitând de vântul prielnic pentru a ridica vela lor unică tip "parus", care le oferea o mobilitate excelentă.

Bancul de nisip de la Gura Sulinei, cu adâncimi variind între 2,20 și 2,50 metri, reprezenta o capcană naturală, amplificată de activitățile piraților. Aceștia exploatau fiecare oportunitate, inclusiv în timpul operațiunilor de alimbare, când marfa era transferată din corăbii în barjele de lemn sau în caiuce, ascunzând o parte din pradă în fundurile duble ale ambarcațiunilor lor.

După intervenția Austriei și sosirea navei de război, ordinea a fost restaurată la Sulina. Cei mai periculoși pirați au fost capturați și închiși la Tulcea sau Constantinopol, iar alții au fost eliminați în luptele care au urmat. Printre pedepsele aplicate, una dintre cele mai crude era să fie legați de sălcii și lăsați pradă țânțarilor, o moarte lentă și chinuitoare, menită să descurajeze astfel de activități.

Se spune că acei pirați proveneau și din rândurile dezertorilor din armata țaristă, soldați care stăpâneau bine tainele supraviețuirii și ale luptei în condiții dificile. Șeful cetei de pirați ruși era cunoscut sub numele de Sioma. După ce au părăsit serviciul militar, aceștia s-au refugiat în Delta Dunării, unde au găsit un adăpost natural ideal pentru a-și continua existența în afara legii.

Unii dintre ei, care au reușit să scape de urmărirea autorităților, s-au adâncit în inima Deltei. Acolo, folosindu-și priceperea dobândită în armată, tăiau plaurii cu joagărele, creând astfel canale secrete cunoscute doar de ei. Aceste căi ascunse le ofereau protecție față de urmăritori și le permiteau să se deplaseze rapid și nevăzuți prin labirinturile de apă și stuf. Rețeaua lor de canale devenise nu doar un refugiu sigur, ci și o capcană pentru oricine se încumeta să-i urmărească. În ascunzătorile lor bine camuflate, pirații își depozitau prada și planificau următoarele atacuri. Ultimii pirați despre care se mai știe erau trei ruși, însoțiți de trei femei, tot rusoaice, care își găsiseră refugiul în aceste locuri izolate. În cele din urmă, însă, acești piraţi au fost capturaţi în timp ce jefuiau casa unui negustor bogat din Sulina. Ghinionul lor a fost provocat de una dintre femei, care, cuprinsă de avariţie, a început să strige în limba rusă, atrăgând atenţia vecinilor. Aceştia au alertat jandarmii, care i-au prins pe piraţi şi au descoperit ascunzătoarea lor plină de bunuri furate.

După capturare, piraţii au fost închişi, iar femeile, deşi au susţinut că au fost răpite, au fost umilite public: li s-au tuns pletele şi au fost lăsate să umble libere pe străzi, spre batjocura locuitorilor. Aceasta a fost soarta ultimilor piraţi din Delta Dunării.

Cufărul căpitanului

Expoziţia „Sulina Veche" oferă o incursiune fascinantă în istoria tumultuoasă a oraşului şi a zonei Deltei Dunării, incluzând elemente legate de legendele piraţilor care au bântuit aceste ape. Printre piesele de rezistenţă ale expoziţiei se află un cufăr vechi, despre care se spune că ar fi aparţinut unui pirat, căpitan de navă. Acest cufăr este plin de mister şi istorie, fiind un martor tăcut al vremurilor când piraţii controlau apele Sulinei.

Povestea steagurilor piraților din trecut

Î n zorii epocii de aur a pirateriei, când mările erau împânzite de corăbii ce transportau bogății dintr-o parte a lumii în alta, steagurile piraților deveniseră un simbol al terorii și al libertății absolute. Aceste steaguri, cunoscute și sub numele de „Jolly Roger", au fost mai mult decât simple bucăți de pânză fluturate în vântul mării. Ele au purtat în ele un mesaj clar: „Predați-vă sau veți cunoaște furia noastră".

Î n vremurile acelea, pirații erau temuti nu doar pentru atacurile lor violente, ci și pentru simbolurile pe care le foloseau pentru a-și intimida adversarii. Fiecare echipaj avea propriul său steag, care reflecta personalitatea căpitanului și a echipajului său. Cele mai faimoase steaguri erau cele care foloseau simboluri simple, dar puternice, menite să inducă frica în inima oricărui marinar care le zărea la orizont. Cel mai cunoscut dintre toate era steagul negru, împodobit cu un craniu alb și oase încrucișate. Acesta era steagul clasic al piraților, cunoscut sub numele de „Jolly Roger". Craniul și oasele erau un simbol universal al morții, iar când pirații ridicau acest steag, mesajul era clar: cei care nu se predau vor fi uciși fără milă.

Asemenea steaguri erau folosite pentru a scuti pirații de o luptă prelungită; de multe ori, echipajele navelor atacate preferau să se predea fără să tragă un foc de armă.

Dar nu toți pirații foloseau același simbol. De exemplu, steagul căpitanului Edward Teach, cunoscut sub numele de Barba Neagră, era negru și prezenta un schelet ținând o clepsidră într-o mână și o suliță în cealaltă, îndreptată spre o inimă sângerândă. Clepsidra simboliza timpul care se scurgea rapid pentru victimele sale, iar inima sângerândă sugera că nu va exista milă. Barba Neagră a fost unul dintre cei mai temuti pirați ai vremii sale, iar steagul său era o reflecție a reputației sale feroce.

Un alt steag celebru era cel al lui "Calico Jack" Rackham, care avea pe el o pereche de săbii încrucișate sub un craniu. Săbiile semnificau dorința piraților de a lupta și de a-și lua prada cu forța, dacă era nevoie. Rackham a fost cunoscut pentru agresivitatea sa și pentru echipajul său format din pirați neînfricați, printre care se aflau și celebrele femei-pirat Anne Bonny și Mary Read.

Nu toți pirații optau pentru un fundal negru. Steagul căpitanului Christopher Moody, de exemplu, era roșu, simbolizând sângele vărsat și lupta până la moarte. Pe el erau pictate un craniu, o clepsidră și o mână ținând un pumnal, fiecare simbol sugerând pericolul iminent pentru oricine i-ar fi stat în cale.

Pirații știau foarte bine puterea simbolurilor. Ei foloseau aceste steaguri pentru a se distinge unul de celălalt, dar și pentru a se asigura că renumele lor preceda atacurile. În plus, schimbau adesea steagurile pentru a-și ascunde adevărata identitate până în ultimul moment. Uneori ridicau un steag național, simulând că sunt o navă de comerț sau militară, doar pentru a ridica Jolly Roger în ultimul moment, când prada era prea aproape pentru a scăpa.

Pe măsură ce epoca de aur a pirateriei se apropia de sfârșit, la începutul secolului al XVIII-lea, steagurile piraților au devenit simboluri ale unei rebeliuni împotriva ordinii și legii. Ele au inspirat teamă şi admiraţie deopotrivă, devenind legende ce au traversat secolele. Astăzi, Jolly Roger rămâne un simbol iconic al spiritului liber şi al aventurii, evocând o perioadă când mările erau încă pline de mistere, iar piraţii cutreierau neînfricat oceanele lumii.

Povestea corăbiilor naufragiate

În vara anului 1856, o corabie masivă naviga cu dificultate pe apele agitate ale Mării Negre, îndreptându-se spre canalul Sulina. O pereche de bărci la rame, manevrate cu măiestrie de marinari experimentaţi, ghida vasul în port.

În jurul lor, resturile unor epave scufundate în urma furtunilor trecute conturau un peisaj sumbru şi neliniştitor. Rămăşiţele corăbiilor naufragiate, înnegrite de ani de zile sub apă, se ridicau din adâncuri ca nişte strigoi tăcuţi.

Una dintre aceste epave avea o poveste aparte. În anul 1820, o corabie olandeză încărcată cu 50.000 de sticle de şampanie franţuzească plecase din Constantinopol, cu destinaţia Galaţi. Într-o noapte nefastă, la gura canalului Sulina, o furtună nemiloasă a doborât corabia în golful Musura, în dreptul Farului Vechi. O parte din echipaj a supravieţuit, dar doar o cincime din preţioasa încărcătură a fost salvată. Restul sticlelor de şampanie zac şi astăzi îngropate în nămol, la 5-6 metri adâncime, aşteptând să fie descoperite. În decembrie 1855, canalul Sulina a fost scena unui alt dezastru maritim. Între 6 şi 19 decembrie, furtuni puternice au lovit coasta, scufundând 26 de corăbii împreună cu echipajele lor în rada portului Sulina şi în apropierea coastei. Marinarii pierduţi în aceste naufragii odihnesc acum în cimitirul maritim din Sulina, ale cărui morminte, aşezate pe malul mării, povestesc tragediile trecutului.

Manevră la intrarea a unei corăbii pe canalul Sulina ajutată de 2 caiuce la vâslă

Între 1976 şi 1984, lucrările de excavaţie pentru construirea Bazinului A.Z.L. au dezvăluit alte epave. Dragile refulante au măcinat rămăşiţele corăbiilor şi le-au amestecat cu nisipul pentru a construi platforma U.M. Radiolocaţie. În 1977, o draga a dat peste o corabie ce transporta blocuri şi cruci de marmură nefinisate, indicând povestea unui alt naufragiu de mult uitat.

Până la amenajările hidrotehnice de la gura de vărsare a braţului Sulina în mare, executate de Comisia Europeană a Dunării (CED) între anii 1858-1861 şi 1868-1871, naufragiile corăbiilor la Gura Sulinei erau frecvente. Multe nave şi-au găsit sfârşitul în acest loc periculos. Unele dintre acestea, de gabarit mai redus, aruncate de furtună pe bancurile de nisip, au fost recuperate de echipaje, fiind reparate şi repuse pe linia de plutire. Altele, însă, care nu au avut acelaşi noroc, zac şi acum în adâncurile bazinului A.Z.L. Sulina, locul unde, acum mai bine de un secol şi jumătate, se afla rada portului Sulina.

Epavele a cel puţin şase corăbii se odihnesc şi astăzi pe fundul acestui bazin, ascunse de privirile curioase ale trecătorilor. Astăzi, gura de vărsare a canalului Sulina şi farul nou strājuiesc calmul aparent al mării, dar sub valurile sale liniştite se ascund poveşti de tragedii și eroism.

Fiecare epavă și fiecare mormânt maritim sunt mărturii tăcute ale unui trecut tumultuos, amintind de vitejia și sacrificiile marinarilor care au navigat aceste ape periculoase.

Capitolul 4
Sulina în perioada Comisiei Europene a Dunării 1856-1939

În perioada 1856-1939, Sulina a jucat un rol important în cadrul gestionării navigaţiei şi a problemelor legate de fluviul Dunărea şi delta sa. Comisia Europeană a Dunării a fost înfiinţată după încheierea Războiului Crimeii, odată cu semnarea Tratatului de la Paris în 1856, pentru a reglementa şi a îmbunătăţi navigaţia pe Dunăre şi pentru a asigura libera circulaţie a Dunării Maritime. Sulina, fiind situată la gura de vărsare a Dunării în Marea Neagră, a deţinut o importanţă strategică semnificativă pentru această iniţiativă. Portul său a fost considerat unul dintre cele mai importante puncte de acces la Dunăre şi, prin urmare, a fost un punct focal al eforturilor de reglementare şi dezvoltare a navigaţiei. Din Comisia Europeană a Dunării făceau parte iniţial Marea Britanie, Franţa, Rusia, Austria, Turcia, Prusia şi Regatul Sardiniei (Italia). După 1878, şi România a devenit membră a comisiei. Sub administrarea Comisiei Europene a Dunării, Sulina a fost supusă unor proiecte extinse de modernizare şi îmbunătăţire a infrastructurii portuare.

Canalele şi cheiurile au fost extinse şi modernizate pentru a permite trecerea mai uşoară a navelor şi pentru a facilita încărcarea şi descărcarea mărfurilor. De asemenea, au fost luate măsuri pentru a îmbunătăți siguranța navigației și pentru a preveni inundațiile în Delta Dunării. În plus, Sulina a devenit un centru al activităților administrative și comerciale ale Comisiei Europene a Dunării. Aici s-au desfășurat întâlniri și discuții între reprezentanții statelor membre și ai altor organizații implicate în gestionarea fluviului Dunărea, iar deciziile importante privind navigația și dezvoltarea economică a regiunii au fost luate în acest loc. Pe măsură ce timpul a trecut, Sulina a continuat să-și consolideze rolul său în cadrul Comisiei Europene a Dunării, contribuind la promovarea unei navigații sigure și eficiente pe Dunăre și la stimularea dezvoltării economice a regiunii. Astfel, perioada Comisiei Europene a Dunării a reprezentat o etapă importantă în evoluția și dezvoltarea Sulinei, consolidându-și poziția sa ca un nod crucial în rețeaua navigabilă a fluviului Dunărea și Mării Negre. Pe măsură ce perioada Comisiei Europene a Dunării a avansat, Sulina a devenit tot mai integrată în rețeaua comercială și logistică a Europei de Est. Ca punct de legătură vital între Dunăre și Marea Neagră, portul Sulina a fost o piesă centrală în facilitarea transportului de mărfuri și persoane între regiuni.Un aspect important al activității portului Sulina în această perioadă a fost gestionarea traficului maritim și a îmbunătățirii navigației pe Dunăre. Au fost efectuate lucrări de dragaj și de menținere a canalelor navigabile pentru a asigura adâncimea adecvată a apei pentru navele comerciale și fluviale. Aceste eforturi au fost esențiale pentru a facilita transportul de mărfuri între țările riverane Dunării și piețele din Europa și Asia. În plus, Sulina a devenit un centru important pentru comerțul cu cereale, lemn, petrol și alte mărfuri esențiale pentru economia regiunii. De asemenea, orașul a găzduit birouri ale unor importante companii de transport și de comerț care au facilitat schimburile comerciale și au contribuit la dezvoltarea economică a zonei. Pe lângă activitățile comerciale, Sulina a fost și un centru cultural și social în această perioadă. Comunitatea sa diversă a continuat să prospere, atrăgând oameni din diferite regiuni şi culturi. În Sulina, se găseau bazaruri, restaurante şi locuri de întâlnire care reflectau bogăţia şi diversitatea culturală a oraşului.

În continuarea evoluţiei Sulinei în perioada Comisiei Europene a Dunării, putem evidenţia şi alte aspecte importante care au contribuit la dezvoltarea oraşului şi la influenţa sa asupra regiunii. Pe lângă activităţile comerciale şi navigaţia îmbunătăţită, Sulina a devenit, de asemenea, un centru al inovaţiei tehnologice şi al schimbului de idei. Dezvoltarea infrastructurii portuare a implicat adesea introducerea de tehnologii noi şi inovatoare pentru a îmbunătăţi eficienţa şi siguranţa navigaţiei. De asemenea, Sulina a fost un punct de întâlnire pentru experţi, ingineri şi specialişti din diferite domenii legate de navigaţie, transport şi inginerie hidrografică. Schimbul de cunoştinţe şi experienţe între aceşti profesionişti a contribuit la avansarea tehnologiilor şi practicilor în domeniul navigaţiei pe Dunăre şi în alte regiuni navigabile. În paralel cu dezvoltarea economică, Sulina a rămas şi un centru cultural şi social vibrant. Comunitatea sa diversă a continuat să îmbogăţească viaţa culturală a oraşului, organizând evenimente, festivaluri şi activităţi care să celebreze diversitatea şi identitatea sa multiculturală. De asemenea, în această perioadă, Sulina a devenit un centru al educaţiei şi al învăţământului, cu şcoli, instituţii de învăţământ superior şi alte instituţii de educaţie care au fost înfiinţate pentru a servi nevoilor crescânde ale comunităţii. Astfel, Sulina în perioada Comisiei Europene a Dunării a fost nu doar un nod comercial şi logistic vital, ci şi un loc de inovare, schimb de cunoştinţe şi cultură. Contribuţia sa la dezvoltarea regiunii şi la promovarea cooperării între ţările riverane Dunării a fost semnificativă, marcând-o ca unul dintre cele mai importante oraşe din Europa de Est în acea perioadă.

Povestea Sulinei la 1856

În anul 1856, Sulina era un loc cu o viață agitată și animată, dar în același timp, cu o aură de mister și pericol. Desenele realizate de Karl Hermann Bitter pentru Comisiunea Europeană a Dunării și descrierea ulterioară a călătorului german Wilhelm Hamm ne dezvăluie o imagine vibrantă a orașului, cu toate nuanțele sale întunecate.

Cu aproximativ 1000 de locuitori, dintre care 200 erau femei, Sulina părea să fi fost un amestec ciudat de culturi și destine. Străzile erau animate de o diversitate de oameni și de activități, dar în același timp erau îmbibate de un aer de sălbăticie și de pericol. Casele improvizate din scanduri și moscheele din lemn adăugau un aer de rusticitate și de sărăcie, amintind de vestul sălbatic al Americii. Pe străzile principale, carciumile abundau, oferind un refugiu pentru cei însetați de alcool și aventură. Chefurile monstruoase, jocurile de carti și scandalurile erau la ordinea zilei, iar focurile de revolver răsunau adesea în aerul îmbăcsit de fum şi miros de peşte. În acest cadru vibrant şi tumultuos, viaţa se desfăşura într-o permanentă tensiune între distracţie şi pericol. În afara oraşului, peisajul era dominat de activităţi precum vânătoarea, descrisă ca o „distracţie pentru călători". Într-un loc atât de sălbatic şi neiertător, viaţa era mereu sub semnul aventurii şi al riscului. Descrierea medicului francez Salamo aduce o notă şi mai sumbră asupra vieţii din Sulina. Cu afirmaţia că a tratat doar de friguri pe timpul verii şi de lovituri de cuţit tot anul, el sugerează că violenţa şi pericolul erau prezente la tot pasul în acest oraş. Fie că era vorba de conflicte între localnici sau de confruntări cu străinii sositi în oraş, Sulina părea să fie un loc unde pacea era rară, iar riscul era mereu prezent. În ansamblu, Sulina din anul 1856 era o lume cu multiple feţe, unde agitaţia şi animaţia se împleteau cu întunericul şi pericolul, creând un tablou fascinant şi tulburător al vieţii într-un oraş de pe malurile Dunării. În ciuda atmosferei încărcate de tensionare şi pericol, Sulina din anul 1856 era şi un loc de o fascinaţie aparte, atrăgând călători şi aventurieri din toate colţurile lumii. Printre aceştia se numărau şi comercianţi dornici să profite de poziţia strategică a oraşului în ceea ce priveşte navigaţia pe Dunăre şi în Marea Neagră. Portul Sulina era un punct important pe ruta comercială dintre Europa Centrală şi Orientul Mijlociu, astfel că pe lângă localnicii obişnuiţi şi aventurierii în căutare de adrenalină, se puteau întâlni şi negustori cu afaceri bine puse la punct. Aceştia aduceau cu ei mărfuri exotice din toate colţurile lumii, îmbogăţind atmosfera oraşului şi adăugând un strat suplimentar de intrigă şi diversitate culturală. În ciuda riscurilor şi a violenţei care păreau să pândească la fiecare colţ de stradă, Sulina era şi un loc de o frumuseţe sălbatică, înconjurat de peisaje pitoreşti şi de o natură neîmblânzită. Delta Dunării, cu meandrele sale pline de viaţă şi cu biodiversitatea sa bogată, oferea un refugiu pentru cei care căutau linişte şi aventură în mijlocul haosului urban.

Povestea construcțiilor digurilor din Sulina

După marea foamete și criza cartofului din Irlanda, când mii de oameni au murit de foame, Anglia a fost nevoită să găsească noi căi de comunicație pentru a aduce cereale în Imperiu. Aceste cereale erau disponibile din plin în Principatele Române, dar problema majoră o reprezenta amenajarea căii de transport. Portul Constanța nu era dezvoltat, iar calea ferată Cernavodă-Constanța nu era încă terminată. În aceste condiții, Sulina a rămas singura cale viabilă. Însă, la gura Sulinei, navigația era complicată datorită bancurilor de nisip, corăbiile erau nevoite să descarce și să reîncarce marfa, un proces extrem de dificil și anevoios numit alimbare. Acesta a fost momentul în care intervenția Comisiei Europene a Dunării (CED) a devenit importantă pentru modernizarea și reglementarea navigației pe Dunăre, transformând Sulina într-un punct strategic pentru comerțul european. În a doua jumătate a secolului al XIX-lea, Sulina a trecut printr-o transformare semnificativă datorită lucrărilor Comisiei Europene a Dunării (CED). Înființată după Tratatul de Pace de la Paris din 1856, CED avea ca scop principal modernizarea și reglementarea navigației pe Dunăre, esențială pentru comerțul european.Unul dintre cele mai mari proiecte ale CED a fost modernizarea Canalului Sulina și a Barei Sulina. Înainte de aceste intervenții, navigația pe Dunăre era plină de pericole din cauza adâncimilor variabile și a obstacolelor care puneau în dificultate navele mari. Inginerul britanic Sir Charles Augustus Hartley, supranumit "părintele Dunării", a fost ales să conducă aceste lucrări. Sub îndrumarea lui, Canalul Sulina a fost regularizat și adâncimea de navigație a fost mărită, facilitând accesul navelor maritime mari.Construcția digurilor a necesitat o cooperare internațională extinsă și utilizarea celor mai avansate tehnologii disponibile la acea vreme. Echipe de muncitori și ingineri din diverse țări au colaborat pentru a transforma Canalul Sulina într-o cale navigabilă sigură și eficientă. Aceste lucrări au avut un impact major asupra comerțului regional, contribuind la dezvoltarea economică a oraşelor de pe malurile Dunării şi la consolidarea legăturilor comerciale între Europa şi Orient.

Portul Sulina cu digurile de la gura de vărsare în anul 1861.
După construcţia celor două diguri de la gura de vărsare a Dunării, uscatul a
început să înainteze în mare pe lângă diguri, datorită influenţei lor asupra
curenţilor marini din zona litoralului.

Sulina a devenit un adevărat mozaic cultural în această perioadă, găzduind comunităţi diverse, inclusiv greci, italieni, britanici, ruşi şi otomani. Această diversitate culturală a transformat oraşul într-o "Europă în miniatură", reflectând spiritul de colaborare internaţională promovat de CED. Pe 3 septembrie 1861, pentru a marca inaugurarea digurilor, a fost organizată o festivitate grandioasă într-un pavilion special amenajat cu 177 de invitaţi, reprezentând diverse naţiuni şi organizaţii, care au participat la acest eveniment.

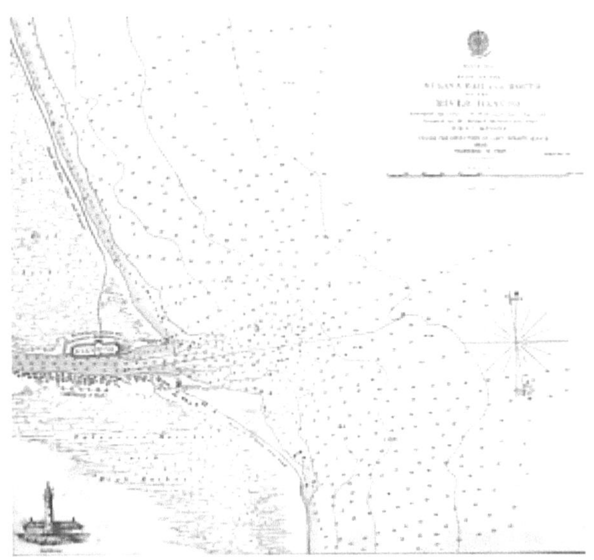

Planul Portului Sulina și a Gurii de Vărsare executat de căpitanul Spratt în august 1856, Farul și Cimitirul pe malul mării

Discursurile rostite au reflectat contribuțiile internaționale la acest proiect și importanța sa strategică pentru navigația pe Dunăre. Festivitatea a evidențiat nu doar realizările tehnice, ci și spiritul de cooperare europeană care a făcut posibil acest succes. Povestea construcției digurilor de la Sulina sub egida Comisiei Europene a Dunării ilustrează cum colaborarea internațională și inovația tehnologică pot transforma regiuni întregi, aducând prosperitate și stabilitate economică.

Construcția digurilor a avut un aport semnificativ, mărind adâncimea gurii de vărsare de la 2,5 metri la 5 metri, facilitând astfel navigația corăbiilor mari și eliminând necesitatea descărcării și reîncărcării mărfurilor.

Povestea Primului Meci de Fotbal în România: Sulina, 22 ianuarie 1866

Într-o dimineață rece de ianuarie, în anul 1866, micuțul oraș Sulina, aflat la gura Dunării, era cuprins de o agitație neobișnuită. Deși zăpada acoperea străzile înguste și bărcile pescarilor erau prinse în gheață, viața la Sulina continua să pulseze sub influența Comisiei Europene a Dunării, instituție înființată cu un deceniu în urmă pentru a reglementa navigația pe fluviu. În port, două nave britanice, HMS *Cockatrice* și HMS *Weser*, erau ancorate. Echipajele acestora erau formate din marinari experimentați, obișnuiți cu vânturile reci ale Atlanticului, dar și cu apele liniștite ale Mediteranei. De câteva săptămâni, acești bărbați se ocupau de protejarea și securizarea zonei portuare, fiind responsabili cu paza portului, a Dunării Maritime și a Mării din zona Sulina – Sfântul Gheorghe, pentru a asigura ordinea navigației și pentru a preveni pirateria.

În dimineața zilei de 22 ianuarie, cele două echipaje s-au adunat în incinta Comisiei Europene a Dunării, în jurul unui teren improvizat, înconjurat de câteva clădiri administrative și barăci. Evenimentul a fost consemnat în jurnalul de bord al navei **HMS Cockatrice**. Acest loc devenise un spațiu de relaxare pentru echipajele britanice, dar și un punct de interes pentru localnici. Era o zi specială, căci ofițerii de pe HMS Cockatrice plănuiseră un eveniment inedit: un meci de fotbal, sport pe care îl practicaseră cu pasiune acasă, în Anglia.

Terenul nu era perfect, fiind acoperit parțial de zăpadă, iar liniile de joc erau trasate cu simple frânghii. Soarele își făcuse apariția pe cer, încălzind atmosfera și aducând un strop de lumină și speranță în acea zi memorabilă. Însă, pentru acei marinari, acesta era locul perfect pentru a aduce o bucată din cultura lor pe aceste meleaguri. Mingea de piele, uzată de atâtea jocuri în largul mărilor, a fost plasată în centrul terenului. În jurul ei, două echipe s-au format, îmbrăcate în uniforme de marinari, gata să joace un meci care, fără să-și dea seama, va intra în istorie.

Fostul teren de agrement unde, după construirea palatului C.E.D., a fost amenajat
terenul de sport unde se juca tenis, criket și exista și o pistă de popice

Pe margine, câțiva localnici și angajați ai Comisiei Europene a Dunării priveau cu interes. Unii dintre ei nu mai văzuseră niciodată un asemenea joc. Ei obișnuiau să joace tenis sau cricket pe același teren, dar fotbalul era o noutate absolută. Cu fiecare pas și fiecare strigăt al marinarilor, fotbalul prindea viață în Sulina. Meciul a fost aprig disputat, cu atacuri curajoase și apărare pe măsură. Nu existau arbitri, iar regulile erau interpretate mai degrabă după bunul simț. La final, nimeni nu mai ținea cont de scor. Ceea ce conta era bucuria jocului, râsetele și euforia ce umpleau aerul rece al iernii. Pe măsură ce soarele apunea, marinarii au lăsat mingea deoparte și s-au retras înapoi pe navele lor. În Sulina, însă, fotbalul nu a fost uitat. Copiii din oraș au început să-și facă propriile mingi, inspirându-se din ceea ce văzuseră. Treptat, sportul acesta nou, adus de britanici, a început să se răspândească.

Astfel, în acea zi de ianuarie din 1866, fotbalul a fost atestat pentru prima dată pe pământ românesc. Echipajul navei HMS *Cockatrice* a lăsat în urmă nu doar mormântul unui camarad în Cimitirul Protestant din Sulina, ci și o moștenire culturală ce avea să prindă rădăcini în inimile românilor pentru generațiile viitoare.

Aceasta este povestea începuturilor fotbalului în România, învăluită în misterul și farmecul unui mic oraș de la malul Dunării, unde britanicii și românii au împărțit un moment unic din istoria sportului.

Povestea declarării Sulinei porto-franco

În anul 1870, Sulina, un mic oraș-port situat la gurile Dunării, începea să-și schimbe destinul. Sub administrația Imperiului Otoman, localitatea era încărcată de reguli și taxe care împiedicau dezvoltarea comerțului. Totuși, Anglia, în dorința de a stimula comerțul și de a-și extinde influența în regiune, a intervenit pe lângă Poarta Otomană pentru a transforma Sulina într-un porto franco – un port liber de taxe.

În perioada în care Sulina devenea "porto-franco", portul se transforma într-un important hub comercial, unde mărfurile tranzacționate includeau în proporție de 75% cereale, 15% lemn, 5% sare, dar și stofe și mărfuri coloniale precum ceai, mirodenii, tutun, cafea și băuturi. Acestea nu erau supuse taxelor vamale sau altor formalități fiscale, facilitând comerțul liber. Încărcarea și descărcarea navelor se făcea manual, iar munca în port oferea locuri de muncă constante, cu salarii bine plătite pentru localnici.

Pentru a sprijini și înlesni comerțul, au fost înființate numeroase agenții navale și consulate: britanic, elen, italian, norvegian, belgian, francez, danez, turcesc, rus și austriac. În paralel, 12 agenții de navigație lucrau non-stop pentru aprovizionarea navelor cu marfuri și alimente necesare echipajelor, consolidând astfel rolul Sulinei ca un centru comercial vital în regiune.

*"Cine ar fi venit să stea într-un loc unde, în sezonul cald, cântau broaștele și bâzâiau țânțarii, iar iarna bătea crivățul și totul era înconjurat de gheață? "***Trebuia creată o oportunitate!**

Astfel, au venit peste 20 de naționalități să facă bani și au reușit să facă bani din comerțul cu mărfuri coloniale, cereale, materiale de construcţie, un comerţ scutit de taxe. Astfel, Sulina a devenit în scurt timp un cochet orăşel european, iar în anul 1912, când negustorul Zamfiropol producea cea mai gustoasă limonadă, ambalată în sticle personalizate cu bilă pentru a nu se răsufla, din cei 7.500 de locuitori, 3.000 erau greci. Limba de stradă vorbită era greaca, iar limba oficială folosită în cadrul Comisiei Europene a Dunării era franceza. Pieţele se umpleau de bunuri exotice: mirodenii, ţesături fine, vinuri şi produse artizanale din Orientul Mijlociu şi din nordul Africii. Străzile se animau cu sunetele multilingve ale comercianţilor şi ale locuitorilor, transformând Sulina într-un adevărat mozaic cultural. Oraşul a început să se dezvolte rapid, devenind un cochet orăşel european. Clădiri elegante cu arhitectură variată, influenţată de stilurile aduse de noii locuitori, se aliniau de-a lungul străzilor. Cafenelele şi restaurantele, deschise de antreprenori veniţi din toate colţurile lumii, ofereau delicii culinare diverse, reflectând amestecul de culturi care convieţuiau armonios în acest mic paradis comercial. Printre noii veniţi se număra şi familia Rossi din Italia. Luigi Rossi, un negustor de mărfuri fine, a decis să-şi stabilească afacerea în Sulina, atras de promisiunea unui comerţ liber şi profitabil. În scurt timp, Rossi a deschis un magazin de lux care oferea parfumuri, bijuterii şi ţesături rare.

Sticla pentru limonadă produsă la Sulina în anul 1912 de Zamfiropol

Afacerea sa a prosperat, iar familia Rossi a devenit una dintre cele mai respectate din oraş. Sulina nu era doar un centru comercial înfloritor, ci şi un loc al întâlnirilor culturale şi sociale. Balurile şi seratele organizate de comunităţile europene aduceau împreună oameni din diferite medii, creând legături şi prietenii care aveau să dureze generaţii.

Aşa a devenit Sulina, dintr-un modest oraş-port otoman, un vibrant şi cochet oraş european, simbol al comerţului liber şi al unităţii prin diversitate. Această transformare spectaculoasă a fost posibilă datorită intervenţiei Angliei şi spiritului întreprinzător al negustorilor care au văzut în Sulina o oportunitate de neegalat. Locuitorii oraşului, marinari şi comercianţi deopotrivă, se pregăteau pentru un eveniment ce urma să schimbe destinul micii comunităţi: proclamarea Sulinei ca porto franco. După semnarea Tratatului de la Paris din 1856, Sulina devenise sediul Comisiei Europene a Dunării, un organism internaţional menit să asigure libera navigaţie pe fluviu. Acum, statutul de porto franco promitea să transforme acest port într-un centru comercial de anvergură.

Autorităţile locale şi reprezentanţii marilor puteri europene se întâlniseră în elegantul sediu al comisiei, o clădire impunătoare ce domina peisajul urban al Sulinei. În acea zi memorabilă, bărcile încărcate cu mărfuri de tot felul se aliniau de-a lungul docurilor, pregătite să fie descărcate şi verificate. Comercianţi din Grecia, Italia, Austria, Turcia şi alte colţuri ale Europei discutau animat despre noile oportunităţi de afaceri. Odată cu eliminarea taxelor vamale, comerţul avea să prospere, iar Sulina avea să devină un nod vital pe harta maritimă a Europei.Oraşul Sulina, deşi mic, era un adevărat mozaic de culturi şi tradiţii. Pe străzile sale înguste se amestecau dialecte diverse, iar mirosul mâncărurilor tradiţionale de la tarabele stradale umplea aerul. Casele cu arhitectură eclectică reflectau influenţele culturale ale numeroaselor naţionalităţi ce convieţuiau aici: greci, români, turci, evrei, armeni şi mulţi alţii.

Povestea războiului de independenţa
(1877-1878)

Într-o dimineaţă liniştită de primăvară, pe data de 28 aprilie 1877, oraşul Sulina se trezi la zgomotul alert al trâmbiţelor militare. Fără fortificaţii, oraşul portuar se pregătea să înfrunte un atac iminent al armatei ruse, în contextul Războiului de Independenţă.

Comandamentul trupelor ruse emise un comunicat în acea zi, informând Comisia Europeană a Dunării (C.E.D.) că navigaţia pe Canalul Sulina este interzisă. Acesta era un semn clar că atacul urma să înceapă. În sprijinul celor două nave militare turceşti staţionate la Sulina, Kartal şi Suna, Imperiul Otoman trimisese patru monitoare cu putere mare de foc.

Sosirea flotei otomane în Portul Sulina în timpul războiului ruso,româno-turc

Cu toate acestea, turcii ştiau că fără măsuri suplimentare de apărare, oraşul ar putea cădea cu uşurinţă sub asediul rusesc. Astfel, pentru a-şi apăra poziţiile, turcii au stins farul care ghida navele pe timp de noapte şi au închis Canalul Sulina cu două lanţuri groase; unul la gura canalului şi altul la Mm 1,6. De asemenea, au instalat două tunuri pe cheu în faţa palatului C.E.D. şi alte patru tunuri la Mm 1,6. În ciuda pregătirilor, atacurile ruseşti nu au întârziat să apară. Armata rusă a atacat oraşul atât pe apă, cât şi pe uscat, în încercarea de a prelua controlul strategic asupra canalului. Însă, datorită rezistenţei acerbe a trupelor turceşti, care respingeau atacurile ruseşti de mai multe ori, Sulina a rămas sub asediu timp de patru luni. Întreaga Deltă a Dunării era învolburată de conflicte, însă Sulina se încăpăţâna să nu cedeze.

Luna august 1877 aducea cu ea sfârşitul rezistenţei turceşti în faţa invaziei ruse, iar întreaga Delta Dunării, inclusiv Sulina, cădea sub ocupaţia rusească. După lungi luni de lupte şi suferinţă, pacea reveni treptat odată cu semnarea Tratatului de la San Stefano pe data de 3 martie 1878. Conform prevederilor tratatului, Dobrogea, inclusiv Sulina, revenea României începând cu data de 14 noiembrie 1878. Pentru locuitorii din Sulina, acesta era un moment de eliberare şi începutul unei noi ere sub administraţie românească.

Povestea pilotajului pe vremea Comisiei Europene a Dunării (C.E.D.)

În perioada de glorie a Comisiunii Europene a Dunării (C.E.D.), navigaţia pe Canalul Sulina era o activitate complexă şi esenţială pentru comerţul european. Piloţii, adevăraţi eroi ai vremurilor, ghidau navele prin apele periculoase ale Mării Negre şi pe cursul dificil al Dunării.

Pilotajul navelor la intrarea şi ieşirea de pe Canalul Sulina este o practică ce datează din cele mai vechi timpuri, fiind documentată în special la începutul secolului XIX. Pilotajul reprezenta o activitate esenţială pentru siguranţa navigaţiei, avându-i ca principali practicanţi pe piloţi proveniţi din diverse naţionalităţi, precum ruşi, greci, maltezi, turci, şi mai târziu britanici, francezi şi români.

Corpul de pilotaj al AFDJ Sulina în anii '70

Meseria de pilot era una deosebit de importantă, fiind necesare atât cunoștințe aprofundate de navigație, în special pe Dunăre, cât și o familiaritate detaliată cu șenalul navigabil și cu pericolele specifice acestei rute. Pilotajul presupunea o experiență vastă pe apă și o bună înțelegere a condițiilor locale, de la adâncimile și curenții din canal până la obstacolele și zonele de pericol.

Pilotii de bară, majoritatea provenind din comunități grecești sau turcești, locuiau de obicei la Sulina, unde își desfășurau activitatea în rada portului, ghidând navele din Rada Portului Sulina către port. Pilotii de Dunăre, în schimb, aveau atribuții pe o distanță mai mare, ghidând navele pe Dunărea Maritimă între Sulina și Braila (Km 173) și invers.

Pentru îndeplinirea acestor sarcini, piloții foloseau salupe maritime denumite „pilotine", care au fost modernizate de-a lungul decadelor, adaptându-se astfel nevoilor navigației contemporane. Aceste pilotine erau esențiale pentru transportul piloților de la țărm la nave, asigurându-se astfel legătura între nava care trebuia ghidată și portul sau ruta navigabilă.

Un moment important în istoria pilotajului de pe Canalul Sulina a fost sosirea lui Magnussen, un tânăr inginer danez, în 1887. Acesta a fost numit conducător-mecanic al unei noi salupe de pilotaj aduse din Anglia, cunoscută sub numele de Pilotina Magnussen. Salupa, construită în şantierele britanice din Cowes, era dotată cu o maşină cu aburi şi fusese proiectată special pentru a face faţă mării agitate şi curenţilor puternici ai Dunării. Renumită pentru stabilitatea sa pe mare, Pilotina Magnussen a fost apreciată de piloţi pentru siguranţa şi confortul pe care le oferea în timpul deplasărilor. Ulterior, Magnussen şi-a completat studiile şi a ajuns inginer şef adjunct al Comisiei Europene a Dunării la Sulina.

Barba Spiro 1851-1936

Un pilot celebru al C.E.D. a fost **Barba Spiro (Spiro Baracioglu)**, născut în 1851 în Trebizonda, un port la Marea Neagră. De-a lungul carierei sale, Spiro s-a remarcat prin profesionalismul său, fiind cunoscut pentru abilitatea de a manevra chiar şi cele mai puternice nave, precum crucişătorul britanic H.M.S. "Cardiff". Această performanţă i-a adus titlul de pilot şef onorific al C.E.D., titlu inscripţionat şi pe piatra sa funerară din cimitirul ortodox din Sulina. A murit în 1936, în timp ce asista la o manevră dificilă în port, şi a fost înmormântat cu onoruri.

Povestea serviciului sanitar din Sulina

În inima oraşului Sulina, într-o clădire care astăzi găzduieşte A.N.A.F., funcţiona până în anul 1945 un serviciu vital pentru sănătatea şi siguranţa navigaţiei pe Dunăre: Serviciul Sanitar. Acest serviciu era esenţial pentru prevenirea răspândirii bolilor transmisibile prin intermediul navelor comerciale care acostau în portul Sulina.

Organizarea şi Personalul Serviciului Sanitar

Serviciul Sanitar din Sulina era condus de medicul şef Panaitescu Ion, un om dedicat sănătăţii publice şi siguranţei navigaţiei. Alături de el lucrau medicii Bacof şi Strajan, formând o echipă competentă şi vigilentă. Aceşti medici aveau la dispoziţie două nave special echipate pentru deratizarea navelor comerciale: Inginer Zăvoranu şi Independenţa.

Procedura de Deratizare şi Control Medical

Înainte de a putea acosta la cheu, navele care soseau în portul Sulina erau supuse unui proces riguros de deratizare şi control medical. Navele staţionau pe malul stâng al Dunării, de la farul vechi până în dreptul Atelierelor C.E.D. Aici, echipajele medicale urcau la bord pentru a deratiza nava şi a efectua controlul medical al echipajului. Deratizarea şi controlul medical erau esenţiale pentru a preveni intrarea în port a bolilor transmisibile, care puteau pune în pericol sănătatea publică. După finalizarea acestor proceduri, se întocmea un act oficial emis de Casa de Navigaţie şi Oficiul Sanitar. Acest document era semnat de Directorul Casei de Navigaţie şi de şeful Serviciului Sanitar, confirmând că nava şi echipajul său erau în conformitate cu standardele de sănătate publică.

Detalii ale Actului Sanitar

Actul sanitar menţiona detalii esenţiale despre nava inspectată: numele navei, pavilionul sub care naviga, deplasamentul şi numele căpitanului. Aceste informaţii erau importante pentru evidenţa şi monitorizarea sănătăţii publice în portul Sulina. Documentul nu doar asigura că nava era liberă de dăunători şi boli, dar şi facilita accesul la cheu şi la resursele portului.

Impactul şi Moştenirea Serviciului Sanitar

Serviciul Sanitar din Sulina a jucat un rol vital în protejarea sănătăţii publice şi în menţinerea siguranţei navigaţiei pe Dunăre. Prin deratizarea riguroasă şi controlul medical al navelor, acest serviciu a prevenit răspândirea bolilor transmisibile, asigurând un mediu sigur pentru comerţ şi transport. Povestea Serviciului Sanitar din Sulina ne aminteşte de importanţa măsurilor de sănatate publică şi de dedicarea profesioniştilor din domeniul medical. Moştenirea lor continuă să inspire şi să sublinieze importanţa prevenţiei şi a monitorizării riguroase în menţinerea sănătăţii comunităţilor maritime. Astăzi, clădirea care găzduieşte A.N.A.F. păstrează amintirea acelor vremuri, amintindu-ne de rolul esenţial pe care l-a jucat în protejarea sănătăţii publice şi în asigurarea unei navigaţii sigure pe Dunăre.

Povestea Spitalelor din Sulina

Comisiunea Europeană a Dunării a construit în Sulina două spitale la sfârşitul secolului XIX, în care se asigurau consultaţii şi spitalizarea propriului personal, a populaţiei oraşului, precum şi a persoanelor din localităţile din apropiere şi a marinarilor aflaţi în tranzit. Spitalul C.E.D. central, ridicat în 1869, avea trei pavilioane şi beneficia de saloane pentru 40 de bolnavi, sală de operaţie (din 1902 fiind creat un serviciu de chirurgie modern), sală de sterilizare a instrumentarului medical, laborator de analize, farmacie, sală de consultaţii şi cabinete pentru personalul medical. În prezent, se mai află în acest spital doar un punct de primiri urgenţe, de unde urgenţele se trimit la Tulcea cu şalupa. Spitalul de boli infecţioase, construit în 1894 la marginea Sulinei pe malul mării (terenul unde a fost U.M. radiolocație), putea primi 110 bolnavi.

Se compunea din două pavilioane, legate între ele prin coridoare, cinci încăperi fiind rezervate bolnavilor, iar celelalte aveau serviciul de dezinsecție, baie, bucătărie, spălătorie, locuința medicului, serviciu administrativ. În 1902, primăria a ridicat infirmeria comunală. Construită inițial cu scop de dispensar, aceasta va deveni în câțiva ani un adevărat spital, unde se putea acorda în orice moment ajutor medical și chirurgical. Astăzi, în acest dispensar se mai află două cabinete medicale: pediatrie și medic de familie. Aceste servicii medicale existau când Sulina avea o populație de 7500 locuitori cu domiciliul stabil, înregistrați la recensământul din anii 1912-1913.

Povestea uzinei de apa din Sulina

În vara anului 1893, orașul Sulina, situat la gurile Dunării, a fost lovit de una dintre cele mai devastatoare epidemii de holeră din istoria sa. Într-un timp foarte scurt, boala s-a răspândit cu o viteză alarmantă, aducând suferință și moarte în casele locuitorilor. Portul, care era un nod vital pentru navigația europeană, devenise un loc periculos, iar autoritățile europene și locale se temeau că epidemia ar putea să se extindă și în alte zone ale continentului.

În acele vremuri, Sulina era sub administrarea Comisiei Europene a Dunării (CED), iar această criză sanitară a pus în lumină urgența de a îmbunătăți condițiile de viață din oraș. Odată ce epidemia de holeră a fost adusă sub control cu mari eforturi, a devenit evident că Sulina avea nevoie de un spital specializat în tratarea bolilor epidemice și, la fel de important, de o sursă sigură de apă potabilă.

În cadrul Conferinței sanitare de la Dresda din 1893, autoritățile române și-au asumat responsabilitatea de a asigura apă potabilă nu doar pentru comunitatea locală, ci și pentru navele care ajungeau în portul Sulina. Aceasta promisiune a dus la un plan ambițios:

construirea unei uzine de apă moderne şi a unui spital dedicat tratării bolilor epidemice.

Proiectul tehnic pentru uzina de apă a fost elaborat încă din 1894 de inginerul Jebens, un expert recunoscut în domeniu.

Cu toate acestea, realizarea sa a întâmpinat numeroase dificultăţi, în special financiare. Promisiunea fermă de finanţare a venit abia în 1897, după o altă conferinţă sanitară, de această dată la Veneţia. Fondurile au fost alocate din bugetul Serviciului sanitar, care era gestionat de CED, şi lucrările au început cu speranţa că această investiţie va proteja oraşul de viitoare epidemii.

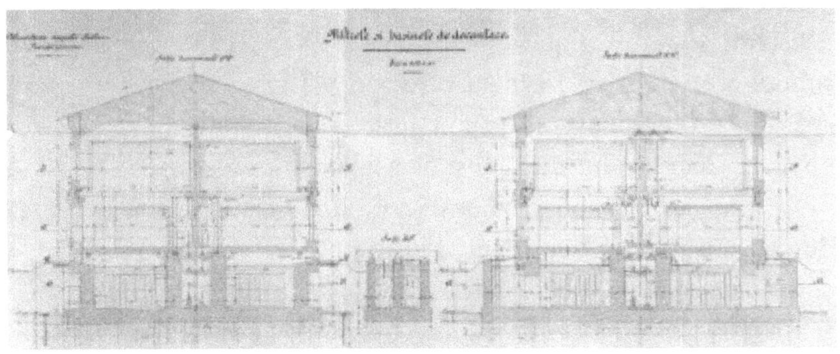

Planul instalaţie de decantare şi filtrare a apei de la Uzina de Apa Sulina

Până în anul 1900, uzina de apă a fost finalizată, însă filtrele folosite erau de o calitate atât de proastă încât problema apei potabile nu a fost complet rezolvată. Locuitorii şi navigatorii din port încă nu puteau avea încredere deplină în calitatea apei. În ciuda acestor dificultăţi, construcţia uzinei a fost un pas major înainte, iar misiunea de a asigura apă curată nu s-a oprit aici.

Un nume important legat de realizarea acestor proiecte a fost medicul Iacob Felix, un om dedicat sănătăţii publice, care a girat construcţia spitalului şi a uzinei de apă. De asemenea, inginerul Elie Radu a supravegheat o parte din lucrările de construcţie, asigurându-se că planurile elaborate de Jebens sunt respectate.

Cu toate acestea, problema calității apei a continuat să persiste. A fost nevoie de o nouă etapă de îmbunătățiri între anii 1907-1909, când medicul Ion Cantacuzino, o altă personalitate marcantă în domeniul sănătății publice din România, a introdus un sistem modern de ozonizare a apei. Această tehnologie, revoluționară pentru acea perioadă, a reușit să rezolve definitiv problema apei potabile la Sulina.

Pe lângă aceste realizări concrete, au circulat și numeroase legende urbane legate de construcția uzinei de apă.

Legenda urbană

În anul 1897, orașul Sulina a fost martorul unui eveniment deosebit: vizita Reginei Wilhelmina a Olandei. Se spune că, în timpul acestei vizite, regina a cerut un pahar cu apă și i s-a oferit apă direct din Dunăre. Surprinsă de acest lucru și îngrijorată pentru sănătatea locuitorilor care consumau apa nefiltrată, regina a donat o sumă mare de bani pentru construcția unei uzine de apă. Pe lângă donația reginei, Comisiunea Europeană a Dunării (C.E.D.) a contribuit cu 600.000 de franci de aur pentru realizarea construcției și a rețelei de conducte de alimentare cu apă. Serviciul Sanitar din Sulina a plătit inginerului E. Jebens 15.000 de lei pentru realizarea proiectului.

Regina Wilhelmina a Olandei (1880-1962)

Construcţia uzinei de apă a fost un proiect complex, menită să asigure locuitorilor Sulinei accesul la apă curată şi potabilă. Turnul de apă şi clădirile aferente au fost proiectate cu o arhitectură impresionantă, care au rezistat testului timpului şi numeroaselor provocări. În ciuda avariilor suferite în timpul celor două războaie mondiale, uzina a fost reparată şi modernizată de-a lungul decadelor, păstrându-şi forma arhitecturală iniţială.

Astăzi, uzina de apă din Sulina funcționează în continuare, iar instalațiile sale au fost modernizate pentru a răspunde nevoilor actuale ale comunității. Turnul de apă, cu silueta sa impunătoare, și clădirile adiacente sunt martore tăcute ale generozității Reginei Wilhelmina și ale eforturilor comune ale Comisiei Europene a Dunării și ale inginerului Jebens.

Locuitorii Sulinei privesc cu mândrie spre acest simbol al progresului și al grijii față de comunitate.

Uzina de apă nu este doar o infrastructură vitală, ci și un monument al solidarității și al dorinței de a îmbunătăți viața oamenilor.

În fiecare zi, când locuitorii deschid robinetele şi beau apă curată, îşi amintesc de gestul nobil al reginei şi de eforturile celor care au contribuit la realizarea acestei minuni inginereşti. Această poveste de altruism şi determinare continuă să inspire şi să amintească tuturor de puterea colaborării şi a generozităţii, demonstrând că, prin eforturi comune, se pot realiza lucruri măreţe şi se poate clădi un viitor mai bun pentru toţi.

Povestea chiupului din piatră Ponce

Pe vremuri, când Dunărea şerpuia liniştită prin inima Deltei, aducând cu ea viaţă şi prosperitate, oamenii din Sulina aveau un respect deosebit pentru apă. În fiecare colţ al oraşului, de la cherhanale până la slepuri, apa era esenţială pentru supravieţuire. Dar, în acele zile, nu toţi locuitorii aveau aceleaşi obiceiuri când venea vorba de a bea apa din bălţile şi canalele ce înconjurau localitatea.

La cherhanalele care se respectau şi pe corăbiile ce navigau pe Dunăre, exista un vas deosebit din piatră ponce, cunoscut localnicilor sub numele de chiup. Acest vas era un adevărat dar al naturii, cu o structură poroasă ce servea drept filtru natural. Apa era turnată cu grijă în chiup, iar trecând prin porii săi, se curăţa de impurităţile vizibile, devenind limpede şi răcoritoare. Oamenii care îşi permiteau să bea apă dintr-un astfel de vas simţeau un gust diferit, mai pur şi mai plăcut, iar chiupul devenea o piesă de preţ în gospodărie sau pe vas.

Vas din piatră Ponce pentru filtrarea apei

Însă, majoritatea localnicilor trăiau după alte reguli. Când plecau cu barca în balta din apropiere, nu se complicau cu chiupuri sau alte filtre sofisticate. În bărcile lor simple, aveau o unealtă scluptată cu grijă din lemn de plop numită ispol, folosită în mod obişnuit pentru a scoate apa care se aduna în barcă. Ispolul, deşi conceput iniţial pentru alt scop, devenea un instrument de supravieţuire. Când setea îi lovea pe pescari sau pe călători, ei îşi clăteau ispolul în apă, îl umpleau cu apă proaspătă din baltă şi beau cu sete. Gustul nu era mereu cel mai plăcut, apa având uneori un iz de mâl sau vegetaţie, dar era apa cu care crescuseră şi de care nu se temeau.

Aşa erau oamenii din Sulina: fiecare cu obiceiurile şi preferinţele sale, dar toţi uniţi de respectul pentru apa care le dădea viaţă. Fie că alegeau luxul unui chiup din piatră ponce sau simplitatea ispolului de lemn, ei înţelegeau că apa era mai mult decât o necesitate – era parte din identitatea lor, o legătură cu pământul, cu Dunărea și cu tradițiile strămoșilor.

Povestea iluminatului portului Sulina: de la felinare la electricitate

Într-o seară rece de iarnă din 1909, străzile și docurile din Sulina erau luminate doar de pâlpâirea slabă a felinarelor pe bază de gaz lampant. Marinarii și locuitorii își desfășurau activitățile obișnuite, dar siguranța și eficiența erau limitate de această lumină nesigură. Deși Timișoara a fost electrificată în 1884, Sulina a fost prima localitate din Regatul României care a beneficiat de electricitate.

Primii Pași către Modernizare

Încă din 1882, clădirile din incinta palatului Comisiunii Europene a Dunării (C.E.D.) beneficiau de iluminat electric datorită unui generator adus din S.U.A. de inginerul Charles Hartley. Acest generator era suficient pentru a ilumina clădirile administrative și pentru a impresiona oaspeții cu ocazia evenimentelor speciale. Cu toate acestea, restul orașului rămânea dependent de felinare pe bază de gaz lampant. De fiecare dată când se organiza balul anual al Crucii Roșii în clădirea Cercului Marinei Militare, clădirea era iluminată spectaculos de generatoarele crucișătorului Elisabeta, adăugând un aer de magie și modernitate acelor nopți de festivități.

Începutul electricității la Sulina

În anul 1910, un inginer vizionar pe nume Adam Jijie a decis că era timpul pentru o schimbare radicală. Cu o vastă experienţă, inclusiv ca şef mecanic pe crucişătorul Elisabeta, Jijie şi-a propus să aducă iluminatul electric în tot portul Sulina.

A încheiat un contract cu C.E.D. pentru a ilumina portul şi proprietăţile de pe malul drept al Dunării. Construcţia primei uzine electrice din Sulina a început sub supravegherea inginerului Adam Jijie şi a fost proiectată şi construită de inginerul Ion Arghirovici, fost ofiţer de geniu în armata austriacă şi omul de încredere al comandorului Jijie. După deces, acesta a fost înmormântat cu onoruri în Cimitirul Catolic din Sulina.

Uzina a fost amplasată strategic aproape de apă, la marginea oraşului înspre baltă, astfel încât motorul cu aburi, adus din Germania, să poată fi alimentat cu apă limpede.

Următoarele luni au fost pline de activitate febrilă. Meşterul Roman Potârniche, fost sergent mecanic pe crucişătorul Elisabeta şi omul de încredere al inginerului Jijie, s-a ocupat de exploatarea şi întreţinerea motorului uzinei electrice. Lucrările au inclus instalarea a 30 de kilometri de cabluri electrice, un proiect complex şi costisitor care a totalizat 800.000 de lei, sumă amortizată până în 1920.

Sulina Iluminată

Într-o noapte din 1910, Sulina a fost martoră la un moment istoric. Oraşul, care până atunci fusese scufundat în întuneric la apusul soarelui, a fost luminat de felinare electrice. Aceste felinare moderne au înlocuit vechile felinare pe bază de gaz lampant, aducând siguranţă şi eficienţă sporită în port. Navele comerciale care acostau la cheu nu mai trebuiau să se bazeze pe lumina slabă a felinarelor cu gaz.

Extinderea Iluminatului Electric

În 1912, Jijie a extins proiectul pentru a alimenta cu energie electrică atelierele C.E.D. de pe malul stâng (Prospectul oraşului), printr-un cablu ce trecea pe sub Dunăre la mila marină 2. Aceasta a fost o realizare tehnologică impresionantă pentru acea perioadă şi a demonstrat ingeniozitatea şi determinarea echipei lui Jijie.

Moştenirea lăsată

Inginerul Adam Jijie a fost înmormântat la Mănăstirea Cocoş, lăsând în urmă o moştenire durabilă. Eforturile sale şi ale echipei sale au transformat Sulina, aducând oraşul în era modernă a iluminatului electric. Poveştile despre curajul şi inovaţia acestor oameni rămân o parte integrantă a istoriei oraşului. Astăzi, vechea uzină electrică cu motoare diesel de pe strada a VI-a este un simbol al acelor vremuri de pionierat, amintind de transformările care au făcut din Sulina un port modern şi sigur pentru navigaţie şi comerţ.

Povestea tipografiilor din Sulina

În secolul al XIX-lea şi începutul secolului XX, Sulina nu era doar un port vibrant şi cosmopolit, ci şi un centru cultural emergent. În acest mediu divers şi dinamic, tipografiile locale au jucat un rol esenţial în educarea şi informarea populaţiei, contribuind la dezvoltarea unei comunităţi bine informate şi culturalmente bogate.

Gazeta "Stravopodis" (Sontorogul)

Primii paşi ai presei locale au fost marcaţi de apariţia gazetei "Stravopodis", cunoscută şi sub numele de "Sontorogul". Între anii 1875 şi 1882, această publicaţie scrisă în limba elenă a fost considerată prima din Dobrogea. Străzile Sulinei erau animate de oameni care discutau articolele citite în paginile "Stravopodis". Gazeta a devenit rapid un punct de referinţă pentru comunitatea elenă, oferind ştiri locale şi internaţionale, editoriale şi articole de opinie.

Tipografia G. Avgherinos şi Publicaţia "Dounavis"

După succesul gazetei "Stravopodis", în Sulina a apărut o nouă publicaţie, "Dounavis", tipărită între anii 1885 şi 1888. Aceasta a fost imprimată la tipografia G. Avgherinos, înfiinţată în 1871. Tipografia nu doar că a produs această publicaţie, dar a tipărit şi numeroase cărţi poştale cu imagini din Sulina acelor vremuri, contribuind astfel la promovarea oraşului şi la schimbul cultural.

"Gazeta Sulinei" şi "Curierul Sulinei"

În anul 1906, a fost tipărită prima publicaţie în limba română din Sulina, "Gazeta Sulinei". Aceasta a marcat o nouă eră pentru presa locală, adresându-se unei audienţe mai largi şi diverse. În luna ianuarie 1926, a apărut prima ediţie a ziarului local "Curierul Sulinei". Acesta era tipărit în clădirea din curtea uzinei electrice din Sulina, clădire care există şi astăzi. "Curierul Sulinei" a devenit rapid o sursă importantă de informaţii pentru locuitorii oraşului, acoperind subiecte de interes local şi naţional.

Clădirea din curtea Uzinei Electrice, situată pe strada a VI-a, a găzduit în perioada interbelică tipografia din Sulina, unde se tipărea și ziarul Curierul Sulinei. După cel de-al Doilea Război Mondial, în această clădire a funcționat maternitatea până în anul 1957

Declinul Publicațiilor Locale

După desființarea statutului de oraș porto-franco în anul 1931, Sulina a pierdut din importanța sa economică, iar publicațiile locale au început să dispară. Tipografiile au continuat să funcționeze, dar numărul și diversitatea publicațiilor au scăzut semnificativ. Ultimele rămășițe ale presei locale erau fotografiile cu imagini ale vremii, realizate de fotograful Taisanu. Tipografiile din Sulina au jucat un rol important în dezvoltarea culturală și educațională a orașului. De la primele gazete în limba elenă, până la ziarele locale în limba română, aceste tipografii au fost faruri de lumină culturală și informativă într-un oraș maritim vibrant și divers. Chiar dacă multe dintre aceste publicații nu mai există, moștenirea lor rămâne vie în amintirea comunității și în istoria bogată a Sulinei.

Povestea modei pe timpul (C.E.D.) la Sulina

Î n anii de glorie ai Comisiei Europene a Dunării (C.E.D.), Sulina era un oraş cosmopolit şi vibrant, un adevărat microcosmos al diversităţii culturale şi sociale.

Faleza oraşului, locul de promenadă preferat al localnicilor, turiştilor şi marinarilor ce soseau în port, era un spectacol viu al modei, un teatru în aer liber unde se desfăşura zi de zi parada eleganţei şi a stilului.

Pe această faleză, între Palatul C.E.D. şi zona pieţei, doamnele şi domnii îşi etalau cu mândrie ţinutele, inspirate din cele mai recente reviste de modă, precum faimoasa Marie-Claire, la care doamnele din Sulina erau abonate cu sfinţenie. Aici, fiecare pasăre îşi lăuda penajul, iar fiecare familie îşi punea la vedere ţinutele alese cu grijă, croite după cele mai moderne tipare ale vremii.

Doamna Marguerite, soţia unui funcţionar de seamă al C.E.D., era una dintre cele mai admirate figuri ale oraşului. Într-o veselă dimineață de primăvară, ea a ieșit la plimbare purtând pentru prima oară un taior nou-nouț, achiziționat cu 95 de franci dintr-un magazin de lux din Paris. Fabricat din material amazon extra fin și dublat în întregime, taiorul reprezenta culmea rafinamentului și al gustului impecabil.

Marguerite simțea cum ochii tuturor o urmăresc cu admirație în timp ce natura înflorită părea să zâmbească sub pașii ei. Alături de ea, soțul ei, domnul Henri, purta un costum impecabil, proaspăt scos din Atelierele HlGH-LlFEE TAYLOR, executat la comandă pentru suma de 69,50 de franci. Croitorii aceia erau renumiți în toată lumea pentru măiestria lor, iar costumul domnului Henri, cu linii precise și țesături fine, îl făcea să pară un adevărat dandy al Dunării.`

În acele vremuri, croitorii din Sulina erau adevăraţi artişti, capabili să transforme orice dorinţă în realitate. Dacă o doamnă observa o rochie deosebită la o altă doamnă în timpul unei plimbări pe faleză, nu trecea mult timp până când se îndrepta grăbită spre croitorie pentru a cere o replică. Evreii, specialişti în negoţ, aprovizionau cu materiale aduse de pe toate meridianele, oferind oraşului ţesături de cea mai bună calitate, fie pentru rochii sofisticate, fie pentru costume masculine elegante.

Galenți (papuci din lemn de salcie)

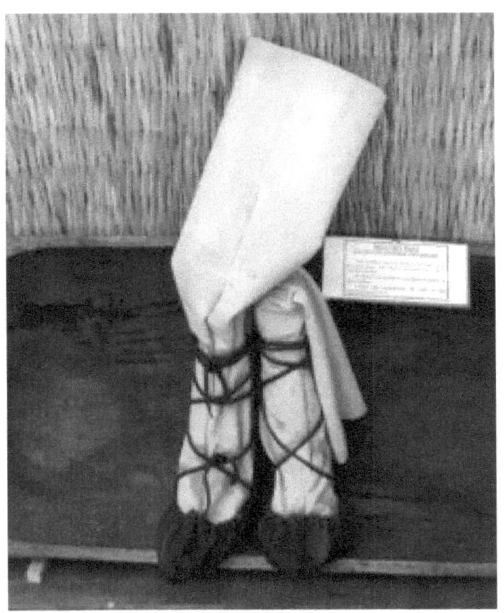

Opinci cu ciulci folosiți în Deltă în loc de cizme

Î n Sulina, moda nu era doar o chestiune de vanitate, ci o necesitate socială. La Balul Crucii Roșii, desfășurat anual în clădirea Cercului Marinei Militare, doamnele și domnii își etalau cele mai noi ținute, fiecare având grijă să fie îmbrăcat după ultimele tipare pariziene. Chiar și slujnicele, atunci când ieșeau în oraș, aveau grijă să fie îmbrăcate potrivit, dovedind că moda nu cunoştea bariere sociale în acest oraş atât de divers.

Cu toate acestea, nu toţi locuitorii Sulinei se bucurau de luxul hainelor scumpe.

Cei mai săraci purtau opinci cu ciulci şi obiele, sau, vara, încălţări simple din lemn de salcie (galenţi), inspirate din modelele turceşti văzute la băile turceşti. Pe de altă parte, marinarii şi lipovenii, cu obiceiurile lor distincte, aduceau o notă de diversitate vestimentară, contribuind la atmosfera de sărbătoare perpetuă care domnea în Sulina.

Aici, se celebrau sărbătorile ortodoxe, catolice, evreieşti, turceşti şi armene, fiecare comunitate aducând ceva din tradiţia şi portul său.

O dama de companie îşi face reclama într-un stabiliment din Sulina în anul 1900

În acest oraş al apelor şi al culturilor împletite, moda era o formă de exprimare a identităţii, o manieră prin care locuitorii îşi marcau locul într-o lume mereu în schimbare. La începutul secolului XX, în Sulina, şcoala de broderie din cadrul Şcolii Catolice "Dante Alighieri" forma tineri în meşteşugul broderiei, utilizând modele de monograme cu semnificaţii adânci. Aceste monograme simbolizau fraternitatea şi valorile masonice, fiind adesea folosite în cadrul întâlnirilor şi ceremoniilor masonice, dar şi ca amulete sau cadouri. Şcoala devenea astfel un centru important de păstrare a tradiţiilor locale şi de educaţie pentru femeile din comunitate.

Povestea iernilor geroase din Sulina

Sulina, oraşul de la capătul Dunării, a fost mereu un loc unde oamenii s-au obişnuit să trăiască în armonie cu natura, dar şi să înfrunte cu curaj capriciile ei. În iernile geroase, Dunărea, care în restul anului aducea viaţă şi prosperitate, devenea un inamic tăcut şi puternic, îngheţând şi blocând orice mişcare pe apă.Prima mare încercare a venit în iarna anului 1863. Începutul lunii decembrie a adus un frig cumplit, iar Dunărea a îngheţat rapid, transformându-se într-o imensă fâşie de gheaţă. Pentru aproape trei luni, până la sfârşitul lui februarie, fluviul a rămas încremenit. Fără nave specializate pentru spargerea gheţii, corăbiile au rămas prizoniere în porturi, iar Sulina, izolat de lume, a trebuit să se descurce cu proviziile pe care le avea. Locuitorii oraşului şi ai localităţilor din

Deltă au făcut față cu greu acestei ierni cumplite.

O altă iarnă de neuitat a fost cea din 1880. De data aceasta, Dunărea a rămas înghețată timp de trei luni, din decembrie până la sfârșitul lui martie. Deși câteva nave cu aburi ale Comisiunii Europene a Dunării au încercat să facă față la începutul iernii, curând și acestea au cedat sub grosimea gheții.

Dunărea înghețată la Sulina în iarna anului 1929

Aprovizionarea cu alimente și medicamente, atât pentru Sulina cât și pentru localitățile izolate din Deltă, s-a realizat cu mari dificultăți, prin transporturi de la Tulcea, efectuate cu sănii trase de cai sau cu care trase de boi. Oamenii se luptau să supraviețuiască în aceste condiții extreme, iar amintirile acelor zile au rămas vii pentru mult timp.

Iarna anului 1929 a adus din nou un ger cumplit. Începutul lunii ianuarie a fost marcat de temperaturi extrem de scăzute, iar Dunărea s-a blocat din nou sub ghețuri pentru aproape două luni și jumătate. Fără posibilitatea de a naviga, aprovizionarea s-a făcut din nou cu mari dificultăți, pe drumuri înghețate, cu căruțele și săniile care transportau alimente și medicamente de la Tulcea.

În perioada interbelică, iernile geroase au continuat să pună la încercare locuitorii Sulinei. Remorcherele Mântuirea, Ismail, Ceahlău, Ister, precum și dragile tehnice Karl Khul și Dimitrie Sturdza, au jucat un rol crucial în spargerea gheții pe Dunărea Maritimă. Trecerea peste Dunăre în Prospect se făcea cu șalupa Mustic, singura care mai putea naviga printre ghețuri.

Iarna dintre anii 1953-1954 a fost însă una dintre cele mai grele pe care locuitorii Deltei au avut-o de îndurat. Pe Brațul Chilia, sovieticii au fost nevoiți să folosească explozibili pentru a debloca Dunărea înghețată. După anul 1950, remorcherele Sulina, Tuzla, Albatrosul, Voinicul și Viteazul au contribuit la spartul gheții pe Dunăre, asigurând astfel o legătură vitală pentru locuitorii din Sulina. Trecerea peste Dunăre în Prospect se realiza cu remorcherul Rândunica, care devenise o adevărată salvare pentru cei care aveau nevoie să traverseze fluviul înghețat.

Iarna anilor 1974-1975 a adus o nouă provocare. De această dată, ghețurile erau atât de puternice încât remorcherele românești nu mai puteau face față. A fost solicitată intervenția spărgătorului de gheață sovietic Toros, care, cu mari eforturi, a reușit să desfunde Dunărea până la Galați, salvând porturile și comunitățile izolate de la o izolare totală. În anul 1985, o altă iarnă cumplită a pus la încercare Sulina. Dunărea a rămas înghețată până la sfârșitul lunii martie, iar remorcherele au fost nevoite să spargă gheața periodic pentru a menține accesul la oraș și pentru a asigura aprovizionarea. Această iarnă a fost o ultimă amintire a faptului că, indiferent de cât de avansate erau tehnologiile și metodele de protecție, Sulina va rămâne mereu la mila iernilor geroase și a fluviului încremenit.

Povestea drumului bornelor și transformările din zona Sulina-Sfântul Gheorghe

Într-o perioadă în care Dunărea și Marea Neagră erau martorii schimbărilor rapide, Comisiunea Europeană a Dunării a jucat un rol esențial în dezvoltarea și marcarea drumurilor comerciale și navigabile.

Un exemplu emblematic este Drumul Bornelor, vechiul drum de legătură dintre localitățile Sulina și Sfântul Gheorghe, care trecea pe malul Mării Negre. În 1887, Comisiunea Europeană a Dunării a instalat marcaje cu borne marine pe acest drum, care începea la plaja Sulina (Mm 0) și se întindea până la nordul satului Sfântul Gheorghe (Mm 15).

Drumul trecea peste Gârla Împuțita, traversând un pod de lemn, și era folosit frecvent de localnici și comercianți. Însă, în timp, eroziunea țărmului mării, agravată de prelungirea digurilor de la gura de vărsare a Canalului Sulina în mare, a dus la dispariția acestui drum. Cele mai multe borne au fost înghițite de ape și nisipuri, lăsând doar amintirea lor în poveștile localnicilor. După 1980, prelungirea digurilor au modificat și mai mult curenții marini între gurile de vărsare ale Brațului Chilia și Sfântul Gheorghe, afectând negativ cantitatea de pește marin din această zonă.

Poluarea, deversările de reziduuri de santină de la navele comerciale și scurgerile accidentale de la platformele de foraj maritim au contribuit, de asemenea, la această scădere. În anii '80, existau șase instalații de pescuit tip talian maritim între Sulina și Sfântul Gheorghe. Aceste instalații capturau zeci de tone de hamsie, chiulcă și rizeaucă. Astăzi, însă, doar una sau două astfel de instalații mai funcționează, cu capturi mult reduse la câteva sute de kilograme. Un alt aspect notabil al acestei perioade a fost activitatea Fabricii de ojă din Sulina. În anii '70-'80, fabrica producea guanină, materia primă pentru ojă și vopsea pentru avioane, obținută prin tratarea termică și chimică a peștelui marin din speciile chiulcă, rizeaucă și, uneori, hamsie. Din două tone de pește, se obțineau doar 1,5 kg de guanină, substanță de mare valoare pentru industria cosmetică și aeronautică. Astfel, povestea Drumului Bornelor și a transformărilor din zona Sulina-Sfântul Gheorghe reflectă atât impactul pozitiv al dezvoltărilor inginerești, cât și consecințele nefaste ale intervențiilor umane asupra mediului. Aceste transformări au modelat nu doar peisajul natural, ci și viețile oamenilor care depind de aceste resurse. În mijlocul acestor schimbări, rămân amintirile și poveștile unei perioade în care Delta Dunării și Marea Neagră erau martore ale unei activități umane intense și diverse.

Capitolul 5
Cimitirul cosmopolit din Sulina

Sulina un tărâm cu o istorie fascinantă, a fost un loc unde odinioară au trăit oameni veniți din toate colțurile lumii. Pământul pe care locuitorii de astăzi calcă a fost adus, de asemenea, din diverse părți ale lumii, ca lest pentru corăbiile care plecau din porturi îndepărtate. Cu două secole în urmă, cimitirul din Sulina se afla pe malul mării, într-o zonă neamenajată, unde cei decedați erau înmormântați fără vreo delimitare clară între confesiuni.

După constituirea Comisiei Europene a Dunării în 1856 și după ce lucrările hidrotehnice de la Gura de vărsare au dat rezultate, micul port a început să se dezvolte. Au fost construite clădiri moderne, biserici, școli, iar cimitirul a fost amenajat pe confesiuni, fapt ce i-a adus numele de „Cimitirul Comisiei Europene a Dunării". Astfel, în 1869, cimitirul protestant din Sulina a fost sfințit de Episcopul Gibraltarului. Pe 25 octombrie 1869, ambasada Marii Britanii l-a informat colonelul John Stokes despre sfințirea cimitirului protestant de la Sulina, menționând totodată dorința ca acest cimitir să fie unul internațional, destinat protestanților de toate confesiunile, nu doar celor aparținând Bisericii Anglicane.

Aceasta este povestea unui loc unde diversitatea și respectul pentru toate credințele s-au întâlnit într-un mod unic, un loc unde memoria celor trecuți în neființă este păstrată cu grijă și reverență.

Sulina, cu cimitirul său internațional, rămâne un simbol al unității și al colaborării între națiuni și confesiuni, un loc unde fiecare mormânt spune o poveste, iar fiecare piatră funerară păstrează amintirea unor vremuri demult apuse.

Povestea cimitirului din Sulina începe cu imaginea unui drum străjuit de un gard din lemn de stejar, care împărțea sacralitatea locului în două. Pe măsură ce pășim spre plaja Mării Negre, întâlnim, la dreapta, cimitirul evreiesc, urmat de cel turcesc și de cel ortodox, unde își găsesc odihna români, greci, ucrainieni, ruși, armeni. Această zonă a cimitirului reflectă diversitatea obiceiurilor funerare și simbolurilor religioase, fiecare mormânt povestind despre o comunitate bine înrădăcinată în țesătura multiculturală a Sulinei.

Pe partea stângă a drumului, o capelă impunătoare din începutul secolului XX domină peisajul, cu clopotnița sa înaltă. Continuând drumul, ajungem la cimitirul protestant, loc de veșnicie pentru englezi, danezi, austrieci și germani. Acesta este învecinat, spre nord, cu cimitirul lipovenesc, reamenajat în 1978, și cu cimitirul catolic la est, unde sunt înmormântați italieni, maltezi, croați, sârbi, polonezi, austrieci, cehi, germani, francezi și unguri.

În perioada 1976-1984, terenul cimitirului a suferit transformări importante datorită lucrărilor de construcție la Bazinul A.Z.L. Sulina și a asanării bălții din partea de sud a orașului. Înainte de aceste intervenții, terenul era mlăștinos, iar cimitirul se afla pe un teren înălțat artificial prin metoda caldaram, cu gropi săpate în jur pentru a ridica pământul pe care se află astăzi cimitirul, iar panza freatică a fost semnificativ scăzută, permițând astfel inhumarea în condiții normale. De-a lungul timpului, drumul care ducea spre plajă trecea prin mijlocul cimitirului, dar, în anii '90, odată cu extinderea și împrejmuirea cimitirului ortodox, drumul a fost deviat prin partea de nord a acestuia. Gardul de stejar a dispărut, dar spiritul locului rămâne neschimbat.

Cunoscut și ca „Cimitirul Maritim", datorită numărului mare

de marinari de diferite naționalități înmormântați aici, cimitirul din Sulina este o cronică vie a orașului. La capătul lumii, aici sunt păstrate poveștile celor care și-au găsit sfârșitul în acest loc, făcând din Sulina nu doar un port la Marea Neagră, ci și un loc de întâlnire pentru culturi și tradiții diverse. Cimitirul rămâne un martor tăcut al istoriei navigației și al diversității umane, într-un oraș unde fiecare piatră funerară are o poveste de spus.

Mormântul unui pilot C.E.D. din Galați, aflat în cimitirul ortodox din Sulina, care are pavilionul instituției pe piatra funerară.

În 1970, numărul locuitorilor lipoveni din Sulina a crescut semnificativ, iar în 1978, cimitirul acestora a fost extins peste cimitirul protestant. Astfel, multe dintre pietrele funerare britanice și germane se regăsesc astăzi printre mormintele lipovenesti. Cimitirul a fost amenajat pe confesiuni de către Comisia Europeană a Dunării în 1864, ceea ce reflectă spiritul multicultural și religios al orașului.

Monument având crucea celtică al unei fetițe irlandeze, decedată la Sulina pe 21 noiembrie 1864

Marinarii britanici decedați în diferite perioade și înmormântați de-a lungul timpului în vechiul cimitir au fost deshumați și reînhumați în primul rând al Cimitirului protestant, cu ocazia amenajării acestuia. Pe fiecare mormânt a fost amplasată o piatră funerară. Astfel, la prima vedere, ar putea părea că este vorba despre echipajul unei singure nave, dar, de fapt, pietrele funerare marchează morminte ale marinarilor de pe nave diferite, cu date de deces și cauze ale morții variate. Cel mai vechi mormânt datează din 1847, iar cel mai tânăr marinar avea doar 17 ani.

Inscripțiile de pe pietrele funerare sunt scrise în 15 limbi, incluzând română, greacă, italiană, rusă, bulgară, germană, engleză, franceză, croată, slavonă, armeană, turcă, ebraică, latină și arabă. Aceste inscripții reflectă nu doar diversitatea etnică și religioasă a comunității din Sulina, ci și legătura profundă a acestora cu tradițiile și culturile lor de origine. Pe multe dintre pietrele funerare sunt gravate citate din Biblie, în special în cimitirele catolic, protestant și evreiesc, dar și citate din Coran, în cimitirul musulman.

Simbolurile de pe pietrele funerare sunt diverse și povestesc despre viața celor înmormântați. De exemplu, ramura de măslin frântă apare pe piatra funerară a Isabellei Jane Robinson, o tânără de 28 de ani, decedată în urma scufundării navei *Kylemoor*, și pe piatra unei tinere din cimitirul evreiesc, simbolizând o viață curmată prea devreme. Altele includ cruci celtice, cu soarele suprapunându-se deasupra crucii, așa cum este cazul pietrei funerare a unei fetițe irlandeze decedate la vârsta de 6 ani, în 1864, din cimitirul catolic.

Ramura de măslin frântă apare pe piatra funerară a Isabelle Jane Robinson

Pe pietrele funerare ale italienilor și grecilor este frecvent întâlnit dorul față de patrie, iar aceste inscripții reflectă legătura lor strânsă cu locurile natale.

Pietre funerare ale unor marinari greci, care au ca simbol crucea legată cu o panglică.

Cimitirul din Sulina este un loc care, prin fiecare piatră funerară, spune povestea unei lumi diverse, un loc în care multiculturalismul și diversitatea religioasă sunt cele care dau viață acestei zone încărcate de istorie.

Povestea fraților Inglesi

În Sulina, un oraș liniștit la malul mării, se află un cimitir ortodox unde își dorm somnul de veci frații Inglesi, Ana și Gherasimos. Ana a murit la doar 2 ani, în 1887, iar Gherasimos la 1 an, în 1895, răpuși de bolile necruțătoare ale sfârșitului de secol XIX: malarie, holeră și tifos. Aceste boli cumplit de virulente au făcut ravagii în Sulina, luând sute de vieți, multe dintre ele de copii nevinovați. Durerea și suferința nu au rămas însă neobservate, iar în același an în care Gherasimos a trecut în neființă, 1895, Comisia Europeană a

Dunării (C.E.D.) a decis construirea unui spital pentru bolile epidemice, situat aproape de cimitirul în care frații Inglesi erau înmormântați. Acest spital a devenit un simbol al speranței și al ajutorului pentru cei afectați de bolile care bântuiau regiunea, oferind îngrijire și alinare în vremuri de suferință. Spitalul a jucat un rol esențial în comunitatea din Sulina, fiind un refugiu pentru cei aflați în nevoie și un pilon important al luptei împotriva epidemiei.

Monumentul Inglesi

Legenda urbană
Se spune că într-o zi, pe malurile Dunării, râsetele cristaline ale celor doi copii, Ana și Gherasimos, se amestecau cu murmurul

apei. Mingea lor, rotundă şi săltăreaţă, părea că râde şi ea, dansând din mâinile lor către cer. Însă, într-un moment de neatenţie, mingea a scăpat şi s-a rostogolit direct în braţele fluviului, care o purta încet, ca pe un trofeu furat.

Ana, cu sufletul ei neînfricat, a păşit în apa care îi mângâia picioarele, hotărâtă să-şi recupereze jucăria. Dar Dunărea, capricioasă şi misterioasă, s-a transformat într-o povară nemiloasă, trăgând-o tot mai adânc. Gherasimos, văzând pericolul, nu a ezitat. Cu inima plină de iubire pentru sora sa, a sărit după ea, ca un erou din poveşti, convins că o va salva.

Dunărea, însă, avea alte planuri. Ea i-a prins pe amândoi în îmbrăţişarea sa tulbure şi, ca o mamă posesivă, nu i-a mai lăsat să plece. Se spune că valurile au şoptit numele lor pentru o clipă, înainte ca liniştea să se aştearnă din nou peste ape.

De atunci, oamenii din Sulina cred că Dunărea a luat doi îngeri în adâncurile sale, iar în nopţile senine, când apa străluceşte sub lună, spun că acei copii îşi continuă jocul, râzând şi alergând printre stelele reflectate pe oglinda fluviului. Povestea lor a rămas un memento despre iubire, curaj şi despre puterea nemărginită a naturii, care uneori ne ia în braţele ei fără întoarcere.

Totuşi, inscripţiile de pe placa comemorativă spun o altă poveste. Ana a murit în 1887, iar Gherasimos în 1895, ceea ce înseamnă că cei doi nu au fost contemporani, iar legenda locală s-a ţesut în jurul unei erori de înţelegere a timpului.

În ciuda acestei confuzii, amintirea celor doi a rămas vie în sufletele localnicilor. Din durerea pierderii lor, s-a născut speranţa şi dorinţa de a ajuta, iar monumentul a devenit un simbol al solidarităţii şi sacrificiului. Mormintele lor au fost păstrate cu grijă şi respect, fiind un loc de pelerinaj pentru cei care voiau să înţeleagă mai bine trecutul şi să reflecteze asupra valorilor comunităţii.

În 1895, pentru a adresa nevoile comunităţii, a fost construit un spital, iar în jurul său s-a dezvoltat un centru medical de referinţă.

Spitalul a fost modernizat pe măsură ce anii au trecut, devenind un punct important de atracţie pentru medici şi cercetători. Zona din jurul spitalului a evoluat într-un hub de dezvoltare, atrăgând profesionişti din diverse domenii care s-au dedicat îmbunătăţirii condiţiilor de viaţă ale locuitorilor.

Această perioadă de progres a fost însă întreruptă brusc de izbucnirea Primului Război Mondial. Spitalul, care fusese un loc de alinare şi speranţă, a fost distrus în timpul conflictului. Pierderea acestuia a fost resimţită adânc de comunitate, care a văzut cum visurile şi eforturile lor se spulberau în faţa forţelor războiului. Cu toate acestea, amintirea acestui loc şi a celor care au contribuit la dezvoltarea oraşului nu a fost uitată, iar spiritul de rezilienţă al comunităţii a rămas viu.

Povestea tinerilor îndrăgostiţi: William Webster şi Ann Margaret

Sulina, tărâm al vânturilor şi al apelor nesfârşite, a fost martora unei iubiri mistuitoare, menită să dăinuie dincolo de timp. În vara anului 1868, Dunărea şi-a ţesut destinul în jurul a doi tineri veniţi de departe: William Webster, un ofiţer curajos, şi Ann Margaret, iubita lui cu ochi de mare şi suflet de catifea.

Pe puntea navei *Adalia*, în lumina apusului ce îmbrăţişa portul Sulina, cei doi îndrăgostiţi visau la un viitor împreună. Erau tineri, erau frumoşi, erau neînfricaţi. Însă apele, mereu însetate de vieţi şi doruri, pândesc inimile pline de iubire.

Într-o zi fatidică de mai, Margaret s-a împiedicat, iar valurile au îmbrăţişat-o fără milă, smulgând-o din braţele vieţii. William, fără să stea pe gânduri, s-a aruncat după ea, crezând că dragostea poate învinge moartea. Dar Dunărea, crudă şi nesăţioasă, i-a luat pe amândoi, ca şi cum nici cerul, nici pământul nu i-ar fi vrut despărţiţi.

Naufragiul

Orașul a plâns, valurile au murmurat cântece de jale, iar cerul s-a întunecat în semn de doliu. Trupurile lor au fost așezate alături, în Cimitirul Protestant, unde somnul le este vegheat de piatra rece și de amintirea unei iubiri pierdute. Pe mormântul lui William, cuvintele Evangheliei răsună ca o promisiune de dincolo de moarte:

„Nu este dragoste mai mare decât să-ți dai viața pentru a salva viața unui prieten.”

Dar poate că dragostea lor nu s-a sfârșit. Poate că undeva, dincolo de zare, pe valurile unei alte lumi, Margaret și William plutesc împreună, ținându-se de mână, suflete pereche într-o eternitate fără furtuni.

Mormântul lui William Webster, ofițer secund pe nava Adalia, este marcat de o piatră funerară pe care stă scris: „In memory of WILLIAM WEBSTER, chief officer on board s.s. ADALIA, who nobly sacrificed his own life by endeavoring to save MARGARET ANN PRINCLE from drowning at Soulina on the 21 of May 1868, aged 25 years. He was the only son of the late JOHN WEBSTER of Bishopwearmouth Co. Durham, England.”În traducere: „În memoria lui William Webster, ofițer secund la bordul s.s. Adalia, în vârstă de 25 de ani, care şi-a sacrificat viaţa încercând să o salveze pe Margaret Ann Princle de la înec la Sulina pe 21 mai 1868. A fost singurul fiu al răposatului John Webster din Bishopwearmouth Co., Durham, Anglia."

Pietrele funerare ale lui William Webster şi Margaret Ann Princle

Pe partea dreaptă a pietrei funerare este inscripţionat: „This monument is erected by a sorrowing mother in memory of most affectionate and dearly loved son..." („Acest monument a fost ridicat de o mamă îndurerată în memoria celui mai iubit şi drag fiu..."), urmat de textul unui psalm din Noul Testament. Mormântul logodnicei sale, Margaret Ann Princle, se află în partea dreaptă. Pe piatra funerară a acesteia scrie: „In affectionate remembrance of MARGARET ANN PRINCLE of Newton by the Sea Northumberland England who was accidentally drowned at Soulina on the 21 of May 1868 aged 23 years." În traducere: „În amintirea cu afecţiune a Margaretei Ann Princle, în vârstă de 23 de ani, din Newton by the Sea, Northumberland, Anglia, care printr-un accident s-a înecat la Sulina pe 21 mai 1868."

Într-un cimitir liniştit din Newton, Anglia, un alt mormânt păstrează tăcut povestea tristă a unei vieţi curmate prea devreme. Aici, odihneşte tatăl lui Margaret Ann Princle, iar pe piatra funerară care îi marchează locul de veci este consemnată şi amintirea fiicei sale, care şi-a găsit sfârşitul tragic în apele Dunării, departe, la Sulina.

Pietra funerară a lui Ralph Princle, tatăl Margaretei Ann

Legătura dintre tată şi fiică a rămas puternică şi dincolo de moarte, inscripţia de pe piatra funerară din Newton amintind de tragedia care a unit pentru totdeauna destinele celor doi tineri îndrăgostiţi, William şi Margaret. Deşi mormintele lor se află la sute de kilometri distanţă, unul în cimitirul din Sulina şi celălalt în Newton, poveştile lor sunt legate prin durerea pierderii şi prin amintirea unei iubiri ce a sfidat timpul şi spaţiul.

Cei care trec pragul cimitirului din Newton nu pot să nu observe inscripţia ce evocă o viaţă curmată prea devreme, dar care, prin sacrificiul său, a devenit nemuritoare. În felul acesta, memoria lui Margaret Ann Princle este păstrată nu doar pe malurile Dunării, ci şi în locul natal, unde povestea ei rămâne o parte dureroasă, dar importantă, din istoria locală.

Astfel, prin aceste două morminte, separate de mări și țări, dar unite de aceeași poveste, dragostea și tragismul destinului își găsesc o nouă viață în amintirea celor care încă se gândesc la ei.

Povestea momumentului Legionarului din Sulina

Î n cimitirul din Sulina, între mormintele vechi și pietrele funerare acoperite de vegetație, se află un mormânt singular care atrage atenția prin simbolurile sale distincte. Este mormântul lui Gheorghe Dragoș, un membru marcant al Mișcării Legionare din județul Tulcea, decedat în anul 1933. Pe piatra funerară a acestuia, în partea superioară, se găsește inscripționată o zvastică, iar sub ea stă scris: „Liga Apărării Național-Creștine, veșnic recunoscătoare lui Gheorghe Dragoș". Această piatră funerară este unică în Sulina și, probabil, în întreg județul Tulcea. Mișcarea legionară din Sulina a fost activă în perioada interbelică, având un număr semnificativ de membri. Între anii 1939-1940, pe drumul care ducea la plajă până în cimitir, mișcarea a construit un monument dedicat acestei organizații. Monumentul avea o bază dreptunghiulară și o cruce din piatră de 2 metri înălțime. La baza acestuia, în timpul construcției, a fost pusă o sticlă goală de șampanie, în interiorul căreia se afla o listă cu membrii organizației legionare din Sulina. În anul 1940, numărul membrilor Mișcării Legionare din Sulina ajunsese la 72 de persoane.

Monumentul Gheorghe Dragoş

Totuşi, după rebeliunea din 21-23 ianuarie 1941, când organizaţia a fost scoasă în afara legii, numărul acestora a scăzut dramatic. Cei rămaşi după război au fost arestaţi şi închişi în închisorile comuniste, de unde mulţi nu s-au mai întors. De-a lungul timpului, piatra funerară din cimitir a rezistat intemperiilor şi trecerii anilor, fiind acoperită mult timp de vegetaţie densă. În schimb, monumentul mişcării legionare din Sulina a fost distrus în anul 1946, după instaurarea regimului comunist.

Astăzi, mormântul lui Gheorghe Dragoş rămâne un martor tăcut al unei perioade tumultuoase din istoria Sulinei. Vegetaţia a fost înlăturată, iar piatra funerară este vizibilă, stând mărturie pentru cei care caută să înţeleagă trecutul complex al acestui oraş.

Monumentul dispărut, însă, trăiește doar în amintirile celor care l-au cunoscut și în paginile istoriei scrise.

Naționalități

Comunitatea rusă

Istoria comunității rusă din Sulina este strâns legată de fluctuațiile geopolitice și economice ale regiunii, marcând dezvoltarea orașului în mod semnificativ de-a lungul secolelor XIX și XX.

Marta rusoaică, cruce cu semnul morții în partea de jos

După semnarea Păcii de la Adrianopol în 1829, care a pus capăt războiului ruso-turc, Rusia a obținut controlul asupra Sulinei, o localitate aproape părăsită la acea vreme. Sub administrarea guvernatorului Mihail Semionovici Vorontov, orașul a început să fie reconstruit și dezvoltat activ începând cu anul 1838. De la doar trei case existente în 1833, numărul locuințelor a crescut spectaculos la

96 de case şi 30 de bordeie până în 1842, reflectând o creştere demografică rapidă, cu o populaţie stabilă de 600 de persoane, plus o garnizoană rusească de aproximativ 120 de soldaţi şi civili.

Cea mai veche piatră funerară rusească 1850

Ruşii au construit în Sulina o serie de edificii importante, inclusiv o carantină pe malul stâng al Dunării sub forma unei redute, o biserică ortodoxă cu sprijinul negustorilor greci între 1838 şi 1841, şi un far la gura de vărsare a Dunării, pe malul drept, care astăzi funcţionează ca muzeu. Aceste construcţii nu doar că au consolidat prezenţa rusă în zonă, dar au şi stimulat activităţi economice precum navigaţia, comerţul, munca în port, barcagiul şi pescuitul. Conflictul din timpul Războiului Crimeii (1854) a afectat grav Sulina, fiind bombardată şi incendiată de marina britanică. Totuşi, reconstrucţia a urmat rapid, iar odată cu instalarea Comisiunii Europene a Dunării (C.E.D.) după război, populaţia rusă a crescut din nou, numărând 700 de persoane în 1868 dintr-un total de 2200 de locuitori. În 1880, numărul lor a scăzut la 155, dar a crescut din nou până la 546 în 1900 din 4889 de locuitori stabili. Comunitatea rusă, incluzând și ucrainenii, frecventa Biserica Ortodoxă Sf. Nicolae și își îngropa morții în cimitirul ortodox din Sulina. După Primul Război Mondial, populația de naționalitate rusă a continuat să crească, ajungând la un număr 987 de rusi, fiind incluși în aceste statistici ale vremii și ucrainienii.

Rușii-lipoveni apar separat în statistici, numărul acestora ajungând la 1173 la recensământul din 1939 dintr-un total de 6721 de locuitori. Această istorie a comunității ruse din Sulina reflectă nu doar schimbările politice și militare din regiune, ci și adaptarea și integrarea culturală și economică a rusilor în acest port dunărean important.

Comunitatea ucrainenilor din Sulina

Primii ucraineni au început să se stabilească în Sulina în 1829, odată cu venirea administrației țariste, când orașul se afla sub control rusesc. La acea vreme, mulți ucraineni erau înregistrați în statistici împreună cu rușii, iar unii făceau parte din trupele de cazaci care formau garnizoana militară țaristă din Sulina. După Războiul Crimeii, numărul ucrainenilor și rușilor din oraș a scăzut temporar, dar după 1878, când Dobrogea a revenit României, comunitatea ucraineană a început din nou să crească.

În 1900, statisticile arătau că din cei 4.889 de locuitori ai Sulinei, 546 erau rusi, număr ce îi includea și pe ucraineni. Aceștia se ocupau în principal cu pescuitul, activități portuare, construcția digurilor și comerțul. Alături de ei, trăiau aici și greci (2.056), români (803), armeni (444), turci (268), austro-ungari (211), evrei (173), albanezi (117), germani (49), italieni (45), bulgari (35), englezi (24), tătari (22), muntenegreni (22), sârbi (21), polonezi (17), francezi (11), lipoveni (7), danezi (6), găgăuzi (5), indieni (4) și egipteni (3).

Un alt val semnificativ de ucraineni a sosit în Sulina după războiul ruso-româno-turc din 1877-1878, când au apărut numeroase locuri de muncă. Printre acești noi veniți s-a numărat și străbunica mamei mele, Ivanov Marta, originară din Odesa, care a venit în Sulina împreună cu fiica ei, Axinia, după moartea soțului său în război.

Doi prieteni buni pescari (cel din stânga, ucrainean la origine, iar cel din dreapta, lipovean) dansând cazacioc la o serbare organizată de 1 mai la Sulina, în anul 1982

După cel de-Al Doilea Război Mondial, ucrainenii au început să fie recunoscuți ca o comunitate distinctă în statistici. În localități din Delta Dunării cu o populație ucraineană semnificativă, precum Letea și Chilia Veche, s-au înființat clase cu predare în limba ucraineană. În Sulina, numărul ucrainenilor a crescut considerabil datorită locurilor de muncă de la Întreprinderea Piscicolă Sulina, pe navele Administrației Fluviale a Dunării de Jos (A.F.D.J.), în șantierul naval, la fabrica de conserve de pește și în alte întreprinderi locale, aceștia venind din localitățile limitrofe ale Sulinei.

După 1989, rușii apar în statistici doar ca ruși-lipoveni, iar ucrainenii continuă să fie o comunitate distinctă și activă în viața culturală a Sulinei, păstrând tradițiile și cântecele vechi. Mulți ucraineni au venit în Sulina în anii '60-'70 din satele din Delta Dunării, precum Letea, Chilia Veche, Sfântu Gheorghe și Caraorman.

Ucrainenii din Sulina sunt ortodocşi de rit vechi şi respectă calendarul iulian rusesc, dar unii urmează ambele calendare, sărbătorind unele sărbători de două ori. Portul lor tradiţional include, pentru bărbaţi, cămaşa (rubasca) purtată peste curea, iar pentru femei, fusta (iubca), rochia cu motive florale (platia) şi legătura pe cap (chicica), purtată cu părul strâns. Culorile predominante sunt roşu, albastru, roz şi verde. Ucrainenii din Delta Dunării, denumiţi haholi, vorbesc o limbă ucraineană cu influenţe româneşti, ruseşti, greceşti şi turceşti.

Comunitatea grecilor din Sulina

Comunitatea greacă din Sulina a jucat un rol esenţial în dezvoltarea şi prosperitatea oraşului, fiind una dintre cele mai influente şi numeroase naţionalităţi din acest port cosmopolit.

La recensământul din 1912-1913, grecii constituiau 40% din populaţia totală a oraşului, care era de aproximativ 7500 de locuitori. Activitatea lor principală era comerţul, unde excelaţi prin prăvălii frumoase şi abilităţi notabile de navigaţie.

Majoritatea grecilor din Sulina proveneau din insulele Kefalonia, Chios, Mikonos, Zakynthos, Samos sau din provincia Laconia, unde se află Sparta. Unul dintre membrii remarcabili ai comunităţii greceşti a fost Pavlos Camberi. Soţia sa, Adriana Camberi, cu 18 ani mai tânără decât el, a dus o viaţă plină de virtute, aşa cum este scris în limba greacă pe placa funerară. Pavlos G. Camberi, născut în Zante în 1825 şi venit la Sulina în 1852, a avut un rol esenţial în dezvoltarea oraşului. Sub administraţia ţaristă, Camberi s-a dezvoltat în comerţul cu cereale şi a devenit armator de corăbii.

Monumentul lui Grigorios Contoguri și a soției sale Elena

A fost consilier comunal între 1905 și 1907 și a militant activ pentru dezvoltarea Sulinei. În semn de recunoaștere pentru contribuțiile sale, a fost decorat de Regele Carol I cu Coroana României în grad de ofițer și cu medalia Jubiliară. De asemenea, a construit frumosul Hotel Camberi, iar astăzi este înmormântat în cimitirul ortodox al orașului.

O altă personalitate importantă a comunității grecești a fost Gherasimos Avgherinos, patronul tipografiei din Sulina. Tipografia sa a fost locul unde s-au tipărit atât publicații în limba greacă, cât și în limba română. De asemenea, au fost produse o mulțime de cărți poștale cu imagini ale Sulinei, multe dintre ele datând de la începutul secolului XX. Alți membri notabili ai comunității grecești au fost Grigore Kontoguris, proprietar al unui magazin de mărfuri coloniale, și Gheorghe Survanos, care deținea două prăvălii și a avut o contribuție semnificativă la realizarea acoperișului Catedralei din Sulina. Acest spirit filantropic a fost o trăsătură comună în rândul grecilor din Sulina, demonstrând angajamentul lor profund față de binele comunității.

Monumentul familiei Camberi, în partea dreaptă se află Pavlos G. Camberi împreună cu soția sa Adriana, iar în partea stângă, se află fica lor Polixeni, decedată la vârsta de 32 de ani.

Pe lângă activitățile comerciale, grecii au avut un impact semnificativ și în domeniul educațional și religios. Prima biserică ortodoxă din Sulina a fost construită de greci cu sprijinul rușilor în 1841, cu hramul Sfântul Dimitrie. Mai târziu, în 1867, grecii au construit o nouă biserică cu hramul Sfântul Nicolae, care există și astăzi. În 1888, cu sprijinul Comisiunii Europene a Dunării, au construit Școala Elena, care a funcționat până la al doilea război mondial. Desființarea statutului de porto-franco în 1931 și retragerea Comisiunii Europene a Dunării din Sulina în 1939 au marcat începutul unui declin pentru comunitatea greacă. Mulți greci au plecat din Sulina, iar mulți dintre ei nu s-au mai întors după război, reducând semnificativ prezența și influența greacă în oraș.

Această perioadă a marcat sfârșitul unei ere de prosperitate și diversitate culturală în Sulina, lăsând în urmă un moștenire bogată de tradiții și contribuții la dezvoltarea orașului. Școala Elenă din Sulina reprezintă un exemplu elocvent al contribuției comunității grecești la dezvoltarea educațională și culturală a orașului. Inaugurată în 1889, această instituție educațională a fost situată într-o clădire de două niveluri, construită în 1888, așa cum este inscripționat pe placa existentă și astăzi pe clădire. Fondurile pentru construcția școlii au fost furnizate atât de Comisia Europeană a Dunării (C.E.D.), cât și de comunitatea elenă locală, reflectând angajamentul puternic al grecilor din Sulina pentru educație. Școala a oferit cursuri în limbile română și greacă, fiind un centru important de învățământ bilingv. La începutul funcționării sale, școala a înregistrat un număr de 157 de elevi, reflectând prosperitatea și dinamismul comunității grecești de atunci. Cu toate acestea, numărul elevilor a scăzut treptat, ajungând la doar 55 în anul 1937, pe fondul scăderii populației de origine greacă din Sulina. Această diminuare a fost strâns legată de schimbările socio-economice și politice din regiune, inclusiv retragerea Comisiei Europene a Dunării și desființarea statutului de porto-franco, care au determinat mulți dintre locuitorii greci să părăsească orașul. Școala și-a încheiat activitatea în 1939, în contextul retragerii C.E.D. și al exodului populației grecești. După cel de-al doilea război mondial, clădirea școlii a fost reutilizată ca internat pentru elevii de liceu. După revoluția din 1989, pentru o scurtă perioadă, clădirea a găzduit o sucursală a Băncii Comerciale Române (B.C.R.). În prezent, clădirea a fost restaurată și își recăpătat strălucirea de odinioară, continuând să fie un simbol important pentru comunitatea greacă din Sulina și pentru orașul însuși. Această poveste a Școlii Elena din Sulina este o mărturie a modului în care istoria, educația și schimbările demografice se împletesc, oferind o fereastră către trecutul vibrant și subliniind eforturile comunității de a păstra și valorifica patrimoniul cultural în fața provocărilor contemporane.

Comunitatea evreiască

Comunitatea evreiască din Sulina are o istorie semnificativă, marcată de prosperitate, suferință și schimbări dramatice de-a lungul timpului. Statutul de Porto-Franco acordat orașului în 1870 a favorizat o creștere economică rapidă, atrăgând mulți negustori, inclusiv evrei, care au devenit o parte vitală a peisajului comercial local.

În 1904, din totalul populației de 4.913 locuitori, 173 erau evrei, iar în 1913 numărul lor crescuse la 211. Comunitatea și-a organizat viața culturală și religioasă în jurul unor instituții esențiale, cum ar fi sinagoga și școala evreiască, care funcționau împreună, consolidând viața comunitară. Aceste instituții nu doar că au oferit servicii religioase, dar au fost și centre de învățământ și socializare. Din păcate, sinagoga și școala au fost distruse în timpul celui de-al doilea război mondial, un semn al vremurilor tulburi și al dificultăților întâmpinate de comunitate. Comunitatea a avut de suferit și alte pierderi, cimitirul evreiesc fiind profanat de-a lungul timpului, a supraviețuit până în zilele noastre, păstrând amintirea celor care au fost parte din această comunitate. Retragerea statutului de Porto-Franco în 1931 a marcat începutul unei perioade de declin pentru comunitatea evreiască din Sulina, mulți alegând să emigreze în Palestina pe fondul scăderii oportunităților economice și al creșterii presiunilor politice și sociale.

Monument din cimitirul evreiesc

Perioada anilor '30 a fost una deosebit de dificilă, cu persecuţii crescânde împotriva evreilor în întreaga Europă, inclusiv în România. Portul Sulina, alături de alte porturi româneşti, a devenit un punct de plecare pentru evreii care căutau refugiu în Palestina. Navele precum "Pacific" şi "Atlantic", precum şi navele greceşti "Milos" şi "Hilda", au transportat mii de evrei spre Haifa, acesta fiind unul dintre ultimele capitole ale prezenţei evreieşti în Sulina.

Cimitirul Evreiesc

În cimitirul evreiesc din Sulina se află o piatră funerară a unui evreu împușcat de tâlhari în 1901. Pe placa funerară este scris: „Aici odihnește Gerson Marcu, în etate de 26 de ani, împușcat de trei răufăcători, deplâns de soția, mama și unicul său fiu; mort la 7 martie 1901." Aceasta este o dovadă că jafurile și tâlhăriile existau în Sulina și la începutul anilor 1900.

După război, unii evrei s-au întors la Sulina pentru a vedea ce a mai rămas din proprietățile și afacerile lor, dar majoritatea nu au mai rămas în oraș, marcând astfel sfârșitul unei epoci semnificative pentru comunitatea evreiască locală. Această istorie subliniază nu doar reziliența și adaptabilitatea evreilor din Sulina, ci și schimbările profunde prin care a trecut orașul în secolul XX.

Comunitatea turcă

109

Comunitatea turcă din Sulina a avut un impact semnificativ în dezvoltarea oraşului, contribuind în mod activ la evoluţia sa de-a lungul secolelor. Încă din perioada în care Sulina era sub administraţie otomană, turcii au jucat roluri importante ca navigatori, negustori, meşteşugari, constructori şi muncitori în port, reflectând diversitatea profesională a acestei comunităţi.

Geamia Hamidia

Unul dintre primele contribuţii semnificative ale turcilor la infrastructura locală a fost construcţia primului far în 1745, un pas crucial în dezvoltarea navigaţională a portului Sulina. De asemenea, turcii au construit o redută şi au încercat să amenajeze gura de vărsare a Dunării, îmbunătăţind accesul şi securitatea navigaţiei în zonă. După înfiinţarea Comisiei Europene a Dunării (C.E.D.) în 1856, care a marcat preluarea administrativă a regiunii de către puterile europene, administraţia turcă a continuat să colaboreze pentru dezvoltarea portului.

Poarta Cimitirului turcesc din Sulina

Acest lucru a inclus construirea de estacade pentru acostare, repararea farului, care a rămas sub Administraţia Farurilor Otomane din Marea Neagră până în 1879, şi sistematizarea oraşului astfel încât străzile principale să fie paralele cu Dunărea. În 1870, odată cu acordarea statutului de Porto-Franco, comunitatea turcă a contribuit la reamenajarea cimitirului turcesc şi la construirea geamiei Hamidia, care a servit comunitatea musulmană locală până la mijlocul secolului XX. Situată pe strada a II-a, acolo unde astăzi se află sala de sport din curtea şcolii generale, geamia a fost sever afectată de bombardamentele aviaţiei sovietice în august 1944 şi, în cele din urmă, demolată în 1963.

Aceste eforturi reflectă angajamentul turcilor faţă de îmbunătăţirea şi modernizarea oraşului Sulina. Odată cu revenirea Dobrogei la România în 1878 şi instalarea administraţiei româneşti, mulţi turci şi-au vândut proprietăţile şi au plecat din Sulina. Tendinţa a continuat şi după Primul Război Mondial, când comunitatea musulmană din Sulina, grav afectată de bombardamentele hidroavioanelor germane, s-a restrâns considerabil.

În 1939, numărul turcilor înregistrați în Sulina scăzuse la doar 86 de persoane, dintr-un total de 268 în 1904. Astăzi, prezența turcă în Sulina este reprezentată de doar câteva persoane, urmași ai celor care au trăit odată în acest oraș vibrant și multicultural.

Monumentul administratorului Farului Vechi, Ali

Această reducere drastică a comunității turce ilustrează schimbările demografice și sociale profunde care au avut loc în Sulina de-a lungul secolelor, dar și prețioasa moștenire culturală și istorică pe care turcii au lăsat-o în urma lor. Cimitirul turcesc, reamenajat între anii 1870-1871, păstrează morminte care povestesc istoria bogată și personalitățile marcante ale comunității turce.

Printre acestea, se remarcă mormântul lui Kapudan, administrator al zonei în acea perioadă și nepot al unui viceguvernator din zona Trabzon. De asemenea, în cimitir se află mormântul lui Ali, administratorul Farului Vechi din Sulina, decedat în 1913, și mormântul unui polițist otoman, acestea oferind o fereastră spre viața cotidiană și rolurile sociale din Sulina de odinioară.

Cel mai vechi mormânt din acest cimitir, care a rezistat timpului datează din 1855 și aparține unui învățător de Coran, subliniind longevitatea și continuitatea prezenței turce în această zonă portuară. După fesul de pe piatra funerară se poate deduce statutul pe care l-a avut defunctul. La femei, piatra funerară are o coroniță cu motive florale sculptate în marmură.

La mormintele turcilor mai săraci, însemnele din lemn, după ce putrezeau, erau înlocuite cu o simplă piatră. Astfel, cimitirul turcesc din Sulina este plin de aceste pietre. Până în Primul Război Mondial, comunitatea turcă din Sulina mai avea o geamie și un mic cimitir în locul unde se află în prezent fosta Fabrică de Conserve din Pește. După bombardamentele din Primul Război Mondial, geamia s-a pierdut, iar osemintele au fost strămutate în cimitirul turcesc actual. În istoria geamiei Hamidia, se disting numele a trei imami care au servit comunitatea musulmană: Rashid Hassan (1880), Lotif Mehmet (1902) și Sefer Izet Memet (1933-1937). Fiecare dintre acești imami a contribuit la păstrarea și promovarea credinței și tradițiilor islamice în Sulina, reflectând adaptabilitatea și reziliența comunității turce de-a lungul decadelor de schimbări politice și sociale.

Din păcate, dispariția geamiei Hamidia și schimbările din cadrul comunității turce după al doilea război mondial marchează un capitol încheiat în istoria multiculturală a Sulinii, păstrând însă vie amintirea unei ere în care orașul era un mozaic vibrant de culturi și religii.

Comunitatea italiană și malteză

Comunitatea italiană din Sulina a jucat un rol semnificativ în dezvoltarea acestui oraș-port, încă din jumătatea secolului al XIX-lea. Începând cu anul 1851, italienii au adus cu ei tradițiile navale și meșteșugărești, contribuind activ la dezvoltarea economică și culturală a orașului. Unul dintre primii italieni remarcabili care s-au stabilit în Sulina a fost Giuseppe Valentino Leonardi, un navigator experimentat care a devenit căpitan pe bricul "Talete" şi ulterior pe brigantina "Universo". Fiul său, Leon Leonardi, i-a urmat exemplul, devenind căpitan pe remorcherul "Delfin". Amândoi, alături de urmaşii lor, sunt îngropaţi în cimitirul catolic din Sulina, loc de odihnă eternă pentru mulţi membri ai comunităţii italiene.

Geovani Matteuci, Directorul casei de navigatie al C.E.D

O altă personalitate italiană de seamă a fost Giovanni Matteucci, care a ocupat funcţia de Director al Casei de Navigaţie din Sulina în perioada porto-franco, fiind un influent promotor al intereselor maritime în regiune. Mormântul său, situat în acelaşi cimitir catolic, continuă să amintească de contribuţia sa la dezvoltarea portului. Inginerul mecanic Rosiny, specialist în motoare cu aburi, a fost un alt italian adus de Comisiunea Europeană la Sulina, demonstrând expertiza tehnică italiană în îmbunătăţirea infrastructurii locale.

Familia Caruana, originară din Malta, a contribuit şi ea

substanţial la economia locală, deţinând două clădiri gemene pe falezǎ şi un şantier naval. Comunitatea italiană a ridicat şi o biserică cu hramul Sfântul Nicolae în 1863, care există şi astăzi, un centru spiritual important pentru italienii din Sulina. În curtea acestei biserici a funcţionat şi o şcoală catolică cu predare în limba italiană, demonstrând angajamentul comunităţii faţă de educaţie şi păstrarea culturii italiene.

Societatea italiană "Dante Alighieri", înfiinţată la sfârşitul secolului al XIX-lea, a deschis cursuri în limba italiană începând cu anul 1910, transformându-se după Primul Război Mondial într-o şcoală profesională cu cursuri de croitorie şi broderie. În 1932, a fost înfiinţată şcoala privată italiană "Luigi Rizzo", subvenţionată de guvernul italian, care a funcţionat până în 1939. Astfel, italienii din Sulina, deşi nu erau numeroşi comparativ cu alte comunităţi, au avut un impact durabil asupra oraşului, influenţând cultura, economia şi educaţia locală până la izbucnirea celui de-al Doilea Război Mondial. Prin activităţile lor diverse, au contribuit la dezvoltarea Sulinei, lăsând o moştenire bogată şi durabilă. Societatea italiană "Dante Alighieri", înfiinţată la sfârşitul secolului al XIX-lea, a fost un alt pilon al educaţiei şi culturii italiene în Sulina. Iniţial un forum pentru cursuri de limba italiană începând din 1910, societatea s-a transformat după Primul Război Mondial într-o şcoală profesională, oferind cursuri de croitorie şi broderie. Aceasta a funcţionat până în 1939, adaptându-se nevoilor comunităţii şi schimbărilor socio-politice. Dinamica populaţiei italiene din Sulina reflectă şi schimbările demografice ale oraşului. De la 45 de italieni în 1904, numărul a crescut la 68 în 1939, în contextul unei populaţii totale de 6.721 de locuitori. Această creştere, deşi modestă, subliniază o prezenţă italiană constantă şi influentă în Sulina, contribuind la bogăţia culturală şi diversitatea oraşului portuar. Povestea familiei Foscolo din Sulina este una dintre multele care împletesc istoria personală cu cea a comunităţii în care au trăit, reflectând legăturile profunde dintre locuitori şi oraşul lor pe parcursul anilor. Georgina A. Foscolo (1861-1937) şi soţul ei italian, Antonio Foscolo, au fost figuri proeminente în Sulina, contribuind la prosperitatea oraşului în perioada în care Comisia Europeană a Dunării (C.E.D.) juca un rol activ în dezvoltarea portuară şi urbană. În 1938, după moartea Georginei, fiii lor au decis să onoreze memoria mamei lor printr-un gest de durată şi de utilitate publică. Ei l-au angajat pe meşterul Burduja Vasile din Letea pentru a construi o fântână în comuna C.A. Rosetti, la o răscruce de drumuri. Această fântână, care furnizează apă dulce şi astăzi, stă ca mărturie a respectului şi dragostei pe care o aveau pentru mama lor, dar şi a dorinţei de a oferi ceva valoros comunităţii. Casele familiei Foscolo, construite solid şi cu grijă, au supravieţuit de asemenea vicisitudinilor timpului, inclusiv distrugerilor aduse de război. În curtea uneia dintre case se află un arbore chiparos de baltă, notabil fiind singurul din Sulina din această specie, adăugând un element distinctiv peisajului local. În cimitirul catolic din Sulina se află mormântul celor doi soţi italieni. În 1938, înainte de a părăsi Sulina, fiii lor au ridicat un monument în memoria părinţilor lor. Acest gest nu doar că omagiază memoria părinţilor lor, dar şi subliniază contribuţia importantă a familiei la dezvoltarea oraşului Sulina într-o perioadă în care acesta era un nod comercial şi cultural recunoscut internaţional.

Comunitatea croată, sârbească şi muntenegreană

Comunitatea croată şi muntenegreană din Sulina reflectă complexitatea şi diversitatea demografică a acestui oraş portuar, un nod crucial în reţeaua maritimă şi comercială a Europei de Est. În urma Războiului Crimeii, în a doua jumătate a secolului al XIX-lea, mulţi croaţi şi muntenegreni au ales să vină în Sulina, atraşi de oportunităţile economice generate de comerţul cu cereale şi de statutul oraşului ca porto-franco sub administrarea Comisiei Europene a Dunării.

Croat de pe Coasta Dalmată

Provenind în mare parte din insula Korcula și de pe Coasta Dalmata, un loc cu o istorie marinărească bogată și locul de naștere al lui Marco Polo, croații s-au integrat în peisajul socio-economic al Sulinii. În anul 1880, comunitatea croată, sârbă și muntenegreană număra 150 de persoane, dar acest număr a scăzut semnificativ până în 1900, când au fost înregistrați doar 22 de locuitori de aceste naționalități.

La recensământul din 1939, numărul iugoslavilor (sârbi, croați și muntenegreni) crescuse la 93, dintr-un total de 6721 de locuitori ai Sulinii. Această fluctuație în numărul comunității poate fi atribuită mai multor factori, inclusiv asimilării culturale, plecării unora înapoi în Iugoslavia, fie înainte de izbucnirea celui de-al Doilea Război Mondial, fie după acesta.

Aceste mișcări demografice ilustrează modul în care

evenimentele istorice mai largi și schimbările politice au influențat comunitățile locale și deciziile individuale ale membrilor acestora. O parte dintre croați și muntenegrenii care au rămas în Sulina sunt îngropați în cimitirul catolic din oraș, unde multe monumente funerare ridicate în amintirea lor au supraviețuit timpului. Aceste morminte nu doar că marchează prezența lor fizică în cimitir, dar sunt și simboluri ale legăturii lor permanente cu orașul Sulina, reflectând contribuțiile și moștenirea pe care aceste comunități le-au lăsat în urma lor. Prin urmare, povestea croaților și muntenegrenilor din Sulina este una dintre adaptare și integrare, dar și de schimbare și mișcare, care reflectă dinamica istorică și culturală a acestui oraș portuar. Acestea sunt fragmente dintr-o istorie mai largă a Sulinii, un oraș unde intersecțiile culturale și schimburile economice au format o tapiserie complexă de povești umane și destine colective.

Comunitatea armeană

După 1878, când Sulina și Dobrogea au revenit sub administrația României, comunitățile care populau acest colț izolat al Europei au început să-și găsească un nou sens și o nouă direcție. Printre acestea se numără și o mică, dar dinamică comunitate armeană, care a început să crească semnificativ în număr după retragerea administrației otomane.

În 1880, Sulina număra 2875 de locuitori, dintre care 175 erau armeni. Acești oameni au adus cu ei nu doar cultura și tradițiile lor, ci și un spirit antreprenorial care avea să contribuie la dezvoltarea orașului. Majoritatea armenilor erau negustori iscusiți sau marinari și muncitori în port, învățând să navigheze între valurile afacerilor și a apelor Dunării.

La început, comunitatea armeană se aduna pentru rugăciuni într-o casă modestă, dar pe măsură ce numărul lor a crescut, a apărut nevoia de a construi un lăcaș de cult propriu. În jurul anului 1900, când comunitatea depășea 400 de suflete, armenii din Sulina au reușit să ridice o biserică armeană, care a devenit rapid un punct de referință în viața lor spirituală și socială.

Biserica armenească din Sulina

Unul dintre preoții care au slujit cu devotament în această biserică la începutul secolului XX a fost părintele G. Tulbegian. Acesta nu a fost doar un lider spiritual, ci și un educator dedicat. În 1910, el a devenit directorul azilului confesional pentru copii, situat în curtea bisericii. Acest azil, amplasat pe strada a III-a, la prima intersecție spre vest de la Școala Veche, oferea adăpost și educație copiilor orfani sau celor proveniți din familii sărace. Părintele Tulbegian s-a îngrijit de acești copii cu aceeași grijă pe care o arăta credincioșilor săi. Din păcate, azilul a fost închis în 1915, când părintele Tulbegian s-a mutat la Braila pentru a sluji la biserica armenească de acolo.

În anii ce au urmat, viața armenilor din Sulina a devenit tot mai dificilă. Începând cu anul 1917, odată cu evacuarea treptată a armenilor, biserica armenească a fost închisă. Cei care au rămas, majoritatea rezultând din căsătorii mixte, au început să frecventeze biserica ortodoxă Sf. Nicolae, integrându-se astfel și mai mult în comunitatea locală. În 1922, statisticile Primăriei Sulina menționau doar 37 de armeni în oraș, un semn clar al declinului acestei comunități odinioară vibrante.

Totuși, amintirea armenilor din Sulina a rămas vie prin intermediul câtorva personaje emblematice. Printre aceștia se număra și Armenac Ecmegian, un comerciant cunoscut în tot orașul pentru sifonaria sa. Limonada produsă de acesta era renumită în Sulina, având o savoare unică, și era îmbuteliată în sticle speciale, cu emblema firmei sale. Armenac Ecmegian nu era doar un simplu negustor, ci un inovator, un om care a lăsat o amprentă durabilă asupra comunității.

Frații Hursut, armeni de asemenea, aveau un camion cu coviltir care asigura transportul persoanelor la plajă în timpul sezonului estival. Într-un oraș unde fiecare zi aducea noi provocări și bucurii, frații Hursut au contribuit la confortul și bunăstarea locuitorilor, oferindu-le un mijloc de transport sigur și convenabil.

După al Doilea Război Mondial, comunitatea armeană din Sulina aproape că a dispărut. Sifonaria renumită a fost naționalizată, iar numărul armenilor rămași în oraș s-a redus la câteva familii. Mulți armeni s-au mutat înainte și după al Doilea Război Mondial în orașele Tulcea, Galați și Brăila, atrași de oportunitățile economice și sociale oferite de aceste regiuni. În același timp, și grecii au făcut mutații similare, stabilindu-se în aceleași orașe, unde comunitățile lor au continuat să se dezvolte și să contribuie la viața economică și culturală locală.

Cu toate acestea, amintirile lor, poveștile și contribuțiile aduse de-a lungul decadelor rămân gravate în istoria Sulinei. Biserica armenească a fost demolată la începutul anilor '60, dar locul unde a fost cândva păstrează în tăcere ecoul rugăciunilor și speranțelor unei comunități care a trăit și a prosperat în acest colț uitat de lume.

Comunitatea bulgară

În prima jumătate a secolului al XIX-lea, Sulina era un oraș sub ocupație țaristă, aflat într-o continuă efervescență economică și comercială. La acea vreme, orașul devenise un punct important pentru traficul de cereale, iar activitatea portuară era intensă și variată. Printre locuitorii care și-au adus contribuția în această perioadă se aflau și bulgarii, care au venit în Sulina în acei ani tumultuoși.

Bulgarilor le era bine cunoscută iscusința în utilizarea gabarelor din lemn cu fundul plat, de aproximativ 100 de tone, esențiale pentru încărcarea și descărcarea corăbiilor ce traversau Bara Sulina (alimbarea). Aceste gabare nu erau doar un mijloc de transport, ci și un loc de trai pentru familiile bulgarilor. Împărțeau spațiul cu păsările pe care le creșteau, hrănindu-le cu graunțele rămase din timpul transbordării de cereale.

Dar, în luna decembrie a anului 1855, o furtună violentă a lovit portul Sulina, aducând cu ea distrugerea a peste 25 de corăbii și gabare care erau ancorate în rada portului. Furiosul vânt și valurile nemiloase au scufundat aceste nave, iar printre victime s-au numărat și câțiva bulgari. În total, peste 200 de persoane și-au pierdut viața în acea tragedie maritimă. Timpul nu a uitat acele zile întunecate, iar în anii ce au urmat, epavele naufragiate au fost măcinate de dragile refulante absorbante, utilizate la construcția bazinului A.Z.L. Sulina, între 1976 și 1984.

Piatra funerară a Mateiei Iovcev, născută în 1822 în localitatea Kotel (aflată în centrul Bulgariei), decedată în 1890 la Sulina

După amenajările hidrotehnice de la Gura de Vărsare realizate de Comisia Europeană a Dunării (1858-1861), nu mai era necesară alimbarea corăbiilor pentru trecerea peste Bara Sulina, iar activitatea bulgarilor în această zonă s-a redus. În 1880, numărul bulgarilor stabiliti în Sulina era mic, doar 15 persoane. Însă, în 1900, comunitatea bulgară crescuse la 35 de locuitori, care se angajau ca muncitori la diguri, hamali în port, marinari sau pescari.

La sfârșitul secolului al XIX-lea, un nou val de coloniști bulgari a sosit din Cadrilater și Silistra. Aceștia s-au stabilit în satul Cardon, dar, după cel de-al Doilea Război Mondial, mulți dintre urmașii lor s-au mutat în Sulina. Aceştia şi-au adus cu ei tradiţiile şi obiceiurile, integrându-se în comunitatea locală şi contribuind la diversitatea oraşului.

În prezent, câţiva dintre descendenţii acestor bulgari trăiesc încă în Sulina, continuând să păstreze vie amintirea unei comunităţi care, în ciuda provocărilor şi schimbărilor de-a lungul decadelor, a reuşit să se adapteze şi să îşi lase amprenta asupra istoriei oraşului. Povestea bulgarilor din Sulina este una de rezilienţă şi adaptare, un testament al puterii oamenilor de a supravieţui şi de a prospera într-un loc aflat la intersecţia căilor navigabile şi al istoriei tumultuoase.

Comunitatea ruşilor-lipoveni

Comunitatea ruşilor-lipoveni din Sulina a avut o prezenţă relativ mică până după Primul Război Mondial. În statisticile din anul 1900, erau menţionaţi doar 15 locuitori lipoveni, iar la recensământul din 1904, numărul lor scăzuse la 7 persoane dintr-o populaţie totală de 4.913 de locuitori. Această comunitate restrânsă se ocupa predominant de pescuit şi de prelucrarea peştelui, activităţi esenţiale pentru economia locală.

După Primul Război Mondial, comunitatea din Sulina a început să crească semnificativ, datorită numărului mare de locuri de muncă disponibile, în special la prelungirea digurilor în mare. Mulţi dintre cei care s-au stabilit aici proveneau din localităţile Sfistofca, Periprava şi Vâlcov, atraşi de oportunităţile de muncă şi de dezvoltarea regiunii. În această perioadă, numărul lipovenilor din Sulina a crescut considerabil. În 1935, comunitatea lipovenească număra 1.100 de persoane, iar până în 1939, populaţia lor ajunsese la 1.173 de membri. Această creştere poate fi atribuită migraţiei lipovenilor din alte părţi ale Deltei Dunării şi posibil din Basarabia, atrase de oportunităţile economice şi de comunitatea deja stabilită în Sulina.

Cimitirul ruşilor-lipoveni

La început, lipovenii din Sulina aveau două case de rugăciuni — una cu preot şi una fără. Contribuţia enoriaşilor a permis construirea în 1933 a unei biserici ortodoxe de rit vechi, cu hramul Sfinţii Petru şi Pavel. Aceasta subliniază importanţa vieţii religioase şi coeziunea comunităţii. Biserica originală a fost demolată la începutul anilor '90, fiind înlocuită de un nou lăcaş de cult construit între 1991 şi 1995. Pe lângă pescuit, mulţi lipoveni erau implicaţi în activităţi conexe precum construcţia şi reparaţia bărcilor de lemn pescăreşti.

De asemenea, erau cunoscuţi pentru „ceainicele" lor, locuri unde membrii comunităţii se adunau pentru a bea ceai, servit din samovare şi ceainice de porţelan, un obicei social important care reflectă influenţele culturale ruseşti. După retragerea Comisiei Europene a Dunării în 1939 şi în anii următori, multe alte naţionalităţi au părăsit Sulina, dar lipovenii şi ruşii (ucrainienii) au rămas, consolidându-şi prezenţa în zonă. Comunitatea a continuat să crească, mulţi lipoveni lucrând ca marinari pe nave, în Şantierul Naval Sulina, sau în nou înfiinţata Întreprindere Piscicolă Sulina din 1950. Astfel, lipovenii din Sulina şi din localităţile învecinate au contribuit semnificativ la viaţa culturală, economică şi socială a oraşului, adaptându-se şi prosperând în condiţiile oferite de acest mediu unic. Aceste detalii subliniază rolul important pe care comunitatea lipovenească l-a jucat în istoria şi dezvoltarea Sulinei.

Crucea lipovenească are o formă specifică, cu două braţe orizontale şi unul oblic, plasat mai jos. Braţul superior reprezintă inscripţia „INRI" de pe crucea lui Hristos, iar cel mijlociu este locul unde au fost pironite mâinile Sale. Braţul oblic are o semnificaţie aparte: partea ridicată indică Raiul, destinaţia celor drepţi, iar cea coborâtă sugerează Iadul, locul celor care s-au abătut de la calea dreaptă.

Comunitatea poloneză

Comunitatea poloneză din Sulina, deşi mică, a avut un rol semnificativ în diversitatea culturală şi economică a oraşului în perioada în care acesta era un porto-franco. Polonezii au început să se stabilească în Sulina după anul 1870, atraşi de oportunităţile economice şi comerciale oferite de statutul special al oraşului. La început, în jurul anului 1880, doar o familie poloneză formată din trei membri s-a stabilit în Sulina. Această prezenţă iniţială a fost modestă, dar în jurul anului 1900, numărul polonezilor a crescut la 17 locuitori, în contextul unei populaţii totale de 4,890 de persoane.

Una dintre familiile de polonezi care au trăit în Sulina a fost familia Calinovschi. Până în timpul Primului Război Mondial, Polonia avea un consulat la Sulina, care se ocupa de reprezentarea intereselor navigatorilor şi comercianţilor polonezi din regiune. În perioada Porto-franco, când Sulina era un port liber, Brostowsky Urlih a fost reprezentantul Poloniei, jucând un rol important în sprijinirea activităţilor economice ale polonezilor din zonă. Această creştere reflectă atracţia pe care Sulina o exercita asupra imigranţilor în căutare de oportunităţi economice. Polonezii din Sulina frecventau biserica catolică a oraşului şi îşi înmormântau morţii în cimitirul catolic local, păstrându-şi astfel legăturile cu tradiţiile şi credinţa lor. Aceste practici religioase şi culturale erau esenţiale pentru menţinerea identităţii comunităţii într-un mediu multicultural. După Primul Război Mondial, polonezii nu mai apar în statisticile primăriei din Sulina. Aceasta poate fi atribuită asimilării prin căsătorii mixte şi migraţiei către alte regiuni sau întoarcerii în Polonia. Comunitatea mică iniţial a fost absorbită în populaţia mai largă a oraşului, pierzându-şi astfel identitatea distinctă în documentele oficiale. Astfel, povestea polonezilor din Sulina este una de adaptare şi integrare într-un oraş vibrant şi cosmopolit. Deşi numărul lor a fost întotdeauna mic, contribuţia lor la diversitatea culturală şi religioasă a Sulinii rămâne o parte importantă a mozaicului etnic al oraşului.

Comunitatea maghiară

Comunitatea maghiară din Sulina a fost strâns legată de activitatea Comisiunii Europene a Dunării (C.E.D.), având un impact semnificativ asupra dezvoltării infrastructurii şi clădirilor oraşului. Ungurii au venit în Sulina împreună cu austriecii, majoritatea lucrând ca meseriaşi în Atelierele C.E.D. şi la construcţia clădirilor din oraş. De asemenea, unii dintre ei au rămas în Sulina după Războiul Crimeii, contribuind la diversitatea etnică şi culturală a oraşului. În anul 1868, statisticile menţionau prezenţa a 200 de austro-ungari în Sulina, iar în anul 1904 numărul lor crescuse uşor la 211. Această comunitate a jucat un rol vital în modernizarea şi dezvoltarea oraşului, implicându-se în diverse proiecte de construcţie şi infrastructură.

Monumentul maghiar

Odată cu izbucnirea Primului Război Mondial, numărul ungurilor din Sulina a scăzut semnificativ. După război, doar șase persoane de naționalitate maghiară mai locuiau în oraș, dintre care doi bărbați și patru femei.

Printre aceștia se număra și maistrul tâmplar Gozar Alexandru, originar din localitatea Căuaș, județul Sălaj, care a lucrat în perioada interbelică la atelierele C.E.D. Gozar Alexandru era cunoscut pentru măiestria sa în tâmplărie și a primit recomandări excelente din partea șefului atelierelor C.E.D. înainte de Primul Război Mondial. Acesta a lucrat la montarea vitraliilor la Palatul din Budapesta și a continuat să contribuie la dezvoltarea Sulinei prin confecționarea de modele din lemn pentru turnarea pieselor de schimb pentru nave, până la plecarea C.E.D. din Sulina în 1939. Alexandru Gozar a rămas în Sulina până la sfârşitul vieţii, decedând în anul 1973. În anul 1939, statisticile Primăriei Sulina înregistrau doar 9 locuitori maghiari. După al Doilea Război Mondial, aceştia au fost asimilaţi în populaţia locală, pierzându-şi astfel identitatea distinctă în cadrul comunităţii mai largi. Astfel, deşi numărul maghiarilor din Sulina a fost relativ mic, contribuţiile lor la dezvoltarea infrastructurii şi economiei locale au fost semnificative. Comunitatea maghiară, împreună cu alte naţionalităţi, a contribuit la transformarea Sulinei într-un oraş vibrant şi divers, reflectând complexitatea istorică şi culturală a regiunii.

Comunitatea germană

Comunitatea germană din Sulina a avut o contribuţie semnificativă la dezvoltarea oraşului, fiind strâns legată de activitatea Comisiunii Europene a Dunării (C.E.D.). Germanii au sosit în Sulina în principal ca meseriaşi, funcţionari şi navigatori pe navele C.E.D., implicându-se activ în construcţia şi reparaţia infrastructurii şi navelor. Printre cei mai remarcabili meseriaşi germani se numărau Wolf J şi Schnell G, care au jucat un rol esenţial în construcţia digurilor şi clădirilor C.E.D., precum şi în reparaţiile navelor din atelierele comisiei. Aceşti meseriaşi au adus cu ei expertiza tehnică şi standardele înalte de calitate specifice ingineriei germane, contribuind astfel la modernizarea şi eficientizarea infrastructurii portuare din Sulina.

Monumentul german Roland Leukert

Pe lângă meseriaşii veniţi odată cu C.E.D., a existat şi o mică comunitate de colonişti germani care au sosit din sudul Imperiului Ţarist în prima jumătate a secolului XIX. Aceştia s-au stabilit iniţial în zona Pădurii Letea, înainte de a se muta în Sulina şi în localitatea Malcoci. Urmele caselor lor sunt vizibile şi astăzi în vegetaţia din zona comunei C.A. Rosetti, mărturisind prezenţa lor temporară în regiune. În statistica Primăriei Sulina din anul 1904, la o populaţie de 4.913 locuitori, 49 erau germani. Până în 1939, numărul acestora a scăzut la 17. Comunitatea germană frecventa biserica protestantă din Sulina, iar cei decedaţi erau înmormântaţi în cimitirul protestant din oraş. Aceasta reflectă coeziunea şi păstrarea tradiţiilor religioase şi culturale ale germanilor din Sulina.

Un exemplu notabil al integrării şi asimilării germane în Sulina este cel al germanului Bauschtard. Acesta s-a căsătorit cu o grecoaică şi a rămas în Sulina până la plecarea C.E.D. în 1939. După ce a primit "regalul" sau "bugetul" (reprezentând pensia totală pentru anii lucraţi în cadrul C.E.D.), Bauschtard a plecat din Sulina, exemplificând astfel modul în care mulţi germani au părăsit oraşul odată cu retragerea comisiei. Astfel, germanii din Sulina au avut un impact semnificativ asupra dezvoltării oraşului, contribuind la modernizarea infrastructurii şi la diversitatea culturală a regiunii. Chiar dacă numărul lor a scăzut în timp, moştenirea lor continuă să fie vizibilă prin structurile şi influenţele pe care le-au lăsat în urmă.

Comunitatea austriacă

Comunitatea austriacă din Sulina a avut un impact semnificativ asupra oraşului, contribuind la stabilizarea şi dezvoltarea acestuia în contextul post-Războiului Crimeii. După distrugerea şi incendierea Sulinei de către marina britanică la 17 iulie 1854, oraşul a devenit un refugiu pentru diverse persoane de naţionalităţi diferite, inclusiv dezertori, marinari scăpaţi din naufragii şi aventurieri, care adesea se implicau în activităţi ilicite precum jefuirea corăbiilor naufragiate. Pentru a restabili ordinea, Austria, cu acordul Imperiului Otoman, a trimis în vara anului 1855 o navă militară cu aburi, "Ceres", comandată de ofiţerul austriac Baumrucker. Această navă avea la bord un ofiţer şi 15 militari austrieci, care au reuşit să impună disciplina în Sulina. În 1856, nava "Ceres" a fost înlocuită de "Taurus", iar numărul militarilor austrieci dislocaţi la Sulina a crescut. Potrivit recensământului din anul 1856, la instalarea Comisiunii Europene a Dunării (C.E.D.), Sulina avea o populaţie stabilă de 1,775 de suflete, la care se adăuga garnizoana austriacă formată din 115 militari. În martie 1857, garnizoana otomană a fost instalată, iar cea austriacă a fost retrasă.

Monumentul Margareta Ionhans

După instalarea C.E.D. la Sulina, numărul austriecilor a crescut treptat. La recensământul din 1868, aceştia erau înregistraţi ca austro-ungari, în număr de 200. Până în anul 1900, la o populaţie stabilă de 4,889 de locuitori, numărul acestora s-a menţinut la 211. Austriecii din Sulina au avut diverse ocupaţii, lucrând ca funcţionari, marinari, meseriaşi în cadrul C.E.D., agenţi de port, funcţionari la poştă şi negustori. Ei frecventau biserica catolică din Sulina şi îşi înmormântau morţii în cimitirul catolic. Copiii lor urmau cursurile şcolii catolice "Dante Alighieri", aflată în curtea bisericii catolice. Pentru apărarea intereselor locuitorilor austro-ungari din Sulina, s-a înfiinţat un consulat care a funcţionat până la izbucnirea Primului Război Mondial.

131

În timpul războiului, majoritatea austriecilor au părăsit orașul. La recensământul din 1939, doar 8 unguri mai erau menționați în Sulina, iar austriecii nu mai apăreau în statisticile primăriei. Astfel, austriecii din Sulina au jucat un rol crucial în stabilizarea și dezvoltarea orașului, contribuind la transformarea acestuia într-un port ordonat și prosper. Deși numărul lor a scăzut dramatic după Primul Război Mondial, moștenirea lor continuă să fie resimțită în structurile și influențele culturale pe care le-au lăsat în urmă.

Comunitatea daneză

Comunitatea daneză din Sulina, deși mică, a avut o contribuție esențială la dezvoltarea infrastructurii hidrotehnice a orașului și la facilitarea navigației pe Canalul Sulina. Doi ingineri danezi de seamă, Carl Khul și Magnussen, au continuat munca inginerului britanic Charles Hartley, jucând roluri cruciale în îmbunătățirea accesului navigabil la gurile Dunării. Inginerul Carl Khul (1871-1906): Carl Khul a condus lucrările hidrotehnice la Canalul Sulina și la Gura de vărsare pentru navigație între 1871 și 1906. Dedicarea și expertiza sa în acest domeniu au fost recunoscute prin botezarea unei drage refulante absorbante construite în șantierul german din Schichau în 1912 pentru C.E.D. cu numele său. Sub conducerea lui Khul, lucrările au fost esențiale pentru transformarea Canalului Sulina într-o rută navigabilă sigură și eficientă.

Inginerul Magnussen a preluat conducerea lucrărilor după Carl Khul, gestionând proiectele hidrotehnice într-o perioadă tumultuoasă, inclusiv pe durata Primului Război Mondial. Magnussen a fost comandantul unei pilotine construite în Anglia pentru C.E.D. în 1887, care a fost botezată cu numele său în semn de apreciere pentru contribuțiile sale valoroase.

Inginerul Magnussen,danez

Inginerul Magnussen a murit la Sulina în 1919 şi a fost înmormântat în cimitirul protestant din oraş. Prietenul şi colegul său, Carl Khul, a decedat în 1906, lăsând în urmă o moştenire durabilă în infrastructura navigabilă a Sulinei. Lucrarea lor, vitală pentru navigaţie, continuă să servească până în prezent, fiind un testament al abilităţilor lor inginereşti şi al angajamentului lor faţă de îmbunătăţirea condiţiilor de navigaţie pe Dunăre.Astfel, prin eforturile lor, Carl Khul şi Magnussen nu doar că au consolidat legăturile dintre Danemarca şi Sulina, dar au şi contribuit la dezvoltarea economică şi logistică a oraşului, având un impact semnificativ asupra comunităţii locale şi asupra navigaţiei pe Dunăre.

Comunitatea engleză

Englezii au jucat un rol important în dezvoltarea şi modernizarea Portului Sulina, mai ales după înfiinţarea Comisiunii Europene a Dunării (C.E.D.) în 1856.

Printre personalităţile marcante se numără inginerul şef al

C.E.D., Charles Hartley, și maistrul britanic William Simpson, care a supravegheat timp de 13 ani lucrările hidrotehnice la Gura de vărsare a Dunării. Simpson este îngropat în cimitirul protestant din Sulina, un loc de odihnă pentru mulți alți britanici, inclusiv marinari și familii răpuse de bolile vremii, cum ar fi familia măcelarului britanic William Smith, decimată de holera în 1865. În 1869, britanicii au construit în Sulina o biserică anglicană cu hramul Sfânta Treime.

Monumentul fraților britanici „Henry și Willie Jeffry," iar pe placa de jos apare numele „Martin Jeffry," plasată de Comisia Europeană a Dunării (C.E.D.)

Alături de William Simpson, Martin Jeffry a lucrat timp de 12 ani la construcția digurilor, însă, din păcate, nu a mai apucat să participe la inaugurarea acestora din 1870, decedând la vârsta de 38 de ani, pe 6 august 1869. Comisia Europeană a Dunării l-a înmormântat în cimitirul Protestant, așezând o placă memorială pe care este inscripționat: „Această placă a fost ridicată de Comisia Europeană a Dunării, unde Martin Jeffry a fost angajat timp de 12 ani ca șef de echipă pentru îmbunătățirea navigației pe Dunărea de Jos." Mormântul său se află în partea cimitirului Protestant, rămasă în cimitirul lipovenesc.

Monumentul maistrului britanic William Simpson

De asemenea, în 1883, cu sprijinul C.E.D., a fost înființat Clubul marinarilor englezi, situat pe faleză, în zona unde se afla hotelul Camberi. Acest club servea ca loc de întâlnire pentru funcționarii britanici ai C.E.D., reprezentanții consulatului britanic și ofițerii navelor britanice. Ambele clădiri au fost grav afectate de bombardamentele sovietice în timpul celui de-al Doilea Război Mondial și au fost demolate ulterior. Inginerul britanic E.T. Ward, care a deținut funcția de inginer-șef la C.E.D. la Sulina până în 1939, când această funcție a fost preluată de inginerul danez Knud Magnussen, fiul inginerului Eugene Magnussen, decedat în 1919 (din cartea C.E.D.), a avut un rol important în dezvoltarea regiunii. Atât britanicii, cât și francezii au ocupat funcții în cadrul C.E.D. și la spitalul C.E.D. De exemplu, secretariatul a fost deținut de francezi din 1879 până la plecarea C.E.D. în 1939. Prezența englezilor în Sulina nu s-a limitat doar la activitățile economice și administrative. Ei au influențat și viața socială și culturală a orașului, contribuind la diversitatea și cosmopolitismul său. Deși multe dintre clădirile și structurile construite de britanici nu au supraviețuit timpului, moștenirea lor rămâne evidentă în dezvoltarea și organizarea modernă a Sulinei.

Datorită creșterii numărului de ruși-lipoveni, în anul 1978, cimitirul acestei etnii a fost reamenajat. Deoarece terenul de lângă cimitir era mlăștinos și predispus la inundații, acesta a fost extins peste vechiul cimitir protestant. Astfel, în zilele noastre, multe pietre funerare britanice și germane se regăsesc printre mormintele rușilor-lipoveni.

Comunitatea franceză

Comunitatea franceză din Sulina, deși mică, a avut un rol distinctiv în dezvoltarea și viața socială a orașului. Printre primii francezi stabiliți în Sulina se numără medicul Jacques Salamo, un fost chirurg în Legiunea Străină, care a venit de la Constantinopol în jurul anului 1857 împreună cu soția sa, Decazes Justine.

Dr. Salamo a lăsat numeroase consemnări despre viața din Sulina, inclusiv observații medicale și sociale. Una dintre remarcile sale celebre este: "De doi ani de când mă aflu aici, nu am tratat decât friguri pe timpul verii și lovituri de cuțit tot anul", reflectând condițiile dure și pericolele cotidiene ale acelei perioade. Deși Franța era membră a Comisiunii Europene a Dunării (C.E.D.), iar limba oficială a instituției era franceza, numărul francezilor stabiliți în Sulina a fost întotdeauna redus. În statistica din 1880, la o populație totală de 2,875 de locuitori, doar 9 erau francezi.

Majoritatea acestora erau funcționari ai C.E.D. și locuiau în clădirile destinate personalului din incinta instituției. Francezii din Sulina frecventau biserica catolică și erau înmormântați în cimitirul catolic al orașului.

Monumentul Albert Moussele

Un eveniment notabil a fost înfiinţarea în anul 1900 a Şcolii primare franceze externe de fete "Emma Contel", sub îndrumarea directoarei Emma Contel, care preda în limba franceză, şi a institutoarei Elena Arjoca, care preda limba română. Şcoala avea un număr de 37 de eleve de diferite naţionalităţi în anul 1910, însă numărul acestora a scăzut la 29 în 1915. Odată cu declanşarea Primului Război Mondial în 1916, şcoala şi-a încetat activitatea. În statistica Primăriei Sulina din anul 1904, dintr-o populaţie totală de 4,913 locuitori, 11 erau de naţionalitate franceză. Odată cu plecarea C.E.D. din Sulina în 1939, au plecat şi ultimii locuitori de naţionalitate franceză, marcând astfel sfârşitul prezenţei franceze în oraş.

Drumul prin Cimitirul de la Sulina

Astfel, contribuţia francezilor la Sulina a fost semnificativă, nu numai în termeni de influenţă culturală şi educaţională, dar şi în ceea ce priveşte dezvoltarea şi funcţionarea infrastructurii administrative. Moştenirea lor, deşi discretă, a lăsat o amprentă durabilă în istoria şi identitatea multiculturală a Sulinei.

Capitolul 6
Bisericiile din Sulina

Povestea Catedralei Ortodoxă Sf. Nicolae

Într-un colț liniștit al Deltei Dunării, în orașul Sulina, se află Catedrala Ortodoxă Sf. Nicolae, o clădire cu o istorie plină de credință și devotament. Piatra de zidire a acestei biserici a fost pusă, conform pisaniei aflate deasupra intrării, în anul 1860, iar biserica a fost sfințită în 1866. La această biserică s-a slujit atât pe rit vechi, cât și pe rit nou, datorită numărului mare de credincioși ortodocși de diferite naționalități care trăiau în Sulina. Până la unirea Dobrogei cu România în 1878, aceasta era cunoscută sub denumirea de biserica rusească, datorită arhitecturii sale specifice bisericilor rusești, reflectând astfel influențele culturale și religioase rusești din acea perioadă.

După ce Dobrogea a revenit României și administrația turcă a plecat din Sulina în 1879, biserica a fost extinsă prin adăugarea unui turn pătrat, care include o clopotniță, construit din cărămidă. Din cauza solului instabil caracteristic zonei deltei, turnul s-a înclinat în timp, creând provocări pentru conservarea structurii. Biserica nu reprezintă doar un loc de rugăciune, ci și un simbol al identității și rezistenței comunității din Sulina, marcând o etapă importantă din istoria Dobrogei.

Această biserică a continuat să fie un loc de refugiu spiritual pentru credincioşi până în anul 1982, când a fost sfinţită Catedrala Sf. Nicolae şi Alexandru, care a preluat rolul principal în viaţa religioasă a oraşului.

Biserica Sf. Nicolae din Sulina

Conform mărturiilor căpitanului Ionescu Dobrogeanul, prima biserică ortodoxă din Sulina a fost cu hramul Sf. Dimitrie, construită din lemn de către ruşi cu ajutorul locuitorilor greci în anul 1841. Această biserică a fost demolată în anul 1866, acelaşi an în care au fost finalizate lucrările la biserica actuală Sf. Nicolae.

Pentru a păstra sacralitatea locului unde fusese altarul vechii biserici, s-a ridicat o troiţă-monument, refăcută de maiorul Titieni în august 1942. Unul dintre preoții de seamă a fost Preotul Dosoftei Crihanie, parohul Catedralei Sf. Nicolae din Sulina (vechea biserică rusă) și confesor al Garnizoanei Sulina, în anul 1912. După ce a slujit la biserica din Sulina, a ajuns Arhimandrit la Episcopia Dunării de Jos din Galați.

Preotul Dosoftei Crihanie

Printre preoții care au slujit la Biserica Sf. Nicolae se remarcă părintele Athanasi Economid, care a decedat în Sulina în anul 1922, la vârsta de 62 de ani, și a fost înmormântat în cimitirul ortodox din localitate. De asemenea, părintele Vasile Andreescu a slujit în timpul celui de-al Doilea Război Mondial și a fost înmormântat lângă Catedrala Sf. Nicolae și Alexandru. Părintele Simion Vargolici a avut o contribuție deosebită la continuarea lucrărilor de construcție ale catedralei și la publicarea ziarului "Viața Adevărată" în anul 1934, ziar care a avut un mare succes printre enoriașii din localitate. Biserica Sf. Nicolae este locul unde am fost botezat, iar amintirile legate de această clădire mă leagă strâns de rădăcinile mele și de istoria familiei mele.

De fiecare dată când trec pragul acestei biserici, simt o conexiune profundă cu generațiile care au pășit înaintea mea pe aceleași lespezi reci de piatră, și mă simt parte dintr-o comunitate care și-a găsit mereu forța în credință și în tradiție.Această biserică, cu zidurile ei vechi și turnul înclinat, rămâne un simbol al perseverenței și al devotamentului, amintind mereu de sacrificiile și eforturile înaintașilor noștri. Fiecare colț al bisericii poartă amprenta istoriei și a poveștilor nespuse, iar ecoul rugăciunilor de odinioară continuă să reverbereze în sufletele celor care îi trec pragul.

Povestea Catedralei Ortodoxă Sf. Ierarhi Alexandru și Nicolae

La Sulina, la vărsarea Dunării în Marea Neagră, se înalță Catedrala Ortodoxă Sf. Ierarhi Alexandru și Nicolae, un edificiu construit din dorința Regelui Carol I al României.

Acesta a dorit să ridice un lăcaș sfânt atât la izvoarele Dunării, cât și la vărsarea ei în mare, pentru a cinsti eroii neamului din Războiul de Independență 1877-1878. Pe 30 august 1877, de sărbătoarea Sf. Alexandru, armata română cucerea reduta Grivița, marcând astfel o victorie importantă în război.

Lucrările de construcție au început în anul 1910, cu o fundație realizată pe piloni de stejar donați de Comisia Europeană a Dunării și bătuți cu sonetele. Însă, declanșarea războaielor balcanice, moartea Regelui Carol I în 1914 și intrarea României în Primul Război Mondial au dus la stoparea lucrărilor catedralei, care a rămas la stadiul de construcție la roșu până în anul 1932. Tot din dorința Regelui Carol I, la Chilia Veche s-au început în anul 1897 lucrările pentru construirea unei catedrale cu hramul Sf. Ierarhi Mihail și Gavril, cea mai înaltă din Dobrogea (42 de metri). Biserica a fost finalizată în anul 1937 şi resfinţită în anul 2024, după lucrările de reconstrucţie. La Chilia, pe malurile Dunării, se înalţă o biserică ce poartă în fiecare piatră o poveste regală.

Catedrala Sf. Ierarhi Mihail şi Gavriil din Chilia Veche *Biserica Sf. Ioan de la izvorul Dunării, din Munţii Pădurea Neagră.*

Aceasta îşi are începuturile în timpul domniei regelui Carol I, care a vizitat zona în căutarea unui loc unde să înalţe un simbol al credinţei şi al unităţii naţionale. Inspirat de Biserica din Pădurea Neagră, de la izvorul Dunării, regele a dorit ca această construcţie să fie o punte simbolică între originea fluviului şi măreţia sa la intrarea în ţară. Astfel, în anul 1897, Carol I a pus piatra de temelie a bisericii, în prezenţa clerului şi a sătenilor din împrejurimi. „Această biserică,” a spus el, „va fi un loc al păcii şi al recunoştinţei, o aducere aminte a fluviului care ne leagă de restul Europei.” Lucrările au fost realizate cu grijă, iar arhitectura bisericii a fost concepută să reflecte în detaliu structura celei din Pădurea Neagră, dar cu influenţe locale.

Catedrala Ortodoxă Sf. Ierarhi Alexandru și Nicolae din Sulina

atedrala Ortodoxă Sf. Ierarhi Alexandru și Nicolae, construită din cărămidă, are formă de cruce și este împodobită cu trei cupole. Acoperișul, învelit cu tablă de aramă, a fost realizat în mare parte datorită donației negustorului grec Gheorghe Survanos. După vizita Regelui Carol al II-lea și a prințului moștenitor Mihai la Sulina în 1932, biserica a primit o donație substanțială de fonduri. Între 1933 și 1938, s-a tencuit exteriorul bisericii și s-au realizat icoanele exterioare din piatră de Veneția.

Părintele Simion Vargolici a tipărit o ilustrată cu catedrala în construcție și a lansat ziarul "Viața Adevărată". Declanșarea celui de-al Doilea Război Mondial a întrerupt din nou lucrările, catedrala fiind afectată de bombardamente și transformată în depozit. În 1960, Patriarhul Justinian Marina a vizitat Sulina și a constatat pagubele produse acoperișului în timpul războiului. În urma acestei vizite, s-au alocat fonduri pentru repararea acoperișului. În mai 1975, o delegație olandeză condusă de Regina Iuliana, împeuna cu soții Ceaușescu, au vizitat Sulina și catedrala, observând că lucrările de construcție erau abandonate. Autoritățile de atunci se văd nevoite să aloce fonduri pentru terminarea lucrărilor de construcție.

Construcţia şi amenajările interioare au fost reluate în 1976, graţie fondurilor şi donaţiilor locuitorilor oraşului Sulina, printre care se numărau şi părinţii mei, Comarzan Ion şi Paulina. Ei au donat bani pentru realizarea a două picturi interioare. Pictura murală interioară a fost realizată de profesorul Gheorghe Răducanu, iar biserica a fost sfinţită în 1982. Fiecare icoană pictată în interior poartă numele familiei care a donat bani pentru realizarea ei, iar mobilizarea locuitorilor oraşului pentru terminarea lucrărilor a fost impresionantă. O contribuţie importantă la definitivarea lucrărilor interioare a avut-o Iacovici Dumitru. Catapeteasma bisericii, frumos lucrată cu foiţă de aur şi argint, pictată de Gheorghe Tattarescu, a fost adusă de la Mănăstirea de maici de lângă Galaţi (Vladimireşti), la fel şi scaunul arhieresc pe care a stat domnitorul Alexandru Ioan Cuza. Ambele obiecte foarte valoroase au fost salvate de la mănăstirea aflată în pericol de a fi demolată, prin grija Episcopului Antim Nica. În fiecare an, pe data de 30 august, se sărbătoreşte hramul bisericii, Sf. Ierarhi Alexandru şi Nicolae, marcând astfel o zi de profundă semnificaţie pentru comunitatea din Sulina. Fiecare detaliu al catedralei reflectă eforturile şi devotamentul unei comunităţi unite în credinţă şi tradiţie, păstrând vie memoria înaintaşilor şi a eroilor neamului.

Povestea Bisericii Ortodoxe Greceşti

În orăşelul Sulina, unde apele fluviului se întâlnesc cu Marea Neagră, se înalţă o biserică plină de istorie şi spiritualitate: Biserica Ortodoxă Greacă cu hramul Sfântul Nicolae. Construită din cărămidă şi piatră adusă tocmai din Malta, biserica a fost ridicată în anul 1866, cu sprijinul financiar al Comisiunii Europene a Dunării şi cu acordul autorităţilor otomane de la acea vreme. Grecii din Sulina, cea mai numeroasă comunitate din oraș, au fost cei care au avut inițiativa acestei construcții, finalizată un an mai târziu, în 1867, așa cum stă înscris pe placa din altarul bisericii. Cu ziduri groase de un metru, biserica este un adevărat bastion de credință, iar turla și clopotnița, adăugate după anul 1878, când Dobrogea a revenit României, se înalță mândre deasupra orașului. În jurul bisericii, un gard solid din piatră, înalt de doi metri, veghează asupra lăcașului sfânt, împodobindu-se în zilele de sărbătoare cu steaguri colorate și flori.

Biserica Greacă din Sulina

Comunitatea greacă din Sulina era foarte numeroasă în acele vremuri. La recensământul din 1913, din totalul de 7500 de locuitori ai orașului, 2.977 erau greci, reprezentând aproximativ 40% din populația stabilă. Negustorii și armatorii greci din Sulina își arătau mereu generozitatea față de biserică, donând sume importante de bani, obiecte de cult și, nu în ultimul rând, icoane aduse din patria lor.

Una dintre cele mai prețioase icoane păstrate în biserică este o copie a icoanei făcătoare de minuni Panagia Myrtidiotsia. Legenda spune că originalul a fost găsit în secolul al XIV-lea de un cioban pe insula grecească Kytera, într-un arbust numit mirtia, care emană un parfum de mir și tămâie. Pe locul unde a fost descoperită icoana, s-a construit o biserică numită "Panagia Myrtidotsia" - Maica Domnului Izvorâtoare de Mir, care este sărbătorită în fiecare an pe 24 septembrie.

Iniţial, biserica grecească din Sulina purta hramul Sfântului Nicolae de vară, prăznuit pe 9 mai, în cinstea aducerii moaştelor Sfântului Nicolae, Episcop de Mira. Însă, odată cu trecerea timpului, hramul a fost mutat pe data de 6 decembrie, pentru a-l cinsti pe Sfântul Nicolae, protectorul marinarilor, al căror număr era însemnat în această comunitate marinărească. Astăzi biserica se află în curs de reabilitare printr-un proiect finanţat din fonduri europene.

Povestea Comunităţii Ruşilor Lipoveni şi Biserica Sf. Petru şi Pavel din Sulina

După primul război mondial, oraşul Sulina a devenit un refugiu şi un nou cămin pentru un număr tot mai mare de ruşi lipoveni. Această comunitate de ruşi ortodocşi de rit vechi şi-a găsit locul în peisajul multicultural al oraşului, numărul lor crescând constant. În 1935, comunitatea număra deja 1100 de suflete, iar până în 1939, numărul lor ajunsese la 1173.

Iniţial, ruşii lipoveni din Sulina aveau două case de rugăciuni: una cu preot şi alta fără preot. Aceste locuri de cult erau esenţiale pentru păstrarea tradiţiilor şi credinţei comunităţii. Însă, în curând, nevoia de un lăcaş de cult mai mare şi mai adecvat s-a făcut simţită.

Construirea Bisericii Sf. Petru şi Pavel

Prin contribuţia enoriaşilor, în anul 1933 s-a început construcţia unei biserici ortodoxe de rit vechi, cu hramul Sf. Petru şi Pavel. Această biserică a devenit centrul spiritual al comunităţii ruşilor lipoveni din Sulina, un loc unde credincioşii se adunau pentru rugăciuni şi sărbători religioase.

Biserica Sf. Petru și Pavel

Între anii 1991 și 1995, prin strădania comunității rușilor lipoveni din Sulina și a preotului paroh Danilov Savin, s-a construit o nouă biserică lângă cea veche. După finalizarea lucrărilor, vechea biserică a fost demolată. Pe locul unde fusese masa altarului vechii biserici, s-a ridicat o troiță, un simbol al continuității credinței și al respectului pentru înaintași.

În fiecare an, comunitatea sărbătorește hramul bisericii de Sf. Petru și Pavel pe stil vechi, o zi de mare însemnătate spirituală și socială. Această sărbătoare adună laolaltă enoriașii, întărind legăturile comunității și păstrând vie tradiția. În interiorul noii biserici se află o placă memorială pe care sunt menționați anii construcției și numele preotului paroh Danilov Savin, o recunoaștere a eforturilor depuse pentru ridicarea noului lăcaș de cult.

Biserica Sf. Petru și Pavel este un simbol al devotamentului și al unității comunității rușilor lipoveni din Sulina. Cu fiecare rugăciune și sărbătoare, credincioșii își amintesc de strădaniile și sacrificiile celor care au construit și păstrat acest lăcaș sfânt. Troița și placa memorială sunt mărturii tăcute ale istoriei și credinței, inspirând generațiile viitoare să continue tradiția și să mențină vie flacăra credinței ortodoxe de rit vechi.

Povestea Bisericii Anglicane

În inima Sulinei, un oraș unde Estul întâlnește Vestul, se înalța Biserica Anglicană, un edificiu care pare desprins dintr-un sat englezesc și așezat cu grijă pe malul Dunării. Proiectul de suflet al inginerului Charles A. Hartley, biserica a fost realizată prin eforturi comune și dedicare, reflectând spiritul comunității și legăturile internaționale ale acesteia. Piatra de temelie a bisericii a fost pusă pe 12 iulie 1869, iar construcția a fost finalizată rapid, astfel că biserica a fost deschisă oficial pe 3 octombrie 1869, în prezența Episcopului de Gibraltar. Sfințirea Bisericii Sfintei Treimi a avut loc pe 14 iunie 1871, tot în prezența Episcopului de Gibraltar, marcând astfel începutul unei noi ere spirituale pentru comunitatea anglicană din Sulina. Hartley, cu o dăruire exemplară, a coordonat personal strângerea fondurilor necesare pentru construcţie, reuşind să adune 907 lire sterline. El însuşi a contribuit cu 100 de lire sterline, iar Comisia Europeană a Dunării a oferit 94.80 lire sterline.

Biserica Anglicană din Sulina

Construcţia, mobilarea şi decorarea bisericii au costat aproximativ 800 de lire sterline, iar restul fondurilor a fost păstrat pentru susţinerea activităţilor caritabile ale comunităţii locale. Biserica, cu clopotniţa sa deschisă şi aspectul cenuşiu, a devenit un simbol al Sulinei. Amplasată pe locul unde în prezent se află un bloc de locuinţe, lângă terasa Pensiunii Coral, la 250 m de impunătorul Palat al Comisiei Europene a Dunării, biserica anglicană avea un aer uşor posomorât, dar plin de farmec, descris cu mare sensibilitate de Ethel Greening Pantazzi:

„Lângă el [Palatul C.E.D.], la 250 m, uşor posomorâtă, se află biserica anglicană cenuşie, cu clopotniţa deschisă, ce pare luată de vânt (ca în legenda despre Loreto) dintr-un sat englezesc şi aşezată de mâini nevăzute în acest loc depărtat, unde Estul se întâlneşte cu Vestul."

În ciuda contextului multicultural şi a distanţei de patria mamă, biserica anglicană a fost un far de speranţă şi unitate pentru comunitatea britanică din Sulina.

*Remorcherul „Rândunica", înainte de a fi tăiat la fier vechi, se afla la bazinul mic
din Sulina*

Interiorul său, modest, dar elegant, a oferit un loc de refugiu
spiritual și social pentru marinari, ingineri, comercianți și
locuitorii locali care au găsit în această biserică un loc de întâlnire și
sprijin. Charles A. Hartley nu a fost doar un inginer vizionar, ci și un
filantrop dedicat. Prin strângerea fondurilor și coordonarea
proiectului, el a demonstrat că spiritul de comunitate și colaborare
poate depăși orice graniță, aducând laolaltă oameni de diverse
naționalități într-o unitate de credință și scop. La începutul anilor
'50, biserica anglicană a fost demolată într-o zi de duminică. Zidurile
sale au fost legate cu o parâmă și dărâmate cu remorcherul
Rândunica.

Clopotul bisericii a fost montat pe un postament la poarta de
intrare a fostelor ateliere ale C.E.D., anunțând începutul și sfârșitul
programului.

Deși acoperișul bisericii putea fi reparat, nu s-au găsit oameni
disponibili să o salveze, iar biserica a fost astfel condamnată la
demolare.

Povestea Bisericii romano-catolice Sf.Nicolae din Sulina

Într-un mic oraș-port la gurile Dunării, Sulina, o biserică cu o istorie bogată și fascinantă își ridică turla spre cer. Biserica romano-catolică Sfântul Nicolae, construită în anul 1863 prin contribuția financiară a Comisiunii Europene a Dunării (C.E.D.) și a comunității italiene din Sulina, reprezintă un simbol al devotamentului și al unității unei comunități diverse. Construită din cărămidă și piatră de Malta, cu un altar impresionant din marmură de Carrara, biserica a fost inițial înzestrată cu o turla rotundă și un singur clopot. Aceasta a servit comunitatea catolică înfloritoare din Sulina, inclusiv pe copiii care frecventau școala catolică adiacentă, finanțată tot de C.E.D. În perioada anilor 1930-1933, sub supravegherea preotului Raphel Haag, biserica a trecut printr-o serie de reparații. În acest timp, turla originală a fost înlocuită cu una nouă, în stil italian, care găzduiește trei clopote turnate la atelierele C.E.D. din Sulina. Această turla elegantă, care dăinuie și astăzi, este o mărturie a moștenirii culturale și religioase a orașului.

Printre preoții care au slujit cu devotament această biserică se numără Michael Wirwoll (1884-1904), Luigi di Benedetto, Raphel Haag și Leopold Hohenecker. În interiorul bisericii se află o icoană a Sfintei Fecioare din timpul apariției de la Caravaggio, pictată de artistul Diosy. Sub această icoană, în altarul din marmură de Carrara, a existat o orgă deosebit de frumoasă, care, după război, a dispărut misterios, fiind probabil luată de sovietici și dusă la Odesa.

După cel de-al doilea război mondial, numărul enoriașilor catolici din Sulina a scăzut drastic, ajungând în prezent la aproximativ șapte persoane. Astăzi, pentru a oficia slujbele religioase în această biserică istorică, este necesară deplasarea unui preot de la Parohia din Tulcea. Fiecare colț al bisericii Sfântul Nicolae păstrează amintiri ale unei comunități odinioară vibrante.

Clădirea fostei școli catolice stă martoră trecerii timpului, iar pictura Sfintei Fecioare continuă să vegheze asupra celor puțini, dar devotați, care încă se adună în rugăciune. Biserica romano-catolică Sfântul Nicolae din Sulina nu este doar o structură de piatră și marmură, ci o parte esențială a istoriei și identității acestui oraș pitoresc de pe malul Dunării.

Capitolul 7
Farurile din Sulina

Povestea Farului de pe digul de Nord

La Sulina, în locul unde cândva era gura de vărsare a Brațului Sulina în Marea Neagră, se înalță Farul de pe digul de Nord, o mărturie a eforturilor inginerilor și constructorilor de la Comisiunea Europeană a Dunării. Construit între anii 1869 și 1870, farul a fost un proiect crucial pentru navigația în zonă și a fost realizat sub îndrumarea maistrului britanic William Simpson, omul de bază al inginerului Charles Hartley, cel care a proiectat lucrările hidrotehnice de la Sulina.William Simpson, un specialist dedicat și talentat, a supravegheat îndeaproape construcția digurilor și a farului, însă destinul a avut alte planuri pentru el. În 1870, la vârsta de 46 de ani, Simpson a murit de malarie, chiar în anul în care lucrările de construcție a farului au fost finalizate. Mormântul său se află în Cimitirul Maritim din Sulina, în al doilea rând din spatele capelei, un loc de odihnă pentru un om care și-a dedicat viața îmbunătățirii siguranței navigației pe Dunăre.Farul, cu o înălțime de 13,5 metri și o bătaie a luminii de 8 Mm, are o formă circulară. Temelia sa este zidită din piatră, iar corpul din subansambluri de oțel asamblate la poziție cu șuruburi. Fundatia farului se sprijină pe piloți și blocuri de beton, oferindu-i stabilitatea necesară pe terenul dificil al deltei. În 1925, odată cu reluarea construcţiei şi prelungirii celor două diguri în mare, farul a fost scos din funcţiune. În timpul celui de-al Doilea Război Mondial, farul a fost folosit de armata germană ca punct de observare, beneficiind de poziţia sa strategică.În prezent, farul se află într-o stare avansată de degradare. Deşi a fost martor la numeroase evenimente istorice şi a ghidat nenumărate nave de-a lungul decadelor, nu există un proiect de restaurare pentru a-l reintegra în circuitul turistic. Farul de pe digul de Nord rămâne astfel un simbol al unei epoci trecute, amintind de sacrificiile şi realizările celor care au contribuit la dezvoltarea navigaţiei pe Dunăre.

Farul de pe digul de Nord

Pentru localnici şi pentru cei care cunosc istoria acestui far, clădirea reprezintă mai mult decât o simplă structură abandonată. Este un monument al ingeniozităţii şi dedicării umane, un punct de referinţă în peisajul deltei şi un potenţial punct de atracţie turistică ce aşteaptă să fie redescoperit şi valorificat. În 1976 s-au filmat secvenţe pentru *Toate panzele sus*, adăugând o valoare suplimentară acestui loc, care a fost martor al unui moment important în istoria cinematografică a României. Restaurarea farului ar putea aduce nu doar o recunoaştere a istoriei sale, ci şi o nouă viaţă pentru comunitatea din Sulina, transformându-l într-un simbol al renaşterii şi continuităţii.

Povestea Farului Vechi (Farul Comisiei Europene a Dunării)

În oraşul Sulina, unde Dunărea întâlneşte Marea Neagră, se înalţă Farul Vechi sau Farul Observator, o structură emblematică cu o istorie bogată. Construcţia acestui far a început în anul 1838, după planurile arhitectului Charles Ackroyd, arhitect-şef al Departamentului Mării Negre aflat sub conducerea amiralului rus Mihail Petrovici Lazarev. Lucrările au fost finalizate în 1841, aşa cum este menţionat în ziarul de limbă franceză "Journal d'Odessa", Nr. 92 din data de 18/30 noiembrie 1841. La 25 octombrie 1841, cele 13 lămpi cu petrol refractoare ale farului au fost aprinse pentru prima dată, producând o rază de lumină intensă de rangul III, vizibilă de la o distanţă de 15 mile marine. Farul, având o înălţime de 17,80 metri, a fost construit pe o fundaţie sprijinită pe piloţi de lemn de pit-pai (un lemn de esenţă tare asemănător arborelui teak) bătuţi cu sonetele. Temelia este din piatră, iar turnul este zidit din cărămidă. În interior, farul are la bază un cilindru de oţel în jurul căruia este montată o scară de acces sub formă de spirală, cu 91 de trepte. Materialele folosite pentru construcţia farului au fost aduse din diverse colţuri ale lumii: lemn din India, piatră din Malta şi Grecia, bronz şi cupru din Franţa, şi cristale din Anglia. Până în 1854, când Sulina a fost bombardată de flota britanică, farul a fost administrat de Imperiul Ţarist. După aceasta, începând din 1856, când Gurile Dunării au revenit Imperiului Otoman, farul a fost administrat de Administraţia Farurilor Otomane din Marea Neagră până în 1879, când a fost predat Comisiunii Europene a Dunării (C.E.D.). După construcţia farurilor de intrare de pe digul de nord şi de sud, farul a început să fie cunoscut şi sub denumirea de Farul Observator sau Central. În 1877, farul a fost reparat de turci, aşa cum se poate vedea în fotografia din acea perioadă. În 1930, după alte reparaţii făcute de C.E.D., farul continua să servească navigaţiei.

La începutul secolului XX, C.E.D. a modernizat sistemul de iluminare al farului, trecând de la lămpi cu petrol la lămpi cu oxiacetilenă, iar în anul 1970 s-a trecut la iluminatul electric.

Farul Vechi(Farul Comisiei Europene a Dunării)

În 1939, farul a fost predat de C.E.D. către Direcţia Dunării Maritime (Statului Român), iar din 1953 a aparţinut Administraţiei Fluviale a Dunării de Jos. Farul a funcţionat până la data de 6 ianuarie 1986, când a fost declarat far stins. Din 2003, Farul Vechi a devenit muzeu, fiind principalul obiectiv turistic din localitate. Vizitatorii pot explora istoria fascinantă a farului şi pot admira construcția sa impresionantă, care a rezistat testului timpului. Farul Vechi este un simbol al ingeniozității inginerilor și constructorilor care au contribuit la siguranța navigației pe Dunăre, precum și un martor tăcut al numeroaselor schimbări politice și tehnologice din regiune.

Povestea Farului Nou

Într-o dimineață liniștită de toamnă a anului 1985, farul nou de la Sulina, cunoscut și sub numele de "Farul de Aterizare", strălucea pentru prima dată, marcând o nouă eră în navigația maritimă de pe Canalul Sulina.

Farul Nou din Sulina

Construit între anii 1977 și 1983, farul a fost rodul muncii asidue a echipelor de specialiști și muncitori români din cadrul G.S.L.H. Sulina, sub îndrumarea inginerului Radu Zaim, un profesionist devotat care a contribuit și la alte proiecte importante din zonă, precum Bazinul A.Z.L. Sulina şi Hotelul Sulina. Fundamentul solid al farului se sprijină pe piloni din oţel-beton, îngropaţi la 30 de metri adâncime în nisip, până la un filon calcaros care traversa fundul mării de la Peninsula Crimeea până în Delta Dunării. În total, farul se sprijină pe 35 de piloni, fiecare asigurând stabilitatea necesară pentru a rezista condiţiilor dure ale mării. Un proces riguros de testare a fost realizat cu piloni de probă, care au demonstrat că proiectarea era solidă şi capabilă să suporte sarcinile necesare. Echipa de proiectare de la IPTANA Bucureşti, condusă de un colectiv de ingineri talentaţi, a conceput farul pentru a satisface nevoile crescânde ale navigaţiei maritime.

Camere pentru personalul de la far şi post de observaţie pentru A.F.D.J.

În timpul construcţiei, au participat şi militari în termen din detaşamentele de construcţii, adăugând astfel un strat de disciplină şi dedicare proiectului. Înălţimea impresionantă de 49 de metri a farului şi lumina sa albă, cu un grup distinct de trei sclipiri reprezentând litera "S" în codul Morse, erau vizibile de la o distanţă de 19 mile marine (aproximativ 32 km). Aceste caracteristici fac din Farul Nou un punct de referinţă esenţial pentru navigatorii care se apropiau de gura Canalului Sulina, înlocuind astfel vechiul far observator din oraş, care nu mai putea face faţă cerinţelor moderne de navigaţie din cauza prelungirii digurilor în mare. Pe 1 decembrie

1985, după ce toate testele și ajustările au fost finalizate, Farul Nou a fost pus oficial în funcțiune. Vechiul far observator din oraș a fost stins pe 6 ianuarie 1986 și transformat în muzeu în anul 2003.

Acum, farul vechi este unul dintre principalele obiective turistice din Sulina, atrăgând vizitatori din toate colțurile lumii.

Farul Nou, cu luminile sale strălucitoare și structura impunătoare, rămâne un simbol al ingeniozității și dedicației echipelor de constructori și ingineri care au lucrat neobosit pentru a asigura siguranța și eficiența navigației pe unul dintre cele mai importante canale din Europa. Fiecare noapte în care farul își îndeplinește datoria este o dovadă vie a puterii colaborării și a spiritului de inovație care definesc comunitatea din Sulina. În anii 1990, farul a fost preluat de Direcția Hidrografică Maritimă, parte a Forțelor Navale Române, și continuă să fie un punct de referință crucial pentru marinarii care navighează în această zonă a Deltei Dunării. Farul este prevăzut și cu un reflector radar activ, ceea ce îl face și mai eficient în ghidarea navelor. Farul Nou de la Sulina nu este doar un instrument vital pentru navigație, ci și un simbol al ingineriei și dedicării umane, reflectând eforturile depuse pentru a asigura siguranța pe unul dintre cele mai importante căi navigabile ale Europei. Deși tehnologia și metodele de navigație au evoluat, farul rămâne un martor tăcut al progresului și al importanței strategice a Sulinei în rețeaua hidrografică a României.

Povestea Farului de pe Insula Șerpilor

În largul Mării Negre, la 45 de kilometri de Portul Sulina, se află un loc enigmatic și plin de istorie – Insula Șerpilor. Încă din antichitate, acest colț de pământ, cunoscut sub numele de Leucos sau Insula Albă, a fost un loc venerat, numit după eroul mitologic Ahile. Ruinele unui vechi templu grec, inscripțiile dedicate acestui semizeu și numeroasele obiecte antice descoperite aici, precum monede și inele, vorbesc despre o istorie îndelungată și bogată.

În vremuri mai recente, insula a devenit faimoasă nu doar pentru trecutul său antic, ci şi pentru un alt simbol al său – farul, care veghează asupra apelor învolburate. Construcţia farului a început în timpul ocupaţiei ruse, când insula şi Delta Dunării se aflau sub controlul ţarist între 1829 şi 1854. În 1841, în timpul săpăturilor pentru fundaţia farului, ruşii au descoperit vestigiile antice care aveau să confirme importanţa istorică a acestui loc. Farul a fost finalizat în 1843, şi de atunci a devenit un punct de referinţă vital pentru navigaţie.

După Tratatul de la Paris din 1856, insula a revenit pentru o vreme Imperiului Otoman, dar în 1878, împreună cu Dobrogea, a fost anexată României. Farul, deja un simbol al insulei, a fost modernizat în 1922, după ce suferise daune în timpul Primului Război Mondial din cauza bombardamentelor germane.

Însă, după cel de-al Doilea Război Mondial, în august 1944, Insula Şerpilor a fost ocupată de Uniunea Sovietică. În 1948, trecerea ei sub control sovietic a fost formalizată, iar din 1991, Insula aparține Ucrainei. Farul, martor tăcut al acestor schimbări istorice, a continuat să lumineze calea navelor, deși insula devenea un punct strategic militar.

Povestea Stației meteorologice și a Semnalului de ceață din Sulina

Stația Meteorologică din Sulina, prima din Dobrogea și printre cele mai vechi din România, a fost înființată de Comisia Europeană a Dunării (C.E.D.) în 1857, cu scopul de a sprijini navigația și de a facilita lucrările de amenajare a gurii de vărsare de la Gura Sulinei. La început, stația funcționa într-o clădire construită lângă Farul Observator, iar datele meteo erau prelevate de la echipamentele instalate direct pe far.

Stația Meteorologică din Sulina

În 1890, pentru a ghida mai bine navigatorii în condiții de ceață, C.E.D. a instalat două posturi de semnale explozive pe punctele de coastă. Unul se afla la Sulina, lângă digul de sud, și producea o explozie la fiecare 10 minute, iar cel de-al doilea era la Sfântul Gheorghe, lângă far, având o explozie la fiecare 5 minute. Un al treilea post a fost înființat pe Insula Șerpilor, în 1913, unde explozia se auzea la fiecare 7,5 minute. Aceste posturi nu doar semnalizau pericolele din jur, dar serveau și pentru realizarea observațiilor meteorologice necesare unei navigații sigure.

În 1958, după extinderea digurilor în mare, s-a construit o platformă la capătul digului de sud, iar începând cu 1960, Administrația Fluvială a Dunării de Jos (A.F.D.J.) a construit un nou post de observare și semnalizare pe timp de ceață. Acesta a înlocuit vechile semnale explozive cu un sistem acustic, cunoscut de localnici sub numele de „buhaiul", care, în condiții de ceață, emitea un sunet similar cu mugetul unui taur. Tot în această perioadă, A.F.D.J. a construit o nouă stație meteorologică, care a intrat în funcțiune în 1962, iar postul de observație de la vechiul far din localitate a fost mutat la noua locație.

În 1986, după construirea unui nou far la Gura de vărsare, postul de observație al A.F.D.J. a fost mutat la far, iar stația meteo a rămas activă la locația sa inițială. Stația Meteorologică din Sulina a continuat să funcționeze și a evoluat în timp pentru a face față cerințelor moderne.

Începând cu 2005, stația a fost modernizată, iar datele și observațiile meteorologice au început să fie transmise automat și în flux internațional, îmbunătățind astfel accesul la informații meteorologice precise pentru navigație și pentru alte activități importante din regiune.

De-a lungul decadelor, Sulina a înregistrat valori extreme ale vremii, inclusiv cea mai scăzută temperatură, de -25,6°C, pe 9 februarie 1929, și cea mai ridicată, de 37,5°C, pe 20 august 1946. Aceste extreme, împreună cu observațiile constante și semnalizările realizate de-a lungul anilor, au contribuit la siguranța navigației și la buna gestionare a resurselor în această regiune strategică de la gurile Dunării.

Astăzi, Stația Meteorologică din Sulina continuă să joace un rol esențial în monitorizarea vremii, iar sistemele sale moderne asigură informații valoroase nu doar pentru localnici și navigatori, ci și pentru fluxul internațional de date meteo.

Capitolul 8
Casele din Sulina

Povestea caselor pescarilor

Î n micul oraş Sulina, situat la gura de vărsare a Dunării în Marea Neagră, casele pescarilor şi muncitorilor din port aveau un farmec aparte, fiind construite după tradiţiile vechi ale Deltei. Zona pe care se află Sulina era adesea inundată, mai ales primăvara sau în timpul furtunilor cu vânturi din direcţia est nord-est, când cele două fâşii de pământ de o parte şi de alta a Dunării erau expuse revărsării apelor.

Din acest motiv, primele case construite erau lacustre, ridicate pe stâlpi de salcâm sau stejar, bine înfipţi în terenul nisipos, la aproximativ un metru deasupra solului. Casele erau construite pe platforme fixate pe aceşti stâlpi, iar legătura între locuinţe era asigurată prin podeţe din lemn. La fel erau construite şi cherhanalele din Deltă până nu demult.

O parte din materialele de construcţie provenea din epavele corăbiilor naufragiate. Casele erau construite fie pe furci, cu pereţi din stuf lipit cu lut amestecat cu camca (resturi vegetale şi plauri scoase de ape din Dunăre în mare, măcinate de forţa valurilor şi aduse la mal de curenţi), fie din lemn, acoperite cu stuf învelit "ruseşte" sau "bătut nemţeşte". Acoperişul "învelit ruseşte" presupunea ca stuful să fie aşezat pe toată lungimea sa: un rând cu capetele în jos spre streaşină şi un rând cu capetele în sus spre coamă, după care se făcea creasta din stuf împletit. Stuful era prins cu sfilăţă de cânepă de căpriori şi astereală, iar după apariţia sârmei, era cusut cu sârmă cu ajutorul acelor de cusut. Grosimea acoperişului era de aproximativ 30 cm. Durata de viaţă a acoperişului învelit "ruseşte" era mai mică (10-15 ani), deoarece stuful era expus la intemperii pe toată lungimea sa, iar creasta trebuia refăcută de regulă o dată la 5 ani.

Casa tip lacustră din Sulina

În schimb, acoperişul "bătut nemţeşte" era mult mai durabil, rezistând până la 30 de ani. Stuful era aşezat începând de la streaşină, astfel încât să rămână doar cotoarele expuse, ceea ce permitea apei să alunece de pe cotor pe cotor, asigurând o durată de viaţă mai lungă şi un aspect mai plăcut.

Acoperiș din stuf bătut nemțește cu naboică

Naboica și acul de cusut acoperișul din stuf

Stuful era bătut de jos în sus, în răspăr, cu ajutorul unei unelte numite "naboică". Acest procedeu de învelire s-a păstrat până în zilele noastre, fiind folosit mai mult pentru pensiuni. Stuful pentru învelit nu trebuia să fie mai gros decât o lumânare și purta denumirea de "șitcă", în timp ce pentru pereții caselor pe furci se folosea stuful mai gros, denumit "lom". Gardurile din stuf erau fie cusute mănunchi după mănunchi pe prăjini fixate orizontal pe stâlpi de salcâm și îngropate în pământ aproximativ 20 cm, fie împletite din stuf mai subțire pe un brâu din stuf mai gros și îngropate în același fel.

În apropierea malurilor Dunării, terenul a fost înălțat cu lesturi provenite de la corăbiile venite de pe mare, dar odată cu apariția drăgilor refulante aduse de Comisia Europeană a Dunării (C.E.D.), terenul din Sulina a fost înălțat cu nisip refulat de dragi. În timp, casele au început să fie construite cu temelii din cărămidă sau piatră, direct pe sol. La clădirile mai mari, cum ar fi farul vechi, Palatul C.E.D., spitalul C.E.D. sau catedrala, s-a folosit tehnica platformei fixate pe piloți de stejar, bătuți cu sonete mecanice.

Casa bunicilor din Sulina

Însă, din cauza pânzei freatice ridicate, clădirile construite din cărămidă au început să prezinte igrasie. La fel s-a întâmplat și cu casele din chirpici. Pentru a asigura izolația pardoselii, atât la casele din chirpici, cât și la cele construite pe furci, se folosea scoica uscată, adusă de curenți la malul mării, care era bine bătută. Peste aceasta se

170

monta o pardoseală din lemn. După Revoluţie, s-a început utilizarea betonului, însă, înainte, cei mai săraci lipeau doar cu lut pe jos.

Casele construite pe furci (paiantă) predominau, fiind mai uşor de ridicat şi mai adaptate condiţiilor locale, mai ales în zonele inundabile, deoarece puteau fi reparate mai uşor după trecerea inundaţiilor. Construcţia caselor pe furci era o activitate comunitară, realizată prin clacă, în care rudele, prietenii şi vecinii se adunau pentru a munci împreună. Claca era un prilej de socializare, de cântat melodii tradiţionale şi de împărtăşit bucurii. Muncitorii foloseau stâlpi de salcâm fixaţi în pământ înălţat, iar între aceşti stâlpi se fixau prăjini drepte. Pe aceste prăjini se coseau cu sârmă mănunchiuri de stuf, similar cu modul de realizare a gardurilor din stuf. Atât interiorul, cât şi exteriorul caselor erau lipite cu lut frământat cu paie.

Formarea chirpicilor

Transportul lutului de la Dunăre sau de la gârle, frământatul lutului în ceamur cu ajutorul cailor şi realizarea chirpicilor erau toate activităţi desfăşurate în cadrul clăcilor. La prânz, se servea borş rusesc din legume sau borş de peşte, o delicatesă locală. Interiorul caselor era finisat cu lut amestecat cu paie şi, uneori, cu bălegar de cal uscat şi cernut, pentru a da o textură mai fină. După ce lutul se usca, pereţii erau văruiţi. Cei care aveau posibilităţi financiare îşi construiau casele pe temelii din piatră sau cărămidă, iar interiorul era amenajat cu pardoseală din lemn. Cei mai săraci lipeau direct cu lut, după care puneau rogojini făcute din papură.

Frământatul lutului în ceamur se făcea cu ajutorul cailor, doar la lucrările mai mici lutul era frământat cu picioarele. Participarea la clacă era un moment de mândrie şi de apartenenţă la comunitate. Amintirile unui adolescent care participa la clacă alături de calul său, frământând lutul în ceamur, sunt pline de nostalgie şi respect pentru tradiţiile vechi. La începutul anilor '90, obiceiul clăcilor încă se mai păstra, deşi cu dificultate. Apariţia noilor materiale de construcţie şi schimbările sociale au dus treptat la pierderea acestei tradiţii. Oamenii se adunau din ce în ce mai greu pentru a munci benevol, iar casele tradiţionale au început să fie înlocuite de construcţii moderne.

Astăzi, aceste amintiri rămân vii în sufletele celor care le-au trăit şi au fost martori la schimbările aduse de timp. Casele din chirpici şi paiantă, cu acoperişuri de stuf, rămân un simbol al ingeniozităţii şi adaptabilităţii locuitorilor Deltei Dunării, un testament al comunităţii unite şi al spiritului de solidaritate care definea viaţa în Sulina.

Eu împreună cu matu-şa Evdochia în şaretă

În iarna anului 1985, pe malul mării la Sulina, eu şi Gicu, calul meu, trăiam aventuri care ne legau într-o prietenie deosebită. Eram de aceeaşi vârstă, crescuserăm împreună şi ne însoţeam la toate treburile. Gicu nu era doar un simplu cal; era tovarăşul meu de nădejde, mai ales când venea vorba de munca grea la frământatul lutului în ceamur. În acea perioadă, construcţiile tradiţionale din Sulina încă păstrau metodele vechi, iar casele erau ridicate din chirpici sau pe furci, acoperite cu stuf. În clăci, oamenii se adunau cu mic cu mare, pregătiţi să contribuie la munca grea, dar necesară. Claca era un eveniment social important, unde munca se îmbina cu cântecul, povestirile şi mesele împărtăşite.

*Pe plaja din Sulina în iarna anului 1985, atât eu cât și Gicu așa îl chema pe căluț
eram de aceeași vârstă*

Îmi amintesc cum Gicu și cu mine mergeam la frământatul lutului în ceamur. Calul meu, obișnuit cu munca, pășea cu grijă prin amestecul gros de lut și paie. Lutul trebuia bine frământat, iar calul era esențial în acest proces, transformând ceamurul într-un material omogen și ideal pentru construcții. În timp ce el își făcea treaba, eu îl ghidam și îmi aduceam aportul, asigurându-mă că lutul era bine pregătit pentru a fi utilizat. În acele momente, simțeam legătura puternică dintre noi doi și înțelegeam importanța muncii noastre pentru comunitate.

Fiecare casă ridicată, fiecare zid lipit cu lut frământat de noi era o dovadă a tradițiilor care ne defineau. Claca nu era doar muncă; era un prilej de a ne simţi mai aproape unii de alţii, de a cânta împreună şi de a savura borşul rusesc de la prânz.

Iarna lui 1985 avea un farmec aparte. Pe malul mării, frigul era aspru, dar inimile noastre erau încălzite de camaraderia şi solidaritatea care ne uneau. Fiecare zi petrecută la muncă cu Gicu era o lecţie de viaţă, o amintire preţioasă pe care o port cu drag în suflet.

Astăzi, când privesc înapoi la acele momente, îmi dau seama cât de valoroase au fost acele experienţe. Gicu nu era doar calul meu; era partenerul meu, prietenul meu şi o parte esenţială din viaţa şi cultura noastră. Calul meu, Gicu, era din rasa Tarpan, mic de statură şi rezistent la condiţiile vitrege din Deltă, semănând cu caii sălbatici. Pe atunci, în Sulina erau cel mult 50 de cai, majoritatea având stăpân. În prezent, însă, în împrejurimile Sulinei trăiesc peste 400 de cai, cei mai mulţi fără stăpân. Aceştia sunt cai abandonaţi de locuitori, care s-au înmulţit în libertate şi au devenit sălbatici. O parte dintre ei au fost aduşi de pe Grindul Letea în urmă cu 25-30 de ani, deoarece intrau în pădure şi proprietarii lor erau amendaţi. Neavând utilitate pentru munca câmpului, proprietarii au preferat să îi treacă peste Dunăre, la Sulina. Mulţi dintre cai provin şi de la fermele desfiinţate după 1989. La acea vreme, un medic veterinar descoperise o boală necruţătoare la aceşti cai şi a decis să le mai dea o şansă. De asemenea, unii cai ai locuitorilor din Sulina au fost lăsaţi liberi, deoarece nu mai erau folosiţi la transportul cu căruţa, după ce au apărut mijloacele de transport motorizate. Iernile blânde le-au permis să supravieţuiască hrănindu-se cu vegetaţie şi coaja de pe cătina şi sălciile din jurul Sulinei, ceea ce a dus la înmulţirea lor în ultimii ani. În sezonul cald, caii pot fi văzuţi chiar şi în localitate, mai ales noaptea, când fug de pe câmp din cauza ţânţarilor.

Povestea crescătorilor de oi şi vite, din comuna Satul Nou

Conform datelor oferite de parohia din comuna C.A. Rosetti şi din poveştile culese de la bătrânii satelor, mocanii au început să sosească pe grindurile din Delta Dunării, în transhumanţă cu oile, din diverse zone ale ţării încă de la începutul secolului XX. Mulţi dintre aceştia şi-au găsit liniştea pe aceste meleaguri izolate, într-o perioadă în care războaiele erau frecvente, iar oamenii căutau refugiu.

Pădurile Letea şi Caraorman, cu vegetaţia lor densă formată din stejar, frasin, tei, plop, salcie şi salcâm, împodobite cu liane, au oferit adăpost şi material de construcţie pentru românii (mocani), ucrainieni, ruşi-lipoveni, turci şi cerchezi, care s-au stabilit de-a lungul timpului în aceste locuri. Printre primii care şi-au încropit o gospodărie la marginea Pădurii Letea, pe locul unde se află astăzi satul C.A. Rosetti, a fost Ion Ghemede. Acesta a venit cu oile de prin părţile Dobrogei în jurul anului 1846, când zona era sub administraţie ţaristă. După el, au urmat şi alţi ciobani cu turmele lor din Moldova, numiţi „cojani", oameni care doreau să trăiască liberi, fără stăpâni. Mulţi dintre aceştia şi-au ridicat gospodării pe grinduri, unde găseau terenuri propice.

După Războiul Crimeii, când Delta Dunării revine sub stăpânirea Imperiului Otoman, mulţi mocani încep să-şi aşeze gospodăriile pe aceste locuri, inclusiv cei care aveau câşlele (locuri de iernat pentru oi) răspândite pe grindul Letea. Primele familii stabilite aici au fost Picioruş, Mihalache, Manolache, Comârzan Platon (tatăl străbunicului Andrei), Dumitru Cârlan, Simion Comarzan, Ştefan Timofte, Roşca Constantin, Bârlădenu Costache, Vasiliu Ion (ginerele lui Ion Ghemede), Rotaru Toader, Chiriac şi alţii. Împreună cu aceştia a venit şi călugărul Dorotei Crişnana, care, ajutat de enoriaşi şi de meşterul Casian, zis „Degeratul", şi de fiul acestuia, Pavel, a început în anul 1864 să ridice un lăcaş de rugăciune.

Materialul lemnos, obţinut din pădure, a fost oferit cu voia turcilor, la fel şi aprobarea pentru construirea lăcaşului.

Tatăl meu Ion(cel din mijloc)alături de fraţii lui şi de bunica Elena,în com.C.A.Rosetti

Biserica a fost construită din lemn de stejar, pereţii fiind întăriţi cu împletituri de nuiele peste care s-a aplicat lut amestecat cu paie. Finalizată în 1866 şi având hramul „Adormirea Maicii Domnului", biserica avea pereţii interiori varuiţi, cu icoane donate de enoriaşi, iar catapeteasma era împodobită cu icoane biblice pictate pe lemn. La marginea satului a fost amenajat şi un cimitir, unde se află şi astăzi piatra funerară a Mariei Teresa Brizici din 1868. Vreme de 125 de ani, au slujit aici 27 de preoţi, o parte dintre ei fiind călugări. Din 1990, sub stăruinţa preotului Aurel Tecuci, împreună cu contribuţia enoriaşilor, a început construcţia unei noi biserici deasupra celei vechi, care a fost finalizată în anul 1997.

La început, turcii au numit satul „Ortachioi" (Satul din Mijloc), iar mai târziu, „Ienichioi", o denumire veche turcească care înseamnă „Satul Nou". Denumirea s-a păstrat şi după 1878, când Dobrogea a revenit României. Ucrainenii şi lipovenii îl numeau „Satanou". În vecinătate, la patru kilometri spre vest, se află satul Letea, locuit în majoritate de ucraineni (haholi), refugiați din Imperiul Țarist în jurul anului 1850, în special în timpul și după Războiul Crimeii, fugind de persecuții și jafurile soldaților care asediau Sevastopolul.

Colibe din comuna Satul Nou

Mai la vest de actualul sat se găsesc urmele unei așezări turcești de la 1715, numită „Nedilchioi" (Satul lui Nedil), nume dat după un pașă turc. Turcii nu au rezistat condițiilor din Delta Dunării și au părăsit locul. După 1878, alte familii s-au stabilit în localitatea Satul Nou, printre care coloniști bulgari (Ciolacu) și basarabeni (Lupu), din care provine și bunica mea, Elena, din partea tatălui. De asemenea, un turc pe nume Omer și-a mutat gospodăria pe un loc mai înalt, rămânând în zonă până la sfârșitul vieții. Dunele de nisip din apropiere îi poartă numele, iar pe o hartă veche din 1897 este menționată în mod special „Grădina lui Omer".

În 1904, Satul Nou avea 432 de locuitori și 196 de case, cu trei prăvălii, trei mori de vânt și o școală înființată în 1882. Locuitorii din cele două sate erau agricultori și crescători de animale pricepuți, și cultivau inclusiv viță-de-vie. Pentru măcinatul cerealelor, construiseră mori de vânt. Locuitorii din Letea se ocupau și cu pescuitul. Produsele agricole erau vândute în portul Sulina, unde ajungeau fie cu bărcile pe canalul Magearu, pe Dunărea Veche, fie pe un drum nisipos care lega Sulina de satele de pe grindul Letea.

În zona actualului golf Musura era, pe atunci, țărmul mării, iar carele cu boi și căruțele cu cai se deplasau pe malul nisipos. După construcția digurilor și prelungirea lor în mare, curenții au modificat zona, iar țărmul nisipos a devenit mlăștinos. După al Doilea Război Mondial, odată cu amenajările hidrografice ale Deltei, multe drumuri au fost abandonate.

La 1 aprilie 1909, Satul Nou devine comuna C.A. Rosetti, care includea și satele Letea și Cardon (înființat după 1879). În 1930, comuna C.A. Rosetti preia și satele Periprava și Sfistofca, locuite în majoritate de ruși-lipoveni, staroveri refugiați din Imperiul Țarist din motive religioase.

În urma lucrărilor topografice din 1893 au apărut și primele documente pentru stabilirea vetrei satului. În mai 1888, o invazie de lăcuste a devastat culturile din zonă. Lăcustele au venit din Basarabia și au ajuns până în nordul orașului Sulina.

Crucea din cimitirul com.C.A.Rosetti(Grindul Letea) care aminteşte de invazia lăcustelor din anul 1888

Pentru a le combate, locuitorii au construit şanţuri în care au ars crengi de salcie stropite cu gaz. Aceasta a fost una dintre cele mai distructive invazii din istoria Deltei Dunării, amintită şi astăzi printr-o cruce de marmură din cimitirul din C.A. Rosetti.

Povestea de la Câşla Vădanei

Între Sulina şi Sfântul Gheorghe, se întindea câtunul Câsla Vădanei, un loc unde tradiţiile şi munca grea îşi găseau rădăcinile. În vremea când pământul se întindea mai larg, iar balta şi marea păreau să se atingă, 36 de căsle se ridicau mândre, iar printre ele strălucea casa bunicului meu, Ivanov Prohor.

După Războiul Crimeii, în jurul anului 1858, un ucrainean

cunoscut sub numele de Cazacu, a întemeiat o mică gospodărie pe un grind care astăzi îi poartă numele. După trecerea sa în nefiinţă, soţia sa a rămas văduvă, dar a continuat să muncească din greu, sprijinită de copii, pentru a menţine ferma în viaţa.

Călătorii care treceau pe ruta dintre Sulina şi Sfântu Gheorghe obişnuiau să facă popas la această gospodărie, care a devenit cunoscută drept „Căşla Vădanei". În timp, zona a atras şi alţi oameni, care s-au stabilit şi şi-au construit propriile gospodării. Astfel, comunitatea s-a dezvoltat treptat.

Comârzan Paulina, una din fetele lui Ivanov Prohor, care este şi mama mea

Această mică comunitate era un mozaic de oameni veniţi din diferite colţuri ale ţării: ucrainieni, basarabeni şi colonişti ardeleni, toţi împreunându-şi tradiţiile şi obiceiurile pentru a face faţă condiţiilor aspre ale Deltei. Bunica mea, Băţ Macrina, era o femeie puternică şi hotărâtă, care îşi ajuta soţul în îndeplinirea datoriei de a creşte animalele şi de a-şi întreţine familia. Tatăl ei Băţ Lazăr era mocan venit cu oile în Delta din Ardeal, după războiul de independenţă 1977-1978. Câsla Vădanei a fost un colţ de prosperitate într-o regiune sălbatică.

Băţ Macrina(bunica) cu sora ei la Sulina,in anul 1911

Pe grindul bogat în iarbă dulce, crescătorii de animale au găsit locul perfect pentru a-şi păşuna turmele de vite, mai ales cele din rasa sura de stepă, adaptate perfect la condiţiile dure ale Deltei. Carul tras de boi era sufletul comunicaţiei în acele vremuri. Bunicul avea o casă şi în Sulina, în care locuia când făcea negustorie cu produse în oraş. Ivanov Prohor, la vârsta de numai 19 ani, căra alimente cu acest car, străbătând drumul de la Sulina la Sfântul Gheorghe pe malul mării, pe vechiul drum al bornelor. În timp ce îşi făcea drum printre nisipurile şi valurile Deltei, el aducea provizii pentru soldaţii

Imperiului Țarist, care păzeau farul de pe Insula Olinka.

Astăzi, din cătunul Câsla Vădanei mai rămâne doar amintirea. Vechiul pichet de grăniceri, abandonat și uitat, este singura mărturie a vieții care odinioară pulsa aici. Dar în inimile celor care au trăit și muncit în aceste locuri, legăturile de oțel ale comunității rămân neștirbite, ca un simbol al rezistenței și solidarității în fața vremurilor grele. Povestea bunicului nostru, Ivanov Prohor, și a bunicii noastre, Băț Macrina, este un testament al rezistenței și sacrificiului lor în fața condițiilor aspre ale Deltei Dunării.

În vremea când comunicația era dificilă și viața era dură, bunicul meu a fost un simbol al perseverenței și muncii grele. Drumurile lungi pe nisipuri și valuri, călătorind cu carul tras de boi între Sulina și Sfântul Gheorghe, au fost nu doar o datorie, ci și un act de devotament față de comunitate și față de istoria locului. Prin această muncă și angajament, ei au ajutat la menținerea siguranței și ordinii în regiune, chiar și în mijlocul sălbăticiei Deltei. Deși cătunul Câsla Vădanei poate fi acum doar o amintire, spiritul său trăiește în inimile urmașilor lor. Legăturile strânse ale comunității și amintirile timpurilor grele și fericite sunt ca niște rădăcini adânci, care continuă să hrănească și să susțină pe cei care le poartă cu ei. Astfel, chiar dacă casele și căslele au dispărut, moștenirea lăsată de acei oameni puternici și hotărâți, ca bunicul meu și bunica mea, va rămâne întotdeauna ca un far de lumină în istoria Deltei Dunării, amintind tuturor despre curajul și rezistența celor care au trăit și au muncit în aceste locuri sălbatice și frumoase

Povestea Mariei Teresa Brizici și Pirații din Pădurea Letea

În vara anului 1868, Delta Dunării era un loc sălbatic și plin de mister, unde natura neîmblânzită se întâlnea cu diversele culturi și popoare care populau zona. Delta se afla sub ocupație otomană, iar în Grindul Letea trăiau turci, haholi, lipoveni, bulgari şi mocani veniţi cu oile. Printre poveştile şi legendele care circulau în acele vremuri, cea a Mariei Teresa Brizici este una dintre cele mai tulburătoare.

Piraţii din padurea Letea

Maria Teresa Brizici, fiica unui boier din localitatea Brizici din Serbia, avea doar 21 de ani când a murit în condiţii misterioase pe drumul ce trecea prin pădurea Letea, în timp ce călătorea spre Imperiul Ţarist. Pe piatra ei funerară din cimitirul comunei C.A. Rosetti, de pe Grindul Letea, este scris un frumos epitaf în limba sârbă: "Cu bucurii trebuie să înceapă orice dimineaţă!".

Piatra funerară Maria Teresa Brizici

Aceasta este cea mai veche piatră funerară din cimitirele localităților de pe Grindul Letea, păstrată până în zilele noastre. Se spune că în acele vremuri, pădurea Letea era un loc periculos, adăpostind tâlhari și pirați care atacau călătorii și comercianții.

Una dintre ipotezele privind moartea Mariei Teresa este că a fost ucisă de acești tâlhari, care au găsit în pădurea densă un loc perfect pentru a se ascunde și a pândi victimele nevinovate. Pădurea Letea, cu dunele ei de nisip și vegetația luxuriantă, era un labirint natural.

Tâlharii care se ascundeau aici profitau de cunoștințele lor despre teren și de lipsa de infrastructură și ordine în zonă pentru a comite jafuri. Aceștia atacau convoaiele comerciale și călătorii singuratici, lăsând în urmă doar frică și povești de groază. Maria Teresa Brizici călătorea probabil însoțită de un mic convoi, având în vedere statutul ei social și pericolele cunoscute ale drumului.

Dar chiar și cu protecție, nu a putut scăpa de soarta crudă care aştepta la marginea pădurii Letea. Uciderea ei a fost un şoc pentru comunitatea locală şi pentru cei care treceau prin zonă, adăugând încă o poveste sumbră la legenda tâlharilor din pădure. Trupul neînsufleţit al Mariei a fost găsit şi îngropat în cimitirul din C.A. Rosetti, unde epitafurile în limba sârbă amintesc de o viaţă tânără curmată prea devreme. Pe piatra ei funerară, inscripţia "Cu bucurii trebuie să înceapă orice dimineaţă!" rămâne un testament al spiritului său luminos, în contrast puternic cu sfârşitul tragic pe care l-a întâmpinat. Astăzi, pădurea Letea este cunoscută pentru frumuseţea şi biodiversitatea sa, dar umbrele trecutului încă bântuie povestea sa. Piraţii şi tâlharii care o dată făceau legea în aceste locuri sunt doar amintiri în istoria tumultuoasă a Deltei Dunării, însă piatra funerară a Mariei Teresa Brizici rămâne un memento al pericolelor care odată au pândit în umbra copacilor de la Letea.

Legenda Piraţilor din Pădurea Letea

Se spune că, odată, pe Grindul Letea, acolo unde nisipul sărută cerul şi stejarii bătrâni şoptesc poveşti uitate, trăiau oameni simpli, cu sufletul curat ca lutul ce le acoperea podelele. Aceşti oameni îşi duceau traiul în pace, crescând vite şi oi, iar când venea vremea, plecau cu ele la târgul din Sulina, lăsându-şi casele în grija stelelor.

Dar în vremurile acelea tulburi, hoţi vicleni şi fără de milă colindau Grindul. Unii dintre ei proveneau din rândul dezertorilor din armata ţaristă, iar când acest fenomen a luat amploare în anii când Delta era sub stăpânire turcească, ruşii s-au înţeles cu turcii să ofere drept recompensă câte 2 ducaţi pentru fiecare "bandit" capturat, aşa cum îi numeau pe aceşti dezertori. Aceştia nu cunoşteau altă lege decât cea a nopţii, iar când întunericul cuprindea satul, îşi făceau planurile. Ştiau când gospodarii îşi părăseau casele şi, sub lumina lunii, săpau cu grijă gropi adânci şi tăcute în nisipul moale, sub temelie. Astfel, se strecurau în casele adormite, ca nişte umbre, surprinzându-i pe cei care nu se aşteptau la o asemenea viclenie. Casele de pe Grindul Letea erau simple, ridicate pe furci de lemn, fără temelii solide. Podelele erau lipite cu lut, iar paturile, din țăruși și scânduri, erau acoperite cu saltele de paie. Hoții știau bine acestea, și, unde gospodarii lipseau, ei jefuiau în voie, luând tot ce găseau de preț.

Timp de mulți ani, hoții au terorizat sătenii, care nu știau cum să se apere de această amenințare nevăzută.

Se povestește că, în acele vremuri de restriște, trăia un crescător de vite cunoscut sub numele de Cazacul. Împreună cu soția sa, amândoi ajunși la vârsta senectuții, își duceau traiul într-o caslă (ferma) pe Grindul Letea. Gospodăria lor era modestă, dar plină de muncă și de trudă. Pentru a le fi de ajutor în treburile zilnice, cei doi bătrâni au luat sub aripa lor un argat, un băiat de doar 14 ani, care își găsise un loc de muncă la ei.

Într-o noapte întunecată, când liniștea părea să fi acoperit totul ca un văl de catifea neagră, o bandă de hoți nemiloși a năvălit în casla bătrânilor. Știau că cei doi soți, Cazacul și nevasta lui, nu mai aveau forța să se apere. Hoții au intrat în casă cu gânduri rele, căutând aur și bani, convinși că bătrânii ascundeau o comoară undeva în ferma lor.

Băiatul, care dormea în cămara mică a casei, a fost trezit de zgomotul făcut de hoți. Fără să stea pe gânduri, s-a ascuns într-un butoi gol, aflat într-un colț întunecat al camerei. Își ținea respirația, rugându-se să nu fie descoperit. Din ascunzătoarea sa, a auzit cum hoții i-au legat pe cei doi bătrâni de pat, încercând să-i forțeze să dezvăluie locul unde își ascunseseră economiile.

Hoții, cruzi și fără milă, au recurs la metode barbare pentru a-i face pe bătrâni să vorbească. I-au schingiuit, arzându-le tălpile cu lumânările, sperând că durerea îi va face să cedeze. Dar bătrânii, fie pentru că nu aveau nimic de dat, fie pentru că nu au vrut să cedeze în fața violenței, nu au spus nimic. În cele din urmă, hoții, furioși că nu găsiseră ceea ce căutau, i-au ucis pe cei doi bătrâni fără milă, lăsându-i fără suflare în casa care le fusese adăpost atâția ani.

Băiatul, tremurând de frică în butoiul său, a reușit să rămână nevăzut şi neauzit. După ce hoţii au părăsit casa, a ieşit din ascunzătoare şi a văzut ororile comise. Cu inima zdrobită şi lacrimi curgându-i pe obraji, a fugit spre sat, să dea de veste despre cele întâmplate. Comunitatea, cutremurată de tragedie, a plâns pierderea celor doi bătrâni care nu făcuseră altceva decât să-şi trăiască viaţa simplu, în pace, pe Grindul Letea.

Această poveste, transmisă din tată în fiu, a rămas un avertisment pentru toţi cei care trăiau pe Grind. Era o amintire amară a vremurilor în care hoţii bântuiau fără teamă, când viaţa oamenilor era expusă pericolelor neştiute. Dar totodată, povestea băiatului care a supravieţuit ascuns în butoi a devenit un simbol al curajului şi al speranţei că, chiar şi în cele mai întunecate momente, există o şansă de scăpare, o fărâmă de lumină care poate salva o viaţă.

Dar, într-o zi, după ce Grindul a devenit parte din noul ţinut românesc, vestea a ajuns până la urechile regelui. Acesta, ascultând plângerile sătenilor, a trimis jandarmi curajoşi să aducă liniştea în locurile acelea izolate.

Se spune că, odată cu sosirea jandarmilor, noaptea a început să îşi piardă puterea, iar hoţii, văzând că nu mai au unde să se ascundă, au plecat în bejenie, ca nişte lupi alungaţi din haită. Grindul Letea a redevenit loc de pace, unde oamenii şi-au întărit casele şi au început să privească cu încredere spre viitor.

Astăzi, când vântul suflă printre crengile stejarilor bătrâni şi nisipul se aşterne tăcut peste urmele trecătorilor, bătrânii satului mai povestesc uneori despre acele vremuri de demult. Ei spun că, dacă asculţi cu atenţie în liniştea nopţii, poţi auzi încă şoaptele hoţilor care sapă în întuneric, căutând o cale spre casele de pe Grind.

Povestea caselor negustorilor

În oraşul Sulina, casele negustorilor, muncitorilor şi funcţionarilor din port aveau o eleganţă şi o robusteză aparte, reflectând influenţele culturale şi economice ale epocii. Aceste locuinţe erau construite din materiale de calitate, cum ar fi cărămida, calcarul, piatra de Malta și dulapii groși din lemn de brad sau pin, cu grosimea de aproximativ 8 cm. Exteriorul acestor case era adesea căptușit cu scânduri finisate, în timp ce interiorul era tencuit pe șipci din lemn, creând astfel un mediu confortabil și bine izolat. Acoperișurile erau realizate din olane, montate pe o șarpantă bine consolidată, asigurând protecție împotriva intemperiilor. Casele din cărămidă erau adesea întărite cu platbandă metalică fixată în zidărie, pentru a le conferi stabilitate suplimentară. În schimb, casele construite din dulapi de lemn, multe dintre ele realizate de meșteri turci, aveau o durabilitate impresionantă.

Aceste case erau ridicate pe temelii din cărămidă de 1,5-2 metri înălțime, inițial folosite ca spații de depozitare. Cu timpul, datorită solului dificil, aceste clădiri s-au afundat, iar beciurile au devenit impracticabile. Casele construite din cărămidă, piatră de Malta și calcar adus din carierele din zona Tulcei au fost puternic afectate de igrasie din cauza umezelii. În Sulina, există încă o singură casă construită după modelul caselor din Constantinopol, cu parterul din cărămidă și etajul din dulapi de lemn, ieșit în afara cu un metru deasupra trotuarului.

Casa, construită în stil italian, a aparţinut lui J. Foscolo. După cel de-Al Doilea Război Mondial, clădirea a devenit sediul comisariatului maritim sovietic

Este o mărturie vie a rezilienţei şi a meşteşugului de odinioară, un simbol al trecutului bogat şi divers al Sulinei. În fiecare zi, locuitorii Sulinei privesc aceste case cu mândrie, ştiind că reprezintă o parte importantă a moştenirii lor culturale. Fiecare cărămidă, fiecare dulap de lemn, spune o poveste despre ingeniozitatea şi dedicarea celor care au construit şi au întreţinut aceste locuinţe.

Ele sunt mai mult decât simple clădiri; sunt monumente ale istoriei şi identităţii comunităţii, simboluri ale unui trecut plin de provocări şi realizări. Casele negustorilor aveau, de obicei, prăvălia la parter, iar la etaj locuiau cu familia. Aproape fiecare casă avea balcon, unde proprietarii admirau priveliştea Sulinei şi serveau cafeaua sau ceaiul.

Cladirile gemene de pe faleza construite de fratii maltezi Caruana. Primul corp a fost construit în anul 1899, iar al doilea a fost construit în anul 1905

Povestea caselor model franţuzesc

Construită cu măiestrie şi atenţie la detalii, casa impresionează prin eleganţa sa şi arhitectura rafinată. Structura sa solidă din cărămidă este completată de o mansardă spaţioasă, care îi conferă un aspect distinctiv şi o estetică aparte. Acoperişul înclinat, acoperit cu ţiglă franţuzească, şi ferestrele mari permit luminii naturale să inunde încăperile, creând un ambient cald şi primitor. Interiorul casei păstrează farmecul epocii în care a fost construită, cu tencuială fină aplicată pe şipci din lemn şi pardoseală din lemn masiv.

Ţiglă franţuzească produsă în Marsillia de firme care au ca simbol lebăda şi albina

Ţigla franţuzească produsă în Marsillia de firme care au ca simbol crucea malteză

Scara interioară, elegant lucrată, duce către mansardă, un spaţiu care oferă o privelişte panoramică asupra oraşului şi a împrejurimilor sale. În trecut, Sulina a fost un important nod comercial și cultural, unde influențele occidentale se împleteau armonios cu tradițiile locale. Casa în stil franțuzesc cu mansardă este un exemplu perfect al acestei sinteze culturale. A fost locuința unui negustor prosper, care și-a dorit să aducă o parte din eleganța și sofisticarea Europei Occidentale în acest colț al Deltei Dunării. De-a lungul anilor, casa a fost martora numeroaselor schimbări prin care a trecut orașul.

Casa model franțuzesc

A supraviețuit bombardamentelor din timpul războaielor mondiale și a rezistat provocărilor aduse de umezeala și igrasia caracteristice zonei. Casele în stil italian, francez și britanic erau acoperite cu țiglă franțuzească, adusă cu navele pe mare din Marsillia. Fiecare firmă producătoare de țiglă din Marsilia avea un simbol stanțat pe țiglă, alături de numele firmei, cum ar fi inimioara, semnul medicinii, mâna, calul, lebăda, albina leul și crucea malteză. Cărămida, adusă din mai multe țări tot cu corăbiile pe mare, era ștampilată, însă doar cu un simbol unic pentru fiecare lot. Astăzi, casa în stil franțuzesc cu mansardă se aflată în prezent în proprietatea Primăriei Sulina și este într-o stare avansată de degradare, arătând mai degrabă ca o ruină decât ca o construcție funcțională.

Cărămida ștampilată, adusă din diverse țări cu navele pe mare, la Sulina.

Ea rămâne o mărturie vie a trecutului bogat al orașului și o sursă de inspirație pentru viitoarele generații. Într-o lume în continuă schimbare, această casă ne amintește de importanța păstrării și valorificării tradițiilor și influențelor culturale care ne definesc identitatea. Casa în stil franțuzesc cu mansardă din Sulina este un monument al trecutului, o bijuterie arhitecturală care continuă să strălucească prin vremuri, un simbol al legăturilor culturale și al spiritului de inovare care a caracterizat întotdeauna acest oraș fascinant.

Povestea caselor model turcesc

În orașul Sulina, un loc unde diverse culturi și tradiții s-au întâlnit de-a lungul secolelor, se află casele turcești, care reprezintă o parte esențială a patrimoniului arhitectural și cultural al orașului. Aceste locuințe, construite cu măiestrie de meșteri turci, sunt mărturii vii ale influenței otomane în această regiune strategică de la gura de vărsare a Dunării. Casele turcești din Sulina sunt construite din materiale durabile, precum cărămida, piatra și dulapii groși de lemn.

Casa model turcesc cu consola otomană

Temelia acestora este realizată din cărămidă, având o înălțime de 1,5-2 metri, astfel încât spațiul de sub casă era folosit inițial ca depozit. Datorită solului dificil al Deltei, multe dintre aceste case s-au afundat în timp, făcând beciurile impracticabile. În ciuda acestui fapt, structura superioară a caselor a rezistat, demonstrând ingeniozitatea și calitatea construcțiilor. Exteriorul caselor turcești este adesea căptuşit cu scânduri finisate, iar acoperişurile sunt acoperite cu olane, oferind protecţie împotriva intemperiilor. Casele sunt construite pe un cadru de lemn, cu pereţi din dulapi groşi de 8 cm, acoperiţi la exterior cu scândură şi la interior cu tencuială aplicată pe şipci din lemn. Acest sistem asigură atât izolaţia termică, cât şi durabilitatea construcţiei. Un element distinctiv al acestor case este curtea interioară, adesea umbrită de copaci şi împrejmuită de ziduri şi garduri din scandura sau stuf, care oferă intimitate şi un spaţiu de relaxare pentru locatari. Casele au ferestre mari, cu obloane de lemn, care permit luminii naturale să pătrundă în încăperi şi asigură o ventilaţie adecvată.

Una dintre cele mai remarcabile case turceşti din Sulina este casa turcească cu consolă otomană, modelulul caselor de pe vechiul Constantinopol, situată peste dum de Expoziţia Sulina Veche. Parterul este construit din cărămidă, iar etajul din dulapi de lemn, ieşind în afară cu un metru deasupra trotuarului. Această casă a aparţinut funcţionarului C.E.D J. Foscolo şi a servit drept post de transmisiuni al armatei germane în timpul celui de-al Doilea Război Mondial. Casele turceşti din Sulina sunt mai mult decât simple locuinţe; ele sunt martori tăcuţi ai unei istorii bogate şi diverse. Ele reflectă adaptabilitatea şi ingeniozitatea constructorilor care au reuşit să creeze structuri durabile într-un mediu dificil. De asemenea, aceste case sunt o expresie a influenţelor culturale otomane, care au lăsat o amprentă de neşters asupra peisajului urban al Sulinei. Ele reprezintă o parte esenţială a identităţii locale şi sunt o sursă de inspiraţie pentru conservarea şi valorificarea patrimoniului cultural al oraşului. Atât casa în stil turcesc, cât şi cea în stil italian au aparţinut J. Foscolo.

Într-o lume în continuă schimbare, casele turceşti din Sulina rămân un simbol al continuităţii şi al legăturilor culturale care definesc acest loc unic.

Povestea Palatul Comisiunii Europene a Dunării: un simbol al Sulinei

După ce amenajările hidrotehnice de la gura de vărsare a brațului Sulina în mare au dat rezultate, Comisia Europeană a Dunării (C.E.D.) a construit în Sulina clădiri moderne pentru personalul instituției, dintre care cea mai impunătoare a fost Palatul Comisiei Europene a Dunării. Construcția palatului a început în 1861, după ce digurile au dat rezultate, iar lucrările au fost finalizate în 1866. Palatul, construit în stil neoclasic și sub forma literei „E", a devenit o emblemă a modernității și progresului. Fundația sa se sprijină pe piloni de pitz-pai (lemn de esență tare, asemănător stejarului) adus din Țara Galilor, a cărui rășină îl face rezistent la umezeală, bătuți cu sonetă mecanică, pentru a asigura stabilitatea în solul dificil al Deltei Dunării.

Clădirea cuprindea apartamente pentru personalul instituției, o sală pentru reuniunile C.E.D., birourile Căpităniei Portului și ale Casei de Navigație. Sala de reuniuni a C.E.D. era un loc unde se luau decizii importante pentru navigația și siguranța pe Dunăre, reflectând importanța strategică a acestei instituții în regiune. De asemenea, dispunea de spații de cazare cu băi utilate după standardele de atunci, pentru personalul C.E.D. și pentru cei veniți în vizită, fiind considerat primul hotel modern din Dobrogea de la acea dată. În urma bombardamentelor efectuate de hidroavioanele germane din anul 1917, clădirea a fost afectată parțial, dar a fost refăcută după război. În timpul celui de-al Doilea Război Mondial, clădirea a fost utilizată de comandamentul armatei germane pentru zona Sulina - Sfântul Gheorghe. În august 1944, palatul a fost bombardat de aviația sovietică, suferind daune semnificative. La începutul anilor '58, clădirea a fost refăcută, recăpătându-și splendoarea.

Î n prezent, palatul este administrat de Administraţia Fluvială a Dunării de Jos (A.F.D.J.) Galaţi, Secţia Sulina. Palatul Comisiunii Europene a Dunării rămâne un simbol al istoriei şi dezvoltării Sulinei, martor al transformărilor economice şi sociale din regiune. De-a lungul decadelor, a fost un reper al modernităţii şi un pilon al navigaţiei fluviale pe Dunăre, contribuind la prosperitatea oraşului şi a regiunii înconjurătoare.

Poveștile unei clădiri: de la Școala Primară de Băieți din Sulina la Centrul Cultural al Orașului

Pe strada a IV-a din Sulina, în apropierea pieței, se află o clădire încărcată de istorie și amintiri, cunoscută odinioară drept Școala Primară de Băieți din Sulina sau Școala Veche. Construită între anii 1905-1907, clădirea a fost un martor tăcut al transformărilor sociale și culturale ale orașului.

La începutul secolului XX, Sulina era un oraș în plină dezvoltare. În acest context, autoritățile locale au decis să construiască o școală primară pentru băieți, pentru a asigura educația generațiilor viitoare. Clădirea, situată strategic aproape de piață, a devenit un punct de referință pentru comunitate. În anii ce au urmat primului război mondial, școala a fost renovată în 1920 și a început să primească și fete, devenind un loc al învățării și al dezvoltării personale pentru toți copiii din Sulina.

Al doilea război mondial a adus noi schimbări. Clădirea a devenit gazda unei grădinițe și a unei școli primare. Însă, în 1975, cu schimbarea direcției educaționale în Sulina, aici s-au înființat atelierele unde elevii de liceu își desfășurau orele de practică. Astfel, clădirea a continuat să fie un loc al învățării, de data aceasta pentru tinerii care se pregăteau să intre în câmpul muncii.

După Revoluția din 1989, odată cu schimbarea profilului liceului din Sulina, atelierele au fost desființate. Clădirea, plină de amintiri și povești, a fost conservată, dar a rămas în așteptarea unei noi vieți. Aceasta a venit în 2015, când, printr-un proiect ambițios al Primăriei din Sulina, clădirea a fost renovată complet.

Astăzi, ea găzduiește Biblioteca Orașului, săli de expoziții și activități culturale organizate de Casa de Cultură Sulina.

Transformarea clădirii într-un centru cultural a fost un pas important pentru comunitate. Biblioteci pline de cărți, expoziții de artă locală şi internaţională, evenimente culturale şi ateliere pentru copii şi adulţi – toate acestea au readus clădirea la viaţă, oferindu-i un rol central în viaţa socială a oraşului.

Şcoala Veche

Centrul cultural din Sulina în prezent

Locuitorii din Sulina îşi amintesc cu drag de zilele petrecute în vechea şcoală, iar tinerii de astăzi descoperă şi ei farmecul acestei clădiri istorice, acum modernizată şi adaptată nevoilor lor. Povestea Şcolii Primare de Băieţi din Sulina este una a continuităţii şi a renaşterii, demonstrând că, indiferent de vremuri, educaţia şi cultura rămân pilonii unei comunităţi puternice. În concluzie, această clădire nu este doar o structură de cărămidă şi mortar, ci un simbol al evoluţiei şi al rezilienţei oraşului Sulina, un loc unde

trecutul întâlneşte prezentul, creând un viitor luminos pentru toţi
cei care îi trec pragul.

Povestea Hotelului Camberi din Sulina: de la splendoare la paragină

Pe malurile Dunării, în oraşul Sulina, se înalţă ruinele unei clădiri ce a fost cândva un simbol al eleganţei şi rafinamentului – Hotelul Camberi. Construit la începutul secolului XX, acest hotel era unic în oraş, având două etaje şi o structură solidă din cărămidă întărită cu centuri din oţel. Povestea sa este legată de un bărbat vizionar, Pavlos Camberis, şi de familiile care au încercat să păstreze vie moştenirea sa.

Pavlos Camberis, un grec întreprinzător, şi-a început cariera vânzând produse echipajelor navelor care acostau în portul Sulina. În anul 1900, după ce a strâns o avere considerabilă, Pavlos a decis să construiască Hotelul Camberi, o clădire impunătoare care a devenit rapid un loc de întâlnire pentru piloţi de nave, căpitani, negustori şi ofiţeri. Parterul găzduia un restaurant renumit pentru atmosfera sa selectă şi serviciile de calitate.

După al Doilea Război Mondial, hotelul a fost naţionalizat şi redenumit Hotel Farul. La parterul său a fost deschisă o cofetărie, schimbând astfel destinaţia iniţială a spaţiului. Cu toate acestea, spiritul rafinat al clădirii a continuat să atragă oameni din toate colţurile oraşului.

Pavlos a avut o singură fiică, Polyxeni, care a decedat la vârsta de 32 de ani, în anul 1912. Ea a fost căsătorită cu D.N. Pararias, iar pe piatra sa funerară, la fel ca şi pe cea a mamei sale, este inscripţionat faptul că a dus o viaţă virtuoasă. Rămânând fără moştenitori direcţi, Pavlos a adus din Grecia un nepot, Iorgu Parparias, care a avut un fiu botezat Camberis Parparia, cunoscut de sulineni ca „Kir Bebi". Camberis Parparia a studiat la Robert's College şi a devenit ulterior profesor de limba franceză la şcoala din Sulina, predând până la pensionare.

Hotel Camberi

Î n cimitirul ortodox din Sulina se află două monumente dedicate rudelor acestei familii, unde îşi dorm somnul de veci Pavlos C. şi soţia sa, alături de fiica lor, Polixeni. Kir Bebi a decedat în 1992 la Ploieşti, unde a şi fost înmormântat. După Revoluţia din 1989, hotelul a intrat într-un regim privat. Din păcate, disputele legate de achiziţia clădirii şi a terenului aferent au dus la o degradare progresivă a imobilului. Cei care trec astăzi pe lângă această clădire pot vedea doar ruinele unei glorioase ere trecute. Hotelul Camberi nu este doar o simplă clădire, ci un simbol al schimbărilor şi al provocărilor care au marcat oraşul Sulina de-a lungul decadelor. Fiecare cărămidă, fiecare centură de oţel, şi fiecare poveste legată de această clădire aduc aminte de o perioadă în care Sulina era un punct central al comerţului şi al culturii. Deşi astăzi clădirea este în paragină, amintirile legate de Hotelul Camberi rămân vii în inimile celor care cunosc istoria sa. Poate, într-o bună zi, cineva va reuşi să readucă la viaţă această clădire emblematică, redându-i strălucirea de odinioară şi reintegrând-o în viaţa vibrantă a oraşului Sulina. Până atunci, povestea Hotelului Camberi rămâne un testament al trecutului, un simbol al aspiraţiilor şi al eforturilor unui om vizionar şi al comunităţii care l-a susţinut.

Povestea locuinţei de reşedinţă a familiei Camberi din Sulina

Casa familiei Camberi, situată în inima oraşului Sulina, ascunde o poveste fascinantă ce împleteşte trecutul cu prezentul. Construită la începutul secolului XX de Pavlos Camberi, clădirea a fost iniţial locuinţa unei familii respectate din acest oraş portuar, reflectând nu doar statutul social al proprietarilor, ci şi influenţele culturale ale vremii. Pe poarta de intrare a casei se poate observa şi astăzi o inscripţie discretă, două litere ce poartă o semnificaţie aparte: „P" şi „K". Acestea reprezintă iniţiala prenumelui lui Pavlos şi simbolul familiei Camberi, păstrând vie amintirea celor care au locuit aici. După primul război mondial, urmaşii lui Pavlo au construit o nouă casă a familiei, existentă şi astăzi pe strada a II-a, în spatele clădirii „Casa Jean Bart", construită în 1898. Clădirea a fost naţionalizată în anul 1948 şi a funcţionat ca sediu al miliţiei din Sulina. După 1960, a devenit sediul unei bănci, iar din anii '70, clădirea a revenit în administrarea Academiei Române. Alături de aceasta, tot pe strada a II-a, se află ruinele depozitului hotelului şi restaurantului, precum şi prima casă şi cârciumă a familiei. După mai bine de un secol, în anul 2015, clădirea a fost atent restaurată, păstrându-se cât mai mult din farmecul original şi din detaliile care îi conferă unicitate. Astăzi, casa nu mai este doar o simplă locuinţă, ci a devenit sediul Institutului de Cercetări Ecologice din Sulina, parte a Academiei Române. Astfel, clădirea continuă să fie un loc de importanţă, dedicat acum cercetării ştiinţifice şi conservării mediului.

Casa familiei Camberi,de pe strada a ll-a pe atunci strada Elisabeta aflată în spatele Hotelului Camberi situat pe strada al-a pe atunci strada Carol l

Această transformare aduce un omagiu trecutului, menţinând vie amintirea familiei Camberi, care a contribuit la istoria şi dezvoltarea oraşului Sulina. Casa, care odată era martoră la viaţa cotidiană a unei familii proeminente, a devenit acum un simbol al legăturii dintre tradiţie şi progres, îmbinând armonios cercetarea ştiinţifică modernă cu respectul pentru patrimoniul istoric.

Povestea Clubul Marinarilor Britanici din Sulina

În inima oraşului Sulina, pe strada I, în anul 1883, a fost construit

Clubul Marinarilor Britanici, un loc de întâlnire și relaxare destinat marinarilor și oficialilor britanici aflați în tranzit pe Dunăre.

Această construcție impunătoare a fost realizată cu sprijinul Comisiunii Europene a Dunării (C.E.D.) și a unei firme de temperanță din Londra, situându-se între biserica protestantă și clădirea Cercului Marinei, în prezent locul unde se află terasa pensiunii Coral.

Clubul era format din două corpuri, arhitectura sa fiind inspirată din stilul clădirilor din coloniile britanice. Interiorul era captusit cu lemn de tei lustruit, conferindu-i un aer elegant și rafinat. Deasupra intrării principale trona o firmă pe care era scris „British Seamen's Institute", atrăgând atenția tuturor trecătorilor și vizitatorilor. Sala mare a clubului era centrul activităților sociale și de divertisment.

Aici se aflau trei mese de biliard englezesc, mese pentru jocuri de table, șah și ping-pong. Atmosfera era prietenoasă și relaxată, iar pe o pancardă era scris un mesaj care încuraja moderația: „Consumați lapte, cafea, ceai, limonadă. Nu vă otrăviți cu alcool". Această inscripție reflecta spiritul de temperanță promovat de fondatorii clubului. Clubul era un loc de întâlnire nu doar pentru marinarii britanici, ci și pentru vârfurile de conducere ale C.E.D., reprezentanții consulatului englez și ai agențiilor navale engleze.

Clubul marinarilor britanici din Sulina

În aceste locuri se purtau discuţii importante, se încheiau afaceri şi se socializa într-un mediu plăcut şi civilizat. Din păcate, această clădire impunătoare şi plină de istorie a fost distrusă în timpul războiului, pierzându-se astfel o parte importantă a patrimoniului cultural şi social al Sulinei. Cu toate acestea, amintirile despre Clubul Marinarilor Britanici continuă să trăiască prin povestirile celor care au cunoscut acest loc şi prin documentele şi fotografiile care au supravieţuit vremurilor.

Astăzi, când ne plimbăm pe strada I şi trecem pe lângă terasa pensiunii Coral, putem să ne imaginăm cum arăta odinioară acest loc vibrant, unde marinarii britanici şi oficialii locali se întâlneau pentru a-şi petrece timpul liber şi a discuta despre călătoriile lor pe apele Dunării.

Capitolul 9
Personalități ale Sulinei

Povestea Principesei Ecaterina Moruzi-nepoata Voievodului Moldovei Ioan Sturza

Principesa Ecaterina Moruzi, o figură deosebită a secolului al XIX-lea, s-a născut în tumultuosul oraș Constantinopol în anul 1836, aducând cu ea o moștenire nobilă și o minte sclipitoare, chiar dacă frumusețea fizică nu era punctul său forte. Nepoată a voievodului Moldovei, Ioan Sturdza, Ecaterina și-a petrecut tinerețea printre elitele Imperiului Otoman, având acces la o educație rafinată și la cercuri culturale deosebite. După pierderea soțului său, Constantin Moruzi, un diplomat de renume care și-a încheiat zilele la Odessa, Ecaterina a decis să se mute la Sulina, un oraș-port de la gurile Dunării, unde fiul ei, Dumitru C. Moruzi, fusese numit subprefect. Aici, printesa și-a canalizat energia și intelectul în sprijinul comunității locale. Conștientă de importanța culturii și a educației, a visat la construirea unui teatru care să devină un centru de atracție pentru locuitorii și vizitatorii orașului. Deși nu a trăit să-și vadă visul împlinit, Ecaterina a lăsat în urma sa un plan bine pus la punct. După moartea ei în 1893, fiul ei Dumitru, împreună cu primarul din Sulina și sprijinul unor negustori înstăriți, au reușit să finalizeze construcția teatrului în 1895. Denumit "Carmen Silva", în onoarea reginei Elisabeta a României, teatrul a devenit rapid un punct de reper în viaţa culturală a oraşului. "Carmen Silva" era o clădire impresionantă, cu două rânduri de loje, iar în mijloc trona loja regală, un simbol al legăturii strânse dintre familia regală şi oraşul Sulina. Pe scena teatrului au urcat artişti de renume ai vremii, precum Brezeanu, Theodorini şi Voiculescu, iar Opera italiană a oferit spectacole de neuitat. În mai 1904, chiar regele Carol I şi regina Elisabeta au onorat teatrul cu prezenţa lor, asistând la reprezentaţiile artistice oferite în cinstea lor. Din păcate, gloria teatrului "Carmen Silva" a fost de scurtă durată. În 1918, un grup de revoluţionari ruşi a incendiat clădirea, iar aceasta nu a mai fost refăcută niciodată. Cu toate acestea, amintirea teatrului şi a contribuţiei Ecaterinei Moruzi rămâne vie în inimile locuitorilor din Sulina. În cimitirul ortodox din Sulina, un monument marchează locul unde au fost temporar îngropate rămăşiţele pământeşti ale prinţesei Ecaterina. Pe inscripţie se poate citi: "Aci vremelnic zăcu rămăşiţele pământeşti ale princiesei Ecaterina Moruzi...", o amintire a unei femei care, deşi nu a fost poate cea mai frumoasă, a fost cu siguranţă una dintre cele mai inteligente şi cultivate, lăsând o moştenire durabilă în acest colţ al României. După moartea Principesei Ecaterina Moruzi, la 31 decembrie 1893, în Sulina, comunitatea locală a fost cuprinsă de un profund sentiment de pierdere. Actul de deces al prinţesei, identificat de profesoara Leila Postolache în colecţiile Direcţiei Judeţene a Arhivelor Naţionale, arată că Ecaterina Moruzi avea 57 de ani, era văduvă, ortodoxă şi sub protecţie rusă. Ea a murit pe 29 decembrie 1893, la domiciliul său din strada Carol I, nr. 2, având ca martor pe fiul său, Dimitrie C. Moruzi, subprefectul de la Sulina. Cauza morţii a fost apoplexia cerebrală. Osemintele acesteia au fost deshumate şi duse la Constantinopol, iar pe locul unde a fost îngropată a fost ridicat acest monument.

Epitaful înscris pe monumentul funerar din cimitirul ortodox din Sulina reflectă înţelepciunea şi experienţele vieţii sale:

„Şi binele ce l-am gustat
Şi răul ce l-am îndurat
Trecut-au ca o ceaţă.
Atâta numai a rămas
E binele ce l-am făcut în viaţă!...."

Principesa Ecaterina Moruzi (1836-1893)

Aceste cuvinte amintesc tuturor celor care vin să-i viziteze mormântul că, în final, doar binele pe care l-a făcut în viaţă este ceea ce contează și rămâne.

Monumentul Principesei Ecaterina Moruzi (1836-1893)

211

Povestea dirijorului George Georgescu: un destin remarcabil cu rădăcini în Sulina

Într-o dimineață strălucitoare, când soarele își reflecta razele în apele liniștite ale Dunării, de 12 septembrie 1887, într-o casă modestă de pe strada Păcii nr. 11 din Sulina, se năștea cel care avea să devină unul dintre cei mai mari dirijori ai României, George Georgescu. Casa încă există astăzi, martor tăcut al începuturilor sale modeste.

Dirijorul George Georgescu

Tatăl lui George, un lucrător vamal în Portul Sulina, locuia cu familia sa în chirie în această casă. La vârsta de doar patru ani, George și familia sa au părăsit Sulina, mutându-se într-o altă localitate. Din păcate, copilăria sa a fost marcată de dificultăți. Mama sa naturală l-a părăsit, iar George a fost crescut de o femeie cu care tatăl său s-a recăsătorit. Relația cu mama vitregă nu a fost ușoară, George găsindu-și alinarea într-o vioară pe care tatăl său o câștigase la o tombolă.

După absolvirea liceului, George Georgescu și-a continuat studiile la Academia de Muzică din București, unde a studiat violoncelul sub îndrumarea profesorului Dimitrie Dinicu. Talentul său remarcabil și pasiunea pentru muzică nu au trecut neobservate. La o întâlnire providențială, dirijorul german Richard Strauss i-a descoperit potențialul de dirijor și l-a încurajat să urmeze această carieră.

Debutul său a avut loc la Orchestra Filarmonicii din Berlin, unde a impresionat prin talentul său natural și abilitățile deosebite de dirijor. Începând cu anul 1921, George Georgescu a devenit directorul general al Filarmonicii din București, o poziție pe care a ocupat-o timp de patru decenii. Sub conducerea sa, Filarmonica din București a cunoscut o perioadă de înflorire și recunoaștere internațională. În 1963, a fost ales membru corespondent al Academiei Române, o recunoaștere a contribuțiilor sale excepționale la cultura muzicală a țării.

George Georgescu a încetat din viață la data de 1 septembrie 1964, la București, lăsând în urmă o moștenire de neprețuit în domeniul muzicii clasice. La Sulina, orașul său natal, amintirea sa este onorată în mai multe moduri. Parcul din Sulina, care găzduiește statuia cu bustul lui George Georgescu, îi poartă numele, amintind tuturor de rădăcinile sale. În muzeul Farul Vechi din Sulina, o sală este dedicată vieții și carierei lui George Georgescu, oferind vizitatorilor o incursiune în viața și realizările sale. În fiecare an, pe 1 septembrie, curtea acestui muzeu devine scena concertului de muzică clasică "Acasă la George Georgescu", un eveniment care celebrează moștenirea sa muzicală și aduce împreună muzicieni și iubitori de muzică din întreaga țară. Povestea lui George Georgescu este un testament al rezilienței și talentului său, care au transformat un copil modest din Sulina într-un dirijor de renume mondial. Moştenirea sa continuă să inspire şi să îmbogăţească cultura muzicală a României, iar Sulina, oraşul său natal, îi păstrează vie amintirea prin monumente, evenimente şi recunoştinţa celor care îi admiră opera.

Povestea Lt. col. Mihail Drăghicescu

Lt. col. Mihail Drăghicescu, un ofiţer de marină de seamă, s-a născut în oraşul portuar Brăila la data de 1 septembrie 1848. Drumul vieţii sale a fost strâns legat de istoria maritimă a României, modelând capacităţile navale ale ţării şi lăsând o moştenire care avea să dureze mult după trecerea sa în nefiinţă. Cariera militară a lui Drăghicescu a început la Şcoala Militară de Ofiţeri, unde a studiat între 1865 şi 1868, specializându-se în artilerie. Dedicarea şi performanţele sale excepţionale i-au adus promovarea la gradul de căpitan în anul 1874. De-a lungul anilor, a deţinut numeroase roluri esenţiale, fiecare contribuind la reputaţia sa în creştere ca ofiţer abil şi bine informat. Ca profesor la Şcoala de Ofiţeri, Drăghicescu şi-a împărtăşit expertiza cu următoarea generaţie de lideri militari. Mai târziu, a preluat comanda Depozitului Flotilei, unde a gestionat aprovizionarea şi logistica navală, asigurându-se că flota era mereu pregătită pentru desfăşurare. Comanda sa asupra canonierei „Griviţa" şi navei „Ştefan cel Mare" între 1881 şi 1886 a demonstrat încă o dată abilităţile sale de lider şi strateg. În 1886, Drăghicescu a devenit director al Şcolii Copiilor de Marină, unde a cultivat abilităţile tinerilor cadeţi. Conducerea sa s-a extins la Arsenalul Flotilei, unde a supravegheat întreţinerea şi dezvoltarea echipamentelor navale.

Monumentul Lt. col. Mihail Drăghicescu

Numirea sa ca şi Comisar Maritim la Sulina în 1894 a marcat un alt moment important în cariera sa. Contribuţiile lui Drăghicescu nu s-au limitat la rolurile sale de comandă. A scris lucrarea valoroasă „Istoricul principalelor puncte pe Dunăre" între 1885 şi 1896, bazată pe măsurători minuţioase efectuate de marinarii de pe navele „Fulgerul" şi „Lebăda" în perioada 1882-1883. Această lucrare a oferit informaţii esenţiale despre geografia şi provocările navigaţionale ale Dunării. În anii 1880 şi 1881, Drăghicescu a condus Staţiunea Navală din Sulina, iniţiind primele lucrări hidrografice pe litoralul românesc al Mării Negre, de la Sulina la

Gura Portiţei.

Aceste eforturi, desfăşurate de pe canoniera „Griviţa," au rezultat în crearea primei hărţi româneşti a litoralului, înlocuind hărţile britanice şi ruseşti utilizate anterior. Tragic, viaţa lui Drăghicescu a fost curmată când a încetat din viaţă la Sulina, pe 13 martie 1896, la vârsta de 48 de ani. Contribuţiile sale la istoria navală a României au fost profunde, iar pierderea sa a fost resimţită adânc. În recunoaşterea serviciului său, marinarii români i-au ridicat un monument în onoarea sa în Cimitirul Ortodox din Sulina, în anul 1902. Moştenirea lui Drăghicescu a trăit prin munca sa de pionierat în educaţia navală, măsurătorile hidrografice şi dedicarea sa neclintită faţă de marina română. Eforturile sale au pus bazele pentru viitoarele progrese în navigaţia maritimă şi strategia navală, asigurându-se că numele său va fi amintit şi onorat pentru generaţiile viitoare.

Povestea armatorului Pavlos G. Camberi

Pavlos G. Camberi, un mare comerciant şi proprietar de renume din Sulina, s-a născut în 1825 pe insula Zante, una dintre Insulele Ionice aflate sub protecţia engleză. În 1852, a sosit la Sulina, unde s-a dedicat comerţului şi a devenit armatorul a două corăbii. În acea perioadă, Sulina era doar un sat compus din câteva colibe, dar Pavlos Camberi s-a luptat cu dificultăţile impuse de stăpânirea turcească şi, datorită abilităţilor sale comerciale, a progresat constant, devenind unul dintre cei mai importanţi comercianţi ai Sulinei. Între 1905 şi 1907, Pavlos Camberi a ocupat funcţia de Consilier al Sulinei, luptând pentru prosperitatea oraşului. Alături de fiul său, a construit marele şi frumosul Hotel Camberi, care a devenit un reper al localităţii. Majestatea Sa Regele Carol, cu ocazia vizitelor sale la Sulina, a avut plăcerea de a se întreţine în mod foarte călduros cu Pavlos Camberi, admirându-l pentru vitalitatea sa la vârsta înaintată de 86 de ani.

Pavlos G. Camberi (1852-1915)

Pentru contribuțiile sale semnificative, Pavlos Camberi a fost decorat de către Rege cu Coroana României în gradul de ofițer și medalia Jubilară. Povestea lui Pavlos G. Camberi este una de determinare și succes, reflectând transformarea și dezvoltarea orașului Sulina în secolul XIX și începutul secolului XX. Venit într-un loc modest, a reușit să-și construiască un nume și să contribuie semnificativ la prosperitatea comunității locale, lăsând în urmă o moștenire durabilă.

Povestea scriitorului Jean Bart

Jean Bart este pseudonimul literar al scriitorului Eugeniu P. Botez, împrumutat de la un faimos corsar flamand al secolului al XVII-lea. În urmă cu 149 de ani, pe 28 noiembrie 1874, se năştea la Burdujeni, Eugeniu Botez, scriitorul cunoscut mai târziu sub numele de Jean Bart, fiul Smarandei şi al generalului Panait Botez.

Eugeniu Botez (1874-1933)

După ce şi-a însuşit primele noţiuni de citire şi scriere la Şcoala de băieţi nr. 2 din Păcurari, Iaşi, unde l-a avut ca dascăl pe Ion Creangă, Jean Bart s-a înscris la Liceul Militar. În 1896, continuând tradiţia familiei, a absolvit Şcoala de ofiţeri din Bucureşti şi a trecut la Şcoala de aplicaţie a Marinei. A urcat apoi toate treptele ierarhiei militare până la gradul de comandor.

Jean Bart (1650-1702)

Jean Bart şi-a început cariera literară cu articole şi reportaje pe care le publica în ziarele Munca, Lumea Nouă şi în revista Adevărul Literar şi Ştiinţific. Din anul 1900, şi-a semnat creaţiile cu pseudonimul Jean Bart, după numele vestitului marinar francez.

În 1901 a ieşit de sub tipar volumul intitulat „Jurnal de bord, Schiţe de bord şi marine", premiat de Academia Română. În 1916, i-au apărut volumele de schițe și nuvele „Datorii uitate" și „În cușca leului", iar în 1923 a publicat primul roman, „Prințesa Bibița". Au urmat volumele: „În Deltă..." (1925), „Peste Ocean" (1926), „Însemnări și amintiri" (1928), „Pe drumuri de apă" (1931) și „O corabie românească. Nava-școală Bricul Mircea." Cel mai important roman al său, care i-a adus succesul și recunoașterea, este „Europolis", apărut în 1933, care recreează atmosfera micului port Sulina din 1911, cu Palatul Comisiei Europene a Dunării, Hotelul Camberi, faimoasa cafenea a lui Stamate, frizeria „Heladei" și, bineînțeles, ne face cunoștință cu fascinantele sale personaje: Penelopa, căpitanul Deliu, Evantia, sublocotenentul Neagu, cafegiul Stamate sau frizerul Nicu Politicu. Volumul a fost ecranizat în 1961 de regizorul Paul Călinescu, în filmul „Porto-Franco." Jean Bart rămâne un nume important pentru proza română, un scriitor autentic, care a cultivat pentru prima dată în literatura română jurnalul de bord și schița marină, acestea fiind pentru totdeauna legate de numele lui.

Comisar maritim la Sulina timp de 8 ani, în perioadele 1909-1913 și 1915-1918, iar în timpul Primului Război Mondial, a fost numit comandant militar al Portului Sulina. După încheierea războiului, părăsește Sulina în decembrie 1918 și se stabilește la București, începând cu anul 1921. Prin „Europolis", care i-a încoronat opera, ne-a dăruit primul și cel mai realizat roman al unui port românesc. Aducând în proza română „candida navă cu pânzele desfăcute", odată cu terminologia marinărească utilizată pentru prima dată într-o operă literară, Jean Bart a încetățenit la noi literatura vieții maritime și fluviale, a portului și a largului marin. Scriitorul Jean Bart a încetat din viață pe 12 mai 1933, la vârsta de 58 de ani, la București. Liviu Rebreanu scria la dispariția sa: „Între 'Jurnal de bord' și 'Europolis', un răstimp de vreo treizeci de ani, se închide o întreagă viață literară, începutul și sfârșitul lui Jean Bart. Între ele s-au mai rânduit 'Datorii uitate' și 'Prințesa Bibița' și 'Peste Ocean'. Cercul s-a închis, brusc și brutal, cu pecetea morții. N-a fost un scriitor fecund, cel puțin în comparație cu cei ce au venit după el. Făcea parte dintr-o generație care încă nu privea creația literară ca o profesiune, ci ca un oficiu sacru.

Palatul C.E.D. scena din filmul Porto-Franco

Din toată viața lui n-a dăruit literaturii decât ceasurile când și-a simțit sufletul absolut pur, ridicat deasupra contingențelor cotidiene, față în față cu esența ideală. Am cunoscut sufletul lui Jean Bart mult înainte de-a face cunoștință cu Eugeniu Botez. Firește, din acel 'Jurnal de bord' care anexează un domeniu încă virgin în literatura românească, întreaga fizionomie a scriitorului până la 'Europolis' se conturează acolo.

Mai târziu, abia după război, când am întâlnit pe Jean Bart, am putut constata că același 'Jurnal de bord' definise și fizionomia omului Eugeniu Botez. Între imaginea pe care ți-o alcătuiești despre un scriitor după lectura unei cărți și înfățișarea lui omenească sunt de obicei nepotriviri decepționante. Jean Bart a fost atât de sincer în creația sa literară, încât elimina acest decalaj dintre operă și om."

Despre filmul Porto-Franco

În anul 1961, la Sulina au fost realizate filmările pentru filmul *Porto-Franco*, o ecranizare a romanului *Europolis* scris de Jean Bart, sub regia lui Paul Călinescu. În rolurile principale au strălucit actorii

Ştefan Ciobotăraşu, Simona Bondoc, Geo Bartoş şi Ion Dichiseanu, iar rolul Evantiei a fost interpretat de Elena Caragiu.

Sulina din acea vreme încă păstra farmecul de odinioară, cu multe dintre clădirile vechi care supravieţuiseră războiului şi care încă reflectau originalitatea perioadei în care oraşul avea statutul de Porto-Franco. Atmosfera oraşului, cu moştenirea sa istorică şi arhitecturală, era ideală pentru a reda autenticitatea decorului filmului, evocând timpurile în care Sulina era un port liber, un adevărat centru de comerţ şi cultură al Deltei Dunării.

Povestea vizitei a Regelui Carol I şi Reginei Elisabeta la Sulina

Într-o zi senină de primăvară, razele blânde ale soarelui se reflectau în apele calme ale Dunării, aducând o aură de solemnitate şi anticipare pe malurile oraşului Sulina. Pe data de 2 mai 1904, o emoţie febrilă cuprindea inima locuitorilor, deoarece se aştepta sosirea unei personalităţi de marcă: Regele Carol I al României, însoţit de Regina Elisabeta şi de întreaga familie regală. O anticipare febrilă se simţea în aer, iar fiecare locuitor al Sulinei se pregătea să-şi întâmpine cu respect şi entuziasm suveranii. Încă de dimineaţă, străzile erau împodobite cu steaguri tricolore, iar bărcile împodobite cu flori fluturau cu mândrie pe apele Dunării, aşteptând să ofere o primire demnă regelui şi reginei. În timp ce zvonurile despre sosirea regală se răspândeau rapid prin oraş, locuitorii se adunau pe chei şi pe malurile râului, aşteptând cu sufletul la gură momentul întâlnirii cu cei mai înalţi reprezentanţi ai ţării lor. Copiii alergau bucuroşi pe aleile împodobite, iar bătrânii priveau cu emoţie de pe prispele caselor lor, pregătiţi să-şi arate respectul şi admiraţia pentru monarhie. În timp ce ora de sosire se apropia, o agitaţie plăcută se instala pe întregul mal al Dunării. Bărcile erau aliniate în aşteptare, iar oficialităţile oraşului se pregăteau să-şi aducă omagiile regale.

Într-un decor pitoresc, cu casele pitorești ale Sulinei și marea la orizont, momentul așteptat cu sufletul la gură se apropia.

Și atunci, în zare, pe apele strălucitoare ale Dunării, apăru iahtul regal "Ștefan cel Mare". Cu steagurile tricolore fluturând în vânt, iahtul se apropia într-un marș solemn, însoțit de sunetul clopotelor și de aclamațiile entuziaste ale locuitorilor. Când iahtul regal acostă la cheiul Sulinei, un tăvălug de entuziasm și admirație izbucni printre oamenii adunați acolo. Regele Carol I și Regina Elisabeta, însoțiți de întreaga familie regală, coborâră pe malurile orașului, unde erau întâmpinați cu onoruri militare și cu buchete de flori. Fiecare locuitor al Sulinei se simțea privilegiat să fie martor la această întâlnire istorică. În acel moment, Sulina devenea un colț de regalitate, iar strălucirea prezenței regale îmbrăca orașul într-un aer de solemnitate și mândrie națională. În timpul scurt al vizitei lor, regele și regina au avut ocazia să vadă frumusețile orașului Sulina și să simtă căldura și ospitalitatea locuitorilor săi. După ce au petrecut câteva ore în oraș, încărcate de evenimente și de întâlniri, familia regală s-a îmbarcat din nou pe iahtul "Ștefan cel Mare", lăsând în urmă amintiri de neuitat și un popor recunoscător pentru onoarea de a-i primi pe cei mai iubiți conducători.Pe măsură ce iahtul regal se îndepărta de cheiul Sulinei, privirile locuitorilor urmăreau cu nostalgie și recunoștință plecarea suveranilor.

Sosirea în port a yachtului regal

Atmosfera era încărcată de emoție, iar mulțimea rămânea încă adunată pe malurile Dunării, relucind în lumina soarelui de primăvară. Cu toate că momentul întâlnirii istorice se încheiase, în inimile oamenilor rămâneau vii amintiri ale zilei de 2 mai 1904. Sulina păstra acum o poveste de glorie și demnitate, iar întâlnirea cu familia regală avea să rămână un punct de referință în istoria orașului. În zilele și săptămânile care au urmat, viața în Sulina a continuat în ritmul ei obișnuit, însă acum cu o aură de mândrie și recunoștință în inimile locuitorilor. Povestea întâlnirii cu regele și regina era relatată din generație în generație, devenind un simbol al unității și al respectului față de monarhie.

Povestea unui visător: viața lui Alexandru Macedonski

Într-o zi de primăvară din 1854, în inima Bucureștiului, se năștea Alexandru A. Macedonski, un nume ce avea să răsune puternic în lumea literară a României. Alexandru a fost un poet, prozator, dramaturg și publicist român, primul reprezentant al simbolismului în literatura română și inițiatorul cenaclului și revistei literare „Literatorul". Crescut într-o familie cu o puternică influență culturală, Alexandru și-a găsit repede drumul în literatură. La doar 16 ani, și-a părăsit țara natală cu un pașaport în buzunar, aventurându-se prin Imperiul Austro-Ungar, Viena și Elveția. Tânărul Macedonski se pregătea pentru admiterea la Universitatea din București, dar în loc să se afunde în studii, a trăit viața într-un mod boem, între petreceri și escapade romantice. În timpul acestor călătorii, a publicat prima sa poezie, „Dorința poetului", în „Telegraful român" din Sibiu, marcând începutul carierei sale literare. Anul următor l-a găsit în Italia, unde a vizitat Pisa, Florența și Veneția, pretinzând că urmează cursuri la Universitatea din Pisa, deși acest fapt nu a fost confirmat. Întors la București, a fost admis la Facultatea de Litere, dar lipsa de regularitate în frecventarea cursurilor nu l-a împiedicat să debuteze cu volumul de versuri „Prima Verba" în 1872. Macedonski a continuat să călătorească, dar și să creeze, scriind poeme antidinastice care l-au pus în conflict cu autoritățile. Publicarea poemului antidinastic „10 mai" în 1873 a determinat-o pe mama sa să-l trimită în străinătate pentru a-l feri de posibile represalii. În această perioadă, l-a cunoscut pe compozitorul francez Jules Combarieu, cu care a întreținut o corespondență sporadică în deceniile următoare. Revenit în România, Macedonski s-a implicat în jurnalismul politic și a devenit membru al Partidului Liberal, editând ziarul „Oltul" și publicând articole pro-liberale și traduceri din mari autori francezi. Macedonski nu a fost străin de polemici, intrând în conflicte notabile cu marii scriitori ai vremii, precum Mihai Eminescu și Ion Luca Caragiale. În 1874, Caragiale l-a ridiculizat în revista „Ghimpele", marcând începutul unei lungi serii de polemici între cei doi. Macedonski a fost arestat în 1875 pentru defăimare și incitare la rebeliune împotriva Partidului Conservator și a prim-ministrului Lascăr Catargiu, dar a fost eliberat după o campanie liberală de succes. Între timp, Macedonski a continuat să scrie şi să publice. A fost numit în diverse funcţii administrative, dar spiritul său neliniştit l-a împiedicat să se stabilească. A scris piese de teatru, articole şi nuvele, iar în 1880 a fondat gazeta „Literatorul", un ziar de opoziţie faţă de „Junimea" şi „Convorbirile literare". În urma unei epigrame publicate în 1883, Macedonski a fost sancţionat sever de societate, fiind considerat un paria. Această perioadă dificilă l-a determinat să plece la Paris, unde a început să scrie în limba franceză şi să colaboreze cu reviste de prestigiu, devenind unul dintre pionierii simbolismului francez. Revenit în ţară, a continuat să publice şi să susţină tinerii talentaţi, cum ar fi George Bacovia şi Tudor Vianu. După izbucnirea Primului Război Mondial, Macedonski s-a concentrat pe scrierea romanului „Thalassa" şi a „Poemei rondelurilor". Anii războiului au fost dificili pentru el, dar a continuat să creeze, lăsând în urmă o moştenire literară impresionantă. Alexandru Macedonski a murit la 24 noiembrie 1920, cerând să inhaleze parfum de trandafiri, şi a fost înmormântat în cimitirul Bellu din Bucureşti. Alexandru Macedonski a fost un spirit rebel şi inovator, ale cărui opere au influenţat profund literatura română. Deşi a trăit vremuri tumultoase şi s-a confruntat cu multe obstacole, moştenirea sa literară continuă să inspire generaţii de scriitori şi iubitori de literatură. În 2006, Macedonski a fost ales membru post-mortem al Academiei Române, recunoaştere târzie a contribuţiei sale remarcabile la cultura română.Legătura lui Alexandru Macedonski cu Sulina este reprezentată de perioada în care a fost numit administrator al plasei Sulina şi a călătorit în Insula Şerpilor. În 12 aprilie 1879, Alexandru Macedonski a fost numit administrator al plasei Sulina, un rol care i-a permis să exploreze şi să se familiarizeze cu această parte a României.

Alexandru A. Macedonski (1854-1920)

A. Macedonski l-a înlocuit pe Ştefan Sturza, primul subprefect al plasei Sulina, după ce Sulina a intrat sub administraţie românească. La data când Macedonski a sosit în Sulina, pe 12 aprilie 1879, oraşul avea doar două străzi principale, iar la a treia stradă se lucra pentru înălţarea ei cu nisip. Casele de pe această a treia stradă, în timpul apelor mari şi al furtunilor cu vânturi dinspre mare, erau adesea inundate. Lungimea localităţii era de aproximativ 1,5 km, cam până în zona unde se află în prezent fosta fabrică de conserve din peşte.

În timpul administrării plasei Sulina, Macedonski a avut ocazia să călătorească în Insula Şerpilor, o experienţă care i-a oferit mari emoţii de ordin senzorial şi estetic. Aceste trăiri au fost transfigurate ulterior în lucrările sale literare, cum ar fi poemele „Lewki" şi „Thalassa", care reflectă influenţa peisajelor şi experienţelor trăite în această zonă.Experienţele din Sulina şi călătoriile în Insula Şerpilor au contribuit la dezvoltarea stilului său poetic şi au influenţat tematicile explorate în opera sa. În această perioadă, Macedonski a continuat să scrie şi să publice, fiind influenţat de peisajele şi atmosfera unică a Sulinei.

Deşi perioada petrecută în Sulina nu a fost lungă, ea a avut un impact semnificativ asupra operei sale şi a oferit o nouă perspectivă asupra experienţelor umane şi a naturii.

Astfel, legătura lui Alexandru Macedonski cu Sulina nu este doar administrativă, ci şi artistică, influenţându-i profund creaţia literară şi contribuind la formarea stilului său unic. Deşi cunoscut mai ales pentru polemicile sale şi pentru contribuţiile la simbolismul românesc, perioada petrecută în Sulina rămâne un episod important în viaţa şi opera sa.

Povestea Inginerului Charles Hartley

Într-o dimineaţă răcoroasă de toamnă din 1857, un tânăr inginer pe nume Charles Hartley privea cu nerăbdare orizontul mării. Originar din Staxton, North Yorkshire, Anglia, Charles crescuse fascinat de inginerie, visând să transforme peisaje şi să creeze structuri durabile care să servească umanitatea. După ce şi-a completat studiile la o renumită instituţie de inginerie civilă din Anglia, a lucrat la numeroase proiecte, câştigând respectul colegilor săi pentru ingeniozitatea şi dedicaţia sa. În 1857, viaţa lui Charles a luat o turnură neaşteptată când a fost invitat să conducă un proiect major la gura de vărsare a Braţului Sulina în Marea Neagră. În acea vreme, Sulina era o zonă strategică, dar plină de provocări. Mlaştinile şi aluviunile acumulaseră adâncimea la bara Sulina la doar 2,5-3 metri, făcând navigaţia extrem de dificilă. Charles a acceptat provocarea cu entuziasm şi a ajuns la Sulina în 1858. Într-o zonă în care doar câteva colibe şi structuri rudimentare formau aşezarea, el a început să lucreze la proiectul său ambiţios. Sub supravegherea sa, au fost construite diguri din lemn, formate ca o pâlnie convergentă spre mare, care să dirijeze fluxul apei şi să mărească adâncimea la gura de vărsare. Cu multă muncă şi determinare, lucrările din prima fază au fost finalizate în 1861, adâncimea crescând la 6 metri. Rezultatele au fost spectaculoase, îmbunătăţind semnificativ navigaţia şi facilitând comerţul. Sulina a început să devină un punct important pe harta navigaţiei europene, iar Charles Hartley a câştigat recunoaşterea internaţională pentru reuşita sa.

Între 1868 şi 1871, Charles s-a întors la Sulina pentru a transforma digurile provizorii în structuri definitive. Cu o echipă dedicată, a construit diguri din piatră, blocuri de beton şi ciment hidraulic, sprijinite pe piloţi de pit-pai şi fascine din crengi de salcie. Aceste structuri solide au rezistat până în zilele noastre, mărturie a ingineriei şi viziunii sale. În timpul şederii sale la Sulina, Charles a avut ocazia să cunoască şi să colaboreze cu diverse personalităţi locale şi internaţionale. Printre cei care i-au apreciat munca s-a numărat şi Regele Carol al României, care l-a decorat cu Coroana României în gradul de ofiţer şi i-a acordat medalia Jubilară. Drept recunoştinţă, pe 3 noiembrie 2016, a fost dezvelit un bust al acestuia în faţa Palatului C.E.D. din Sulina.

Astăzi, digurile construite de Charles Hartley sunt acoperite de vegetaţie şi nu mai atrag atenţia vizitatorilor aşa cum o făceau odinioară. Totuşi, ele rămân un simbol al ingeniozităţii şi dedicării acestui inginer remarcabil.

Poate că, în viitor, aceste diguri vor fi curăţate şi restaurate, aducând la lumină poveştile şi inscripţiile lăsate de trecători de-a lungul timpului. Povestea lui Charles Hartley este una de determinare şi viziune, o dovadă a impactului pe care un singur om îl poate avea asupra unui loc şi asupra istoriei navigaţiei. Moştenirea sa rămâne vie în structurile pe care le-a creat şi în inimile celor care le cunosc povestea.

Charles Hartley (1825-1915)

Capitolul 10
Sulina în timpul primului război mondial

După ocuparea Portului Constanța de către armatele germane și bulgare în toamna anului 1916, armata germană a organizat în acest port o bază navală care includea și o escadrilă de hidroavioane. Ulterior, s-a înființat și un punct pentru hidroavioanele germane la Jurilovca, cu scopul de a bombarda obiectivele din Delta Dunării, inclusiv Sulina.

Aceste hidroavioane bombardau periodic Portul Sulina. De asemenea, germanii au încercat să blocheze gura Dunării trimițând submarine. În anul 1917, crucișătorul german „Breslau" a bombardat Insula Șerpilor, distrugând farul, care a fost reconstruit în anul 1922. În sprijinul navelor marinei militare române și al trupelor de uscat, sprijinite de misiunea militară franceză care apărau Portul Sulina, a fost detașat și un avion de vânătoare francez care ieșea în întâmpinarea hidroavioanelor germane pentru a încerca să oprească bombardarea Sulinei.

Cu toate că Tulcea a fost ocupată de trupele germane, turcești și bulgare, Sulina a rezistat până la pacea de la București din 18 mai 1918, oferind adăpost prefectului Tulcei, prof. Alexandru Calafateanu, funcționarilor prefecturii, precum și arhivei. Este demn de menționat faptul că, în perioada primului război mondial, căpitanul portului Sulina a fost comandorul Eugeniu P. Botez, cunoscut şi sub numele de Jean Bart, autorul romanului „Europolis". După Pacea de la Bucureşti din 18 martie 1918, Divizia de Mare dislocată la Sulina a funcţionat cu efective de pace. În urma războiului, Canalul Sulina, precum şi gura de vărsare necesitau lucrări hidrotehnice urgente.

Hidro-avioanele germane bombardând Sulina

Din cauza neefectuării lucrărilor de dragaj pe timpul războiului, adâncimile la Bara Sulina au scăzut semnificativ, iar bancurile de nisip formate atât la sud, cât şi la nord de gura de vărsare îngreunau considerabil intrarea navelor pe canal. Navele de dragaj, multe dintre ele avariate în timpul războiului, necesitau reparaţii urgente pentru a putea relua activitatea. Se depuneau eforturi considerabile pentru revenirea oraşului Sulina la statutul de porto-franco, însă munca şi viaţa oamenilor în acest port au fost reluate cu mult optimism.

Povestea torpilorului Smeul

În lumina soarelui de Paşti pe 3 Aprilie 1917, pe valurile învolburate ale Mării Negre, torpilorul "Smeul" se pregătea să plece într-o misiune plină de riscuri şi necunoscute. În timp ce locuitorii Sulinei se adunau în biserici pentru a sărbători sărbătoarea înălţării, echipajul navei se pregătea să înfrunte marea cu curaj şi hotărâre.Comandantul Nicolae Gonţa şi echipajul său se îmbarcară, împreună cu cei trei ofiţeri francezi şi cu inspectorul Florian, călăuziţi de speranţa că vor îndeplini misiunea lor cu succes şi că se vor întoarce la Sulina în siguranţă.

Cu toţii erau conştienţi de pericolele ce îi aşteptau în largul mării, dar hotărârea de a-şi îndeplini datoria îi făcea să privească cu încredere spre viitor.Pe măsură ce torpilorul se îndepărta de maluri, marea începu să se arate nemiloasă, iar valurile se ridicau ameninţătoare în jurul navei. Cu toate acestea, echipajul şi ofiţerii francezi rămâneau hotărâţi să continue călătoria lor, conştienţi că misiunea lor era vitală pentru apărarea portului Sulina şi pentru securitatea tuturor.În mijlocul agitaţiei mării, un val puternic lovi nava din bordul tribord, răsturnând-o şi scufundând-o în adâncurile întunecate ale apei. În acel moment tragic, vieţile multora au fost sfârşite şi speranţele au fost spulberate într-o clipă. Cu toate acestea, unii au fost salvaţi de un remorcher grecesc, care a reuşit să ajungă la locul tragediei înainte ca totul să fie pierdut.În urma naufragiului, epava torpilorului "Smeul" şi-a găsit odihna sub apele liniştite ale Golfului Musura, iar o parte din echipajul care a rămas captiv în interiorul navei îşi găseşte acum mormântul sub insula nou formată. În cimitirul din Sulina, mormântul maistrului de Marina Angelescu Otto stă mărturie a sacrificiului şi devotamentului celor care şi-au pierdut viaţa în acea zi neagră de Paşti.Astfel, în inimile locuitorilor Sulinei şi în memoria celor căzuţi, povestea tragică a naufragiului torpilorului "Smeul" rămâne ca un simbol al curajului şi sacrificiului în faţa marilor încercări ale vieţii pe marea învolburată a destinului uman. În adâncurile întunecate ale mării, epava torpilorului "Smeul" zăcea ca o mărturie a sacrificiului şi a devotamentului celor care şi-au dat viaţa în slujba apărării portului Sulina. În timp ce valurile învolburate îşi continuau dansul lor nesfârşit, în inimile locuitorilor Sulinei rămânea aprinsă flacăra recunoştinţei şi a comemorării pentru cei căzuţi în acea zi tragică de Paşti. În ciuda pierderilor grele suferite, comunitatea Sulinei se mobiliză rapid pentru a-şi onora eroii şi a-şi îngropa morţii. În cimitirul ortodox din Sulina, locul sacru unde odihneau strămoşii lor, locuitorii au săpat morminte pentru cei care şi-au pierdut viaţa în naufragiu. Printre crucile de piatră şi monumentele funerare, mormântul maistrului de Marina Angelescu Otto a devenit un simbol al dăruirii şi al sacrificiului.

Monumentul lui Angelescu Otto

Capitolul 11
Sulina în perioada interbelica

Povestea Stațiunii Balneare a Sulinei

În anul 1926, Sulina a fost transformată în stațiune balneară, un proiect ambițios inițiat de conducerea "Casei Naționale", o societate cu scop cultural, avându-l ca președinte pe comandorul Adam Jijie, proprietarul uzinei electrice din Sulina. Scopul acestei inițiative era de a oferi bolnavilor beneficiile terapeutice ale razelor de soare pe vasta plajă nisipoasă, contribuind astfel la revigorarea economică a localității. La începutul anului 1926, pe data de 22 ianuarie, într-o zi de sâmbătă, în sala Cercului Elen din Sulina, a fost organizat "Balul Plajei" prin grija comandorului Adam Jijie și a soției sale, Lelia. Evenimentul a inclus un bufet și o tombolă, iar fondurile obținute au fost destinate amenajării plajei. Datorită unei furtuni, portul Sulina era plin de vapoare care așteptau îmbunătățirea vremii, iar marinarii de diferite naționalități de pe aceste nave au participat bucuroși la acest bal. Cei 5000 de locuitori ai orașului Sulina au fost invitați să doneze câte o sumă de bani, după posibilități, pentru amenajarea plajei, urmând ca cei mai înstăriți să contribuie și cu partea săracilor. Lista cu cei care au donat bani pentru amenajarea plajei era publicată în ziarul local "Curierul Sulinei". Pe data de 26 iunie 1927, locuitorii Sulinei au participat la inaugurarea plajei şi sfinţirea cazinoului. Plaja Sulina, la acea dată, răspundea cerinţelor unei staţiuni balneare menite să ofere vizitatorilor agrement şi sănătate. Transformarea Sulinei într-o staţiune balneară a fost un pas important pentru comunitate, aducând beneficii atât locuitorilor, cât şi vizitatorilor. Această iniţiativă a contribuit la dezvoltarea economică şi socială a oraşului, oferindu-le oamenilor un loc de relaxare şi tratament, şi sperăm că acest lucru se va repeta şi în zilele noastre, revitalizând din nou Sulina şi aducându-i strălucirea de altădată.

Povestea Cazinoul de pe Plaja Sulina

În anii 1926-1927, pe plaja din Sulina, a fost construit un cazinou magnific, menit să devină centrul vieţii sociale şi culturale a oraşului. Construcţia, începută în 1926 şi finalizată în 1927, a culminat cu sfinţirea cazinoului pe 26 iunie 1927, într-o ceremonie plină de fast.

Clădirea era realizată din lemn, vopsită în alb la exterior şi acoperită cu tablă zincată. Fundaţia sa solidă se sprijinea pe piloni din lemn de stejar, asigurându-i stabilitatea pe terenul nisipos. Cazinoul devenise rapid un loc de întâlnire pentru localnici şi vizitatori deopotrivă.

Balurile organizate aici pe muzica fanfarei erau punctul culminant al serilor, iar în zilele de sărbătoare, clădirea era împodobită la exterior cu ghirlande de flori, transformând-o într-un adevărat spectacol vizual. Din nefericire, această bijuterie arhitecturală a fost distrusă la începutul celui de-al doilea război mondial de armata germană, care a considerat că structura constituia un punct de reper pentru aviația și marina sovietică. Drumul care ducea la mare era un traseu pitoresc de-a lungul cheiului, pornind de la spitalul C.E.D., trecând peste un pod care traversa Canalul Nicolae Bălcescu. Până la plajă exista o punte lată din lemn, de 1,80 m, special construită pentru pietoni, pentru a evita oboseala mersului pe nisip. Pe această punte nu era permisă deplasarea cu bicicleta, pentru a nu deranja trecătorii. Pentru transportul persoanelor la plajă, existau două camionete cu coviltir, una aparținând fraților armeni Hursut, iar cealaltă lui Samsonica.

Camioneta Samsonica

Plaja amenajată era îngrădită până la malul mării, iar de-o parte și de alta se aflau dune de nisip stabilizate cu vegetație. Sindicatul

Muncitorilor din Sulina a contribuit cu suma de 50.000 de lei pentru construcția unui pavilion de băi la mare, dotat cu cabine pentru schimbat. Regulile de utilizare a plajei erau stricte și bine organizate. Doamnele aveau rezervată partea dreaptă a drumului pentru băi de soare și de mare, în timp ce bărbații ocupau partea stângă. Soldații aveau o zonă special destinată, situată la 300 de metri depărtare de drum, tot pe partea stângă. Baia fără costum era interzisă, iar aceste reguli erau publicate inclusiv în ziarul local "Curierul Sulinei". În acea perioadă, Sulina era un oraș plin de viață și optimism, iar transformarea sa într-o stațiune balneară a adus un suflu nou comunității. Plaja amenajată și cazinoul au devenit simboluri ale prosperității și ale dorinței de a crea un loc unde oamenii să se poată relaxa și bucura de frumusețea naturală a mării. Chiar dacă cazinoul a fost distrus în timpul războiului, amintirea acelei perioade de strălucire rămâne vie în memoria colectivă a locuitorilor din Sulina.

Cazinoul de pe Plaja Sulina

Povestea morilor de vânt din Sulina

Moara lui mos Andrei

La începutul secolului XX, pe malul drept al Dunării, aproape de şantierul de construcţie al digului Comisiei Europene a Dunării şi în apropierea actualei porţi de acces în Bazinul Zonei Libere Sulina, se ridica impunătoarea moară de vânt a străbunicului meu, Andrei Comârzan. Construită din lemn şi piatră, aceasta era un simbol al comunităţii locale, un punct central al activităţilor zilnice care aduceau viaţă oraşului Sulina.

Moara lui Andrei Comârzan

Moara nu era doar un simplu mecanism de măcinat grâne, ci şi un loc de întâlnire unde oamenii din comunitate se adunau, schimbau poveşti şi întăreau legăturile sociale. Oraşul Sulina avea pe atunci trei străzi principale, iar o a patra, numită "Sahara", era acoperită cu nisip pentru a ţine ţânţarii la distanţă. De altfel, această imagine vie a oraşului este evocată şi de scriitorul Jean Bart în romanul său "Europolis", unde descrie moara şi casele aliniate între Dunăre şi baltă.

Afacerea lui Andrei Comârzan a funcţionat neîntrerupt până în anul 1950. Odată cu apariţia morilor mecanice, vechea moară de vânt şi-a pierdut utilitatea şi a fost demontată. Lemnul din structura ei a fost folosit pentru a construi o casă în oraş, iar pietrele au fost vândute meşteşugarului Ciubotaru Vasile, un respectat morar local. Vasile avea propria moară mecanică, iar una dintre pietrele vechii mori de vânt este păstrată şi astăzi în curtea casei mele, pe locul unde a fost cândva moara mecanică a acestuia.

Moş Andrei cu ajutoarele sale lângă moară (moş Andrei cel din mijloc)

Această piatră reprezintă nu doar o relicvă a trecutului, ci şi o mărturie a ingeniozităţii şi adaptabilităţii locuitorilor din Sulina. Ea aminteşte de zilele în care moara se rotea în vânt, asigurând hrana şi prosperitatea comunităţii. În apropierea morii se aflau un aerodrom militar construit în anii 1938-1939 şi terenul de fotbal al localităţii, folosit în perioada interbelică.

Andrei Comârzan avea două gospodării, una lângă moară şi alta în comuna C.A. Rosetti, unde îşi desfăşura o parte din activităţile agricole. În perioadele în care era plecat, morar îl avea angajat pe Simion Kiselev, care se ocupa de moară. De asemenea, străbunicul meu folosea un car cu boi pentru a transporta mărfuri. Într-o zi, unul dintre boii săi s-a înglodat într-o zonă mlăştinoasă de lângă cimitir, dar optimist, el a spus: "Ce-i al meu vine acasă!" Şi aşa a fost, căci după puţin timp boul a reuşit să iasă singur din baltă şi s-a întors la moară.

Moara de vânt a lui Moş Filipca

În orăşelul pitoresc Sulina, se afla o moară de vânt venerabilă, cunoscută sub numele de Moara lui Moş Filipca. Cu paletele sale care se roteau graţios în bătaia vântului, moara era un simbol al prosperităţii şi al muncii asidue a comunităţii locale.

Moara lui moş Filpca

Moara fusese adusă la începutul anilor 1900 de Andrei

Comârzan, un meşter iscusit din comuna C.A. Rosetti, satul Nou. Acesta a transportat moara pe malul stâng al Dunării, la punctul MM 3 din zona Prospect, şi a montat-o cu grijă pe un suport de grinzi înalt de un metru, pentru a o proteja de inundaţii. Construită din scânduri, cu acoperiş din tablă, moara era echipată cu două pietre pentru măcinat şi putea prelucra atât grâul şi porumbul aduse cu şlepurile de pe Dunăre, cât şi recoltele localnicilor.

După ce a fost instalată şi a început să funcţioneze, moara a fost vândută lui Tarasov Filip, cunoscut în comunitate drept Moş Filipca. Acesta, un bărbat cu barba albă şi ochi blânzi, şi-a dedicat viaţa întreţinerii şi operării morii. În fiecare dimineaţă, înainte de răsăritul soarelui, Moş Filipca se îndrepta către moară, bucurându-se de liniştea şi frumuseţea peisajului Deltei. Pentru el, moara nu era doar o sursă de venit, ci şi un loc unde sătenii se întâlneau, macinau grânele şi împărtăşeau poveşti.

În acele vremuri, de-a lungul malului Dunării, până la Mm(mila marina) 6, se întindea un cheu din lemn unde şlepurile încărcate cu cereale aşteptau să fie descărcate. Casele se înşirau până la Mm 3 pe ambele maluri, iar moara avea mereu ce macina. Astăzi, rămăşiţele stâlpilor de la vechiul cheu din lemn pot fi încă văzute în perioadele de ape scăzute.

Cu timpul, Moara lui Moş Filipca a devenit un punct de reper al comunităţii, simbolizând tradiţia şi continuitatea. Localnicii îşi aminteau cu nostalgie de sunetul paletelor care se roteau şi de mirosul proaspăt al făinii măcinate. Din nefericire, în 1941, după moartea lui Moş Filipca, moara a încetat să mai funcţioneze. În timpul celui de-al Doilea Război Mondial, moara a fost distrusă, rămânând doar amintirile şi poveştile despre vremurile liniştite de odinioară.

Artistul local Gherasim Maxim a realizat un desen al morii, capturând esenţa şi frumuseţea ei. Acest desen a devenit o relicvă preţioasă, păstrată cu sfinţenie de comunitate, amintindu-le de Moş

Filipca și de moara care, odinioară, era inima satului.

"Morile de vânt din Sulina, învârtindu-și paletele neobosite sub adierea brizei dunărene, nu măcinau doar cerealele aduse de șlepurile din larg, ci și poveștile orașului izolat între bălți. Deși pământul Deltei nu oferea rodnicie în jurul Sulinei, pe grindul Letea, acolo unde odată pământul era fertil, se înfiripau recolte modeste care ajungeau sub pietrele morilor. Astfel, morile de vânt nu erau doar unelte ale comerțului, ci veritabile punți între natură și oameni, între trecut și viitor."

Povestea pescarilor din Sulina în perioada interbelică

În perioada interbelică, pescuitul era o activitate centrală în Sulina, susținând economia locală și asigurând traiul multor familii. Pescarii din Sulina se aventurau atât pe mare, cât și în bălțile, canalele și lacurile din împrejurimi. Pe mare, sturionul era pescuit cu carmace, iar scrumbia era prinsă cu setci în timpul sezonului. În bălți, pescarii foloseau diverse unelte tradiționale precum navoade, matule, vintire și taliene de baltă.Pescuitul pe Dunăre era de asemenea popular. În toamnă, pescarii utilizau lăptașul, o plasă grea care ajungea la fundul apei, fiind trasă de două bărci, fiecare cu câte două perechi de rame. Vara, pescuitul la somn se făcea cu cârlige având ca momeală țipari. Capturile erau predate la cherhanale, unde peștele era păstrat în ghețării – depozite de gheață tăiată pe timpul iernii de pescari. Înainte de cel de-al doilea război mondial, în Sulina existau cel puțin patru ghețării.Proprietarii de cherhanale aveau și rolul de cămătari, împrumutând pescarii cu bani sau produse pe caiet.

escarii trebuiau să returneze împrumuturile împreună cu un comision sub formă de peşte. Cei mai puţin chibzuiţi dintre pescari, care se împrumutau fără a socoti bine, ajungeau deseori datori vânduţi la proprietarii cherhanalelor. Pescarii plecau de obicei luni dimineaţă în baltă şi se întorceau vinerea.

Pescarii aleg peştele

În baltă, ei aveau colibe făcute de ei, unde se odihneau, preparau mâncarea și își reparau uneltele. Deplasarea din Sulina până la locurile de pescuit se realiza cu bărci din lemn, fie la rame, fie cu pânze. Aceste ambarcațiuni, folosite de-a lungul secolelor, necesitau întreținere atentă pentru a rezista în fața apelor și a timpului. Bărcile pescărești din lemn trebuiau să treacă printr-un proces de calafătuire. Calafătuitul era un proces esențial, prin care materialele naturale, cum ar fi câlții din cânepa, erau împinse între scândurile bărcii pentru a o face etanșă. Odată ce acestea erau aplicate, erau sigilate cu smoală sau catran fierbinte, creând o barieră impermeabilă.

Regulile de pescuit erau strict controlate. Agenții, care se deplasau prin baltă cu bărci din lemn manevrate de oameni plătiți, numiți lopătari, asigurau respectarea legii. Unul dintre cei mai cunoscuți agenți era Barbu Ion, însoțit de lopătarul Serbov Ivan. Pescarii sau braconierii prinși încălcând legea erau amendați cu sume cuprinse între 50 și 1000 de lei, în condițiile în care, la acea vreme, o pâine de 2 kilograme costa 2 lei. Această perioadă a fost marcată de o combinație de tradiții vechi și reguli stricte, asigurând atât sustenabilitatea resurselor, cât și protejarea intereselor economice ale comunității.

Pescuitul în Sulina, cu toate provocările și frumusețile sale, rămâne o parte importantă a istoriei locale, evocând imaginea unor oameni harnici și pricepuți, care au trăit în armonie cu natura și au contribuit la dezvoltarea comunității lor.

Povestea ghețăriilor din Sulina în perioada interbelică

În perioada interbelică, Sulina găzduia două cherhanale principale, deținute de Grosu și Deleanu. Pescarii își aduceau capturile la aceste cherhanale, primind banii fie zilnic, fie o dată pe săptămână. Grosu și Deleanu aveau ghețării unde păstrau gheața tăiată iarna de către pescari, pentru a menține peștele proaspăt în timpul sezonului cald.

Ghețării dezafectate din Sulina

Oparte din pește era sărat și păstrat în butoaie cu saramură sau uscat. Iarna, când bălţile erau îngheţate, pescarii erau angajaţi de Grosu şi Deleanu pentru a tăia gheaţa cu toporul sau joagărul şi pentru a o depozita în gheţarii. Gheţariile erau construite din valuri de pământ ca pereţi, cimentate în interior şi acoperite cu un strat gros de stuf de peste jumătate de metru. Uşa de la intrare era din lemn, izolată tot cu stuf. Gheaţa era depozitată bucată peste bucată, formând un bloc compact, menţinându-se în interior o temperatură sub 0 grade chiar şi pe timpul verii. După al doilea război mondial, odată cu înfiinţarea Întreprinderii Piscicole Sulina la începutul anilor '50, s-au construit mai multe gheţarii. Ultima dintre acestea a fost folosită până în 1995. Dezvoltarea instalaţiilor frigotehnice a eliminat necesitatea folosirii gheţariilor tradiţionale. Ruinele a două gheţarii mai pot fi văzute şi astăzi în Sulina: una la fosta I.P. Sulina, la hectometrul 14 pe malul drept, iar cealaltă aproape de uzina de apă, unde a fost cândva Gârla.

Povestea planului oraşului Sulina în perioada interbelică

În anul 1930, planul oraşului Sulina reflecta un oraş în plină dezvoltare, cu locuinţe situate până la Mm 3 pe ambele maluri ale Dunării. Exista doar patru străzi principale, iar în partea de sud a oraşului se întindea o baltă, unde primăvara „se bătea" crapul chiar lângă curţile locuitorilor, acestea extinzându-se până la baltă. În prezent, locuinţele se întind doar până la Mm 2, iar zonele unde erau case până la Mm 3 au devenit maidane.

Sulina are acum şase străzi principale paralele cu Dunărea, iar balta din partea de sud a oraşului a fost îndiguită şi desecată. În 1930, oraşul Sulina era reprezentat şi de două mori de vânt, evidenţiate pe planul oraşului: una lângă Şantierul Diguri, aval de port, moara lui Andrei Comarzan, şi cea de-a doua în prospect la Mm 3, moara lui moş Filip. După moartea lui Filip în 1941, moara sa s-a pierdut în timpul războiului. Drumul care ducea spre satul Cardon era reprezentat de o linie punctată şi se afla pe malul mării.

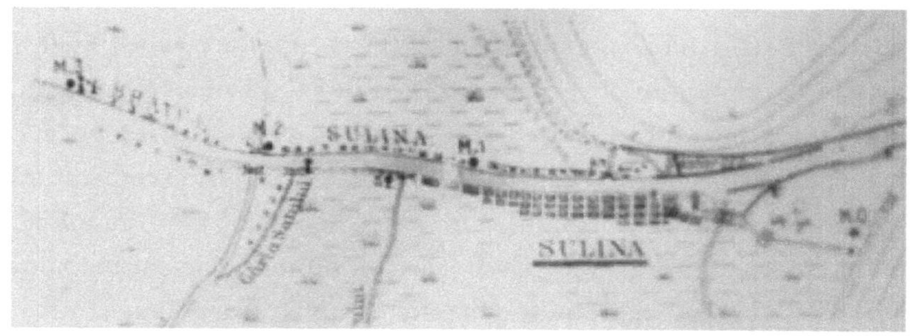

Planul oraşului Sulina la 1930

Oraşul era traversat de şase gârle, de asemenea, reprezentate pe planul de atunci: Gârla Busurca la Mm 2, cu pod de trecere (acest pod nu mai există în prezent), Gârla Satului, Gârla Abatorului, Gârla din mahalaua Colivari, Gârla de la Mila 2, Gârla de la Cherhana şi Gârla de la Farul Vechi care se afla în Prospect, pe malul stâng al Dunării. Toate aceste gârle, cu excepţia celor de la Busurca, Farul Vechi şi Cherhana din Prospect, au fost astupate în timp. Ele aveau un rol important în viaţa oraşului, oferind o imagine pitorească a localităţii şi facilitând transportul şi activităţile de pescuit. Astăzi, oraşul Sulina păstrează doar amintirea acelor vremuri, când gârlele şi morile de vânt erau părţi integrante ale peisajului urban.

Transformările aduse de îndiguirea şi desecarea bălţilor, precum şi extinderea străzilor şi modificarea zonelor locuite, au schimbat faţa oraşului. Cu toate acestea, istoria bogată a Sulinei şi moştenirea sa culturală continuă să fie o parte esenţială a identităţii acestui oraş fascinant.

Orașului Sulina la 1930

S trăzile principale paralele cu Dunărea au avut următoarele
denumiri de-a lungul timpului:

- Strada I a purtat numele de Carol I până în 1947, după care s-a numit I.V. Stalin și Strada Deltei până în 1990.

- Strada II a purtat numele de Strada Elisabeta Doamna până în 1947, iar după aceea a fost redenumită 23 August, nume păstrat până în 1990.

- Strada III s-a numit Strada Victoriei și, ulterior, Strada 7 Noiembrie până în 1990.

- Strada IV a avut denumirile Independenței și I.Gh. Duca până în 1947, după care a fost numită Octombrie Roșu până în 1990.

- Strada V a purtat denumirile Strada Speranței și Alexandru Lahovari până în 1947, iar apoi A.I. Vâsinski și Delfinului până în 1990.

- Strada VI s-a numit Bulevardul Lascăr Catargiu, apoi C.A. Rosetti și, în final, Strada Nufărului până în 1990.

În Prospectul Dunării, Strada Principală a purtat numele de Căpitan Begoniu până în 1947 şi 30 Decembrie până în 1990.

Povestea familiei Foscolo şi a fântânii memoriale

În anul 1938, într-o mică comunitate din comuna C.A. Rosetti, o frumoasă fântână cu apă dulce a fost construită la răscruce de drumuri, o memorie ridicată în amintirea Georginei A. Foscolo (1861-1937) de către fiii săi. Georgina, o femeie iubită şi respectată, fusese soţia negustorului italian Antonio Foscolo, care îşi găsise rădăcinile în pitorescul oraş Sulina.Antonio Foscolo era un negustor italian prosper, cunoscut pentru spiritul său întreprinzător şi pentru generozitatea sa. Alături de soţia sa, Georgina, el a construit o viaţă plină de armonie şi bunăstare.

Fântâna Georginei A. Foscolo, de la răscruce

Casele familiei Foscolo, situate în Sulina, au supravieţuit furiei războiului, rămânând mărturii tăcute ale unei epoci apuse. În curtea acestor case cresc şi astăzi doi chiparoşi de baltă (o specie de conifer), singurul de această specie din Sulina, un simbol al perenității și al amintirii.

După ce Georgina a trecut în neființă, în 1937, fiii ei au dorit să-i păstreze vie amintirea, ridicând o fântână din care fiecare sorbitură de apă să le vorbească oamenilor despre bunătatea și sufletul ei nemuritor. L-au angajat pe meșterul Burduja Vasile din Letea, cunoscut pentru măiestria sa în construcții, să ridice fântâna memorială în comuna C.A. Rosetti. Aceasta a devenit un loc de popas și de reculegere pentru localnici și trecători, menținând vie amintirea unei femei iubite și respectate. Dar fiii familiei Foscolo nu s-au oprit aici. Înainte de a părăsi Sulina, au ridicat un monument impresionant pe mormântul părinților lor, situat în cimitirul catolic din Sulina.

Monumentul, construit în 1938, stă și astăzi ca un simbol al dragostei și recunoștinței lor. Astfel, memoria Georginei și a lui Antonio Foscolo rămâne vie prin aceste opere durabile: fântâna cu apă dulce de la răscrucea drumurilor și monumentul funerar din cimitirul catolic.

asele lor și arborele din curtea acestora sunt mărturii ale unei familii care a lăsat o amprentă adâncă asupra comunității din Sulina. Fântâna, în special, continuă să ofere apă dulce celor însetați, amintindu-le tuturor de generozitatea și spiritul veșnic al familiei Foscolo.

Povestea primelor automobile din Sulina

În anii '30, Sulina era un oraș vibrant, unde modernitatea și tradiția se împleteau armonios, creând o atmosferă plină de farmec. Pe străzile orașului, automobilele și trăsurile trase de cai coexistau într-un mozaic pitoresc, fiecare având un farmec aparte.

Un simbol al modernității erau taxiurile fraților Hagiopol. Cele două automobile pe care le dețineau erau o raritate și puteau fi văzute „defilând" pe strada Carol I, actuala stradă a I-a. Romanticii de atunci povestesc că una dintre cele mai populare opriri ale taxiurilor era lângă hotelul Camberi, un loc de referință care aduna mulți vizitatori și localnici.

În același timp, tradiția era păstrată de camionul cu coviltir al fraților armeni Hursut. Pe timpul verii, acesta făcea curse regulate către plajă, fiind adorat atât de localnici, cât și de turiști. Atmosfera din camion, cu aerul cald al verii și râsetele celor care îl ocupau, adăuga un farmec aparte orașului aflat la răscrucea dintre trecut și viitor. Trăsurile trase de cai, decorate în culori vii și ornate cu clopoței, erau la fel de populare. Acestea erau folosite pentru transportul persoanelor prin oraș și ofereau o notă de spectacol. În zilele de salariu, muncitorii și funcționarii din port își rezervau atât taxiurile, cât și trăsurile pentru a se plimba și a-și celebra reușitele.

Debarcaderul din Sulina în anul 1933 din fața Catedralei Sf.Nicolae și Alexandru,
și cele două taxiuri ale fraților Hagiopol

Anii au trecut, iar Sulina a început să se modernizeze. Până în 1972, evidențele miliției arătau că în oraș exista un singur tractor cu remorcă, simbolizând tranziția lentă către mecanizare. Printre vehiculele care atrăgeau atenția se numărau o mașină SR, echipată cu un motor Carpați, folosită pentru transportul alimentelor, și o mașină de pompieri. O glumă populară din acea vreme spunea, cu umor și admirație, că Sulina avea doar două mașini... și acestea s-au ciocnit la un colț de stradă!

Spre sfârșitul anilor '70, turismul a început să anime orașul, iar un autobuz transporta turiștii către plajă, oferindu-le o alternativă comodă și modernă la mijloacele tradiționale de transport.

Astăzi, Sulina a cunoscut o evoluție semnificativă, cu o creștere considerabilă a numărului de automobile. Dacă în trecut lipseau chiar și indicatoarele rutiere, în 2023, strada a II-a și strada a III-a au devenit străzi cu sens unic, pentru a fluidiza traficul estival. Cu toate acestea, amintirile din anii '30, cu taxiurile fraților Hagiopol, camionul fraților Hursut și trăsurile frumos decorate, rămân o parte importantă a istoriei oraşului. Aceste poveşti sunt păstrate vii prin relatările celor care au trăit acele vremuri şi prin imagini care ne reîntorc într-un timp în care viaţa era mai simplă, dar plină de farmec şi culoare.

Povestea retrageri statutului de Porto-Franco a Portului Sulina

În anul 1870, Sulina a devenit un oraş porto-franco, un statut care le oferea tuturor locuitorilor privilegii comerciale speciale. Această libertate economică a transformat Sulina într-un centru vibrant şi prosper, unde comerţul înflorea fără restricţiile impuse de taxe vamale. Timp de aproape şase decenii, locuitorii Sulinei s-au bucurat de acest statut privilegiat, care a adus bunăstare şi dezvoltare oraşului. Însă, ca orice lucru bun, acest privilegiu nu a durat pentru totdeauna.

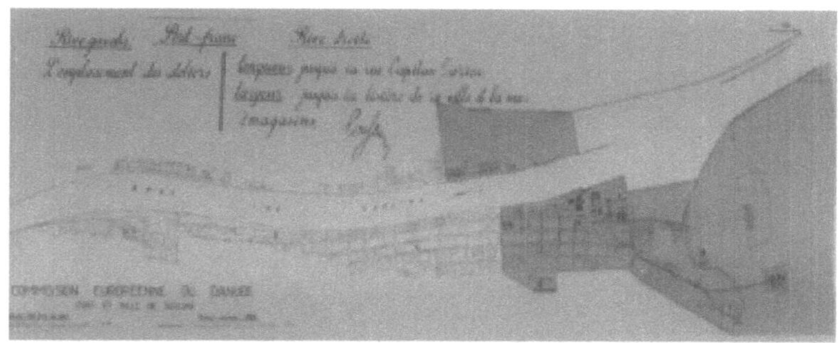

Împărţirea Sulinei în zona porto-franco şi zona cu regim val normal în perioada 1929-1931

Pe 29 iulie 1929, prin adoptarea Legii pentru delimitarea unei porţiuni de porto-franco în oraşul Sulina, privilegiul a fost restrâns doar pentru o anumită zonă a oraşului. Această delimitare a fost marcată printr-o linie de graniţă strict supravegheată de grăniceri. Trecerea din zona porto-franco în zona liberă şi invers se făcea doar pe strada Carol I, cunoscută astăzi ca strada I-a, iar la intersecţia cu strada Căpitan Carion, în faţa bisericii greceşti, era stabilit un punct de control vamal. Aici, toţi locuitorii care cumpărau mărfuri şi treceau în afara zonei delimitate erau supuşi taxelor vamale. Această lege a creat o inechitate semnificativă între locuitorii oraşului. Preţurile la produsele de bază şi alte mărfuri difereau considerabil de la o zonă la alta, ceea ce a stimulat contrabanda. Pentru a combate acest fenomen şi pentru a restabili ordinea economică, statul român a decis să desfiinţeze privilegiul de porto-franco prin legea din 24 iunie 1931. Astfel, Sulina a intrat într-un regim vamal normal, dar acest lucru a marcat şi începutul unei perioade de regres economic pentru oraş. Odată cu pierderea statutului de porto-franco, Sulina a trebuit să se adapteze noilor condiţii economice.

Grănicer român asigurând paza în zona delimitării „Porto-Franco" în anul 1929

Locuitorii, obişnuiţi cu avantajele comerciale ale vechiului regim, au resimţit puternic schimbările. Comerţul s-a diminuat, iar oraşul a intrat într-o perioadă de declin economic. Această transformare a Sulinei reflectă modul în care politicile economice pot influenţa soarta unui oraş. Deşi statutul de porto-franco a adus iniţial prosperitate şi dezvoltare, schimbările legislative ulterioare au dus la dificultăţi economice şi sociale. Sulina, cu istoria sa bogată şi diversă, rămâne un exemplu viu al impactului pe care deciziile politice şi economice îl pot avea asupra unei comunităţi.

Povestea amenajarii Gurei de Vărsare a Canalului Sulina

După încheierea primului război mondial, Canalul Sulina, un punct important pentru navigaţia pe Dunăre, a necesitat lucrări extensive de amenajare la gura sa de vărsare în mare. În timpul războiului, lucrările de dragaj au fost suspendate, ceea ce a dus la acumularea unui banc de nisip periculos la sud, riscând să obtureze complet intrarea pe canal. Între anii 1921 şi 1924, pentru a menţine navigabilitatea, intrarea pe Canalul Sulina a fost deviată prin Golful Musura.

Această deviaţie, actual Canalul de vărsare în Golful Musura de la Farul Vechi de Nord, a permis continuarea traficului maritim, dar a impus necesitatea unor lucrări majore pentru redeschiderea guri originale de vărsare a canalului în mare. În această perioadă, s-au desfăşurat ample lucrări de prelungire a digurilor şi de dragaj, implicând mai multe echipamente şi nave specializate. La aceste operaţiuni au participat:

- Draga cu cupe Sulina (Marea Neagră)
- Draga cu cupe Sir Charles Hartley
- Salandele porteze Sfântul Gheorghe şi Chilia
- Nava hidrografică Concordia (Delta)
- Draga Persy Sanderson
- Dragile aspiratoare Dimitrie Sturdza (Drencova) şi Karl Kuhl (Ostrovu Mare)

Aceste dragaje au avut scopul de a îndepărta nisipul acumulat și de a asigura o adâncime suficientă pentru navigație. Ulterior, în anul 1924, Comisia Europeană a Dunării (C.E.D.) a beneficiat de o navă hidrografică numită Concordia (Delta), care a realizat măsurătorile necesare și balizajul pentru noua gură de vărsare a Canalului Sulina în mare. Această navă a jucat un rol esențial în asigurarea condițiilor de siguranță și eficiență pentru navigația pe canal.

Digurile de la Gura de vărsare a Canalului Sulina în mare, văzute dinspre mare spre port. În partea dreaptă, Golful Musura cu Insula Păsărilor sau Insula K și epava navei Turgut, naufragiată în decembrie 2009, iar în partea stângă, Baia de Sud și

De asemenea, începând cu anul 1925, digurile de la gura de vărsare au fost prelungite în mare în mai multe etape, atât în perioada interbelică, cât și după război, pentru a preveni colmatarea și blocarea cu aluviuni aduse de brațul Chilia, în special de brațul Starostambulske (Stambulul Vechi), aluviuni care au dus la formarea Insulei K din Golful Musura, denumită și Insula Păsărilor. Frontiera cu Ucraina din Golful Musura împarte insula astfel: 5 km în partea ucraineană și 2 km în partea românească. Forma și dimensiunile insulei se modifică în funcție de furtunile de iarnă.

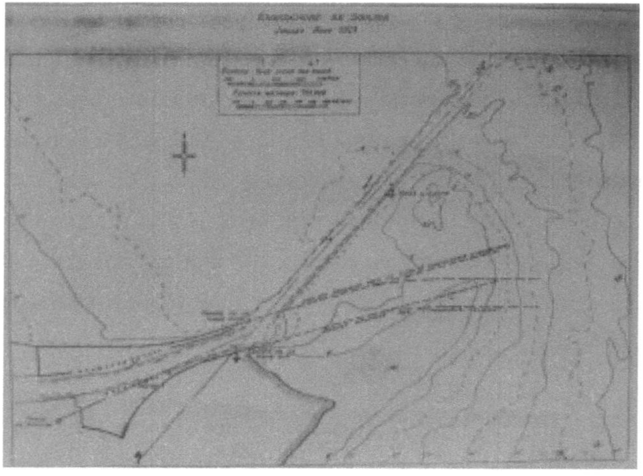

Harta 1921, cu prelungirea digurile de la Gura de vărsare

Construcția digurilor a fost realizată prin scufundarea unor platforme din fascine (crengi de salcie legate cu sârma sub formă de snopi, asamblate între ele tot cu sârma, formând o platformă tip plută), după care s-au bătut piloți (stâlpi din pitz-pai sau stejar) cu ajutorul sonetelor. Ulterior, s-a așezat piatră adusă cu slepurile pe Dunăre din carierele de lângă Tulcea sau de la Măcin. Pentru a sprijini navigația, a fost construit un nou far aproape de capătul digului de sud, deoarece farul vechi aflat în localitate nu mai făcea față cerințelor navigației. Pe lângă aceste diguri, curenții marini au început să depună aluviuni, astfel încât uscatul a înaintat în mare, mai ales pe lângă digul de sud, cu aproximativ 2,5 km. Digurile au fost prelungite până în zilele noastre cu aproximativ 7,8 km, iar prelungirea lor este marcată în hectometri, de la Farul Vechi de pe digul de nord până la vărsare. Mila marină 0 se află pe malul stâng al Dunării, în dreptul pontonului pentru pasageri. De aici, Dunărea este marcată în mile marine până la Galați, unde este mila 80 (1 milă marină are 1852,3 m), și de la Galați spre amonte în kilometri. Dunărea maritimă, accesibilă navelor maritime, este până la km 173, portul Brăila.

Amenajarea Gurei de Vărsare a Canalului Sulina a fost un proiect de mare importanță, evidențiat în bibliografia Comisiei Europene a Dunării, descrisă în cartea „C.E.D. și opera sa de la 1856 la 1931". Aceste lucrări au reușit să restabilească accesul navigabil la Canalul Sulina, asigurând astfel continuarea comerțului și traficului maritim vital pentru regiune.

Povestea navelor Comisiei Europeane a Dunării

În anii de după Primul Război Mondial, Comisia Europeană a Dunării (C.E.D.) a jucat un rol esențial în menținerea și îmbunătățirea navigabilității Dunării Maritime, de la gura de vărsare a Sulinei până la kilometrul 173, la Brăila. Pentru a efectua lucrările de dragaj, balizare și întreținere a semnelor de navigație, C.E.D. a avut în dotare o flotă de nave specializate. Aceste nave au continuat să fie utilizate și după război, fiind preluate de Direcția Dunării Maritime și, din 1953, de Administrația Fluvială a Dunării de Jos (AFDJ) Sulina. Multe dintre aceste nave au funcționat până în 1989, iar după aceea au fost casate și tăiate la fier vechi, fără a se păstra vreo amintire pentru generațiile viitoare. Printre aceste nave, una dintre cele mai reprezentative pentru Sulina a fost nava hidrografică Delta.

Nava hidrografică Delta

Construită în 1924 în şantierele navale St. Nazaire - Nantes din Franţa, nava a purtat iniţial numele de Concordia. În 1948, numele i-a fost schimbat în Delta, reflectând schimbările politice şi administrative ale vremii. Alte nave importante din flota C.E.D. şi-au schimbat, de asemenea, denumirile în perioada postbelică:

- Draga Karl-Kuhl a devenit Ostrovu Mare

- Draga aspirantă Dimitrie Sturdza a devenit Drencova

- Draga Sulina a devenit Marea Neagră, cunoscută de marinarii din Sulina sub numele de "Mariţa", după soţia căpitanului Mârza, care a lucrat mulţi ani pe această navă.

Aceste nave au fost esenţiale pentru diverse operaţiuni de dragaj şi întreţinere. Draga Sulina, cunoscută sub numele de "Mariţa", era utilizată pentru lucrări de dragaj la gura de vărsare a Canalului Sulina, asigurând menţinerea adâncimii şi prevenirea acumulării de nisip care ar fi putut bloca intrarea pe canal. Nava hidrografică Delta efectua măsurători precise şi balizaj, asigurând siguranţa navigaţiei. În anii 1921-1924, când intrarea pe Canalul Sulina se realiza prin Golful Musura, aceste nave au fost cruciale pentru prelungirea digurilor şi efectuarea dragajelor necesare. Draga Sulina, Draga Karl-Kuhl, şi Draga aspirantă Dimitrie Sturdza, împreună cu navele hidrografice şi salandele porteze, au lucrat neîncetat pentru a menţine canalul navigabil. Cu toate acestea, odată cu trecerea timpului şi schimbările politice şi economice, aceste nave au fost, în cele din urmă, casate şi tăiate la fier vechi după 1989.

Povestea plecării Comisiei Europene din Sulina

Î̂n urma acordului semnat la Bucureşti pe 1 martie 1939, Comisiunea Europeană a Dunării (C.E.D.) a predat principalele atribuţii şi întreg patrimoniul său – nave, clădiri, ateliere, arhive şi magazii cu piese de schimb – statului român, prin Direcţiunea Dunării Maritime (D.D.M.), şi s-a retras. O mare parte din acest patrimoniu a fost păstrat până la începutul anilor '90, când a fost casat şi dat la reforma. Panait Zachis, martor la evenimente şi fiul unui angajat al acestei instituţii, îşi amintea cu nostalgie acele momente. Venise nava de protocol Carlous Primus, având la bord pe regele Carol al II-lea, însoţit de prinţul Mihai şi reprezentanţii delegaţiei României, conduşi de Contescu, alături de toţi delegaţii C.E.D. După şedinţa care a avut loc în sala de protocol a palatului C.E.D. din Sulina, regele şi suita acestuia au coborât din palat, moment în care s-a cântat "Trăiască Regele". A urmat ceremonialul de coborâre a pavilionului C.E.D. de pe catargul din faţa palatului şi de ridicare a pavilionului românesc. Zachis povestea că mulţi au plâns, amintindu-şi de vremurile bune pe care le-au trăit lucrând la C.E.D., pe care o descriau ca „o pâine dulce şi bine plătită." Cei care s-au pensionat au primit din partea instituţiei o sumă de bani numită „regalul" sau „bugetul", în funcţie de anii lucraţi. O parte dintre angajaţi au rămas în continuare la Sulina, în timp ce alţii au luat „bugetul" şi au plecat în străinătate.

După plecarea C.E.D., Direcţiunea Dunării Maritime a numit în funcţiile de conducere, deţinute până atunci numai de străini, pe români. Într-o atmosferă de tranziţie şi reorganizare, românii au preluat rolurile de conducere: „ Mârza, tu ai fost secund pe vapor, de mâine eşti comandant!” „ Iacovici tu ai fost ajutor şef mecanic, de mâine eşti şef mecanic!” D.D.M. a înfiinţat şi o şcoală de meserii în cadrul atelierelor, unde se făceau patru ore de şcoală şi patru ore de ucenicie pentru a pregăti meseriaşi, având în vedere că mulţi dintre aceştia plecaseră odată cu Comisiunea Europeană a Dunării. Această tranziţie nu a fost lipsită de provocări, dar a marcat un nou început pentru Sulina şi locuitorii săi. Chiar dacă unii au privit cu nostalgie şi regret plecarea C.E.D., noua structură administrativă şi eforturile Direcţiunii Dunării Maritime au adus un suflu nou comunităţii, pregătind-o pentru vremurile care urmau să vină.

Capitolul 12

Sulina în timpul celui de al doilea război mondial

Î n anii celui de-al Doilea Război Mondial, viaţa în Sulina s-a schimbat radical după plecarea Comisiunii Europene a Dunării (C.E.D.) în 1939 şi preluarea patrimoniului de către Direcţiunea Dunării Maritime (D.D.M.).

Mulţi negustori şi meseriaşi care au lucrat la C.E.D. au luat „regalul" şi au părăsit oraşul. Şcolile Elenă şi Catolică, nemaifiind subvenţionate de C.E.D., au fost închise. Evreii şi negustorii mai bogaţi au plecat din Sulina, mulţi dintre ei pentru totdeauna. În 1940, în Sulina erau dislocate trupe terestre şi navale, semn că războiul era aproape. La data de 22 iunie 1941, România, alături de Germania, a atacat Uniunea Sovietică. La Sulina, forţele terestre şi navale germane soseau în sprijinul armatei române. Pe 29 iulie 1941, o formaţie de avioane de vânătoare sovietice a surprins o baterie antiaeriană română, care tocmai era descărcată de pe un şlep pentru a fi montată în poziţie. Toţi cei 23 de militari români, în frunte cu ofiţerul de artilerie, care participau la această operaţiune au fost ucişi. După acest tragic eveniment, militarii români căzuţi la datorie au fost înmormântaţi cu onoruri militare în cimitirul ortodox din Sulina, prin grija maiorului Titieni, comandantul Batalionului 16 Infanterie Marină, şi a părintelui Vasile Andreescu. Până în anii '90, locul unde erau înmormântaţi aceşti militari era împrejmuit cu un gard de lemn, iar fiecare erou avea numele şi gradul scris pe cruce. Ulterior, s-a luat decizia la nivel local să fie deshumaţi şi îngropaţi într-o groapă comună, ridicându-se un mic monument unde, s-a montat o plachetă cu numele soldaţilor.

Militarii care au căzut la datorie atunci au fost:

- Sublocotenent Stancu Barbu
- Caporal Moraru Florian
- Caporal Laios Petre
- Caporal Bogdan Dumitru
- Caporal Poteras Constantin
- Caporal Zamfir Ion
- Fruntaş Voicu Ion
- Fruntaş Olarescu Andrei
- Soldat Anton Axente
- Soldat Sarau Constantin
- Soldat Simionescu M Stelian
- Soldat Plecan Vasile
- Soldat Ion Alexandru
- Soldat Cojocaru Ilie
- Soldat Stanciu Radu

- Soldat Tudor
- Soldat Ionita Ion
- Soldat Craciun Vasile
- Soldat Dinca Nicolae
- Soldat Avramescu Stefan
- Alţi trei eroi trecuţi în lista ca necunoscuţi.

Aceste nume sunt menţionate în lista de eroi căzuţi la datorie existentă la Catedrala Sf. Nicolae şi Alexandru din Sulina, marcând astfel sacrificiul lor suprem pentru apărarea ţării.

Povestea tragică a navelor fluviale româneşti în toamna anului 1944

În toamna anului 1944, navele fluviale româneşti au trăit o adevărată tragedie în contextul războiului. După 23 august, navele româneşti au respectat „de facto" alianţa cu Naţiunile Unite, iar marinarii români de la fluviu erau bucuroşi de sfârşitul războiului. Se aflau pe braţul Chilia, evacuând trupele din Basarabia şi aşteptând noul „aliat şi prieten". Flota militară fluvială cuprindea: 7 monitoare, 7 vedete fluviale, 30 şalupe, 6 remorchere, 6 şlepuri, 10 tancuri cu petrol, Flotila de dragaj, iar Flota comercială avea 96 unităţi cu propulsie şi 512 fără (ceamuri, şlepuri, tancuri). Zorii zilei de 24 august au adus masacrul. Sovieticii au încetat ostilităţile „de jure" doar odată cu semnarea Convenţiei de Armistiţiu pe 12/13 septembrie 1944. Colaborarea a fost o farsă, cerându-se de fapt capitulare şi predare. Guvernul român a încercat o „punere la dispoziţie", dar în doar două săptămâni s-a produs drama Marinei Române. Pe braţul Chilia au fost scufundate vedeta nr. 2 (cdt. lt. I. Matei), grupul de nave port-mine (cdt. asp. M. Roşianu), monitorul „L. Catargiu" (cdt. lt. cdor. D. Stanciu), monitorul „M. Kogălniceanu" (cdt. cpt. P. Ignat), două remorchere şi un convoi cu 6 şlepuri pline cu trupe. Încercările de salvare în toată Delta au fost curmate de aviația sovietică. Pe 26 august, la Sulina, au avut loc lucruri oribile: orașul a fost ocupat în întregime, Batalionul 16 Infanterie Marină (cdt. mr. C. Titieni) a fost desființat, iar militarii au fost trimiși pe jos spre Tulcea. Nava de comandament „Basarabeanca", tancul „Concordia" și barcazul sanitar „Vasilichi" au fost dirijate spre Ismail. Pe brațul Sf. Gheorghe, pasagerul „Rândunica" plin cu evacuați și torpilorul „Sborul" cu răniți au fost atacate. În total, au fost scufundate: 3 remorchere, 14 șlepuri, 2 șalupe, bacuri, pletine, tancuri de combustibil și altele. După două zile, România a declarat oficial lupta împotriva Germaniei și a aprobat coborârea pavilionului alb de capitulare. Însă, marea dramă a urmat – arestarea navelor. Toate au fost duse la Ismail, baza sovieticilor. Ultimatumul sovietic suna astfel:

ULTIMATUM

- Toată Flota Română de război și auxiliară să fie mutată la Sulina și predată Comandamentului Maritim Sovietic.
- Toate echipajele navelor de război și auxiliare să fie arestate iar navele aduse la Sulina.
- Toate hărțile și documentele relative la barajele de mine de pe Marea Neagră și Dunăre să fie predate Comandamentului Maritim Sovietic.
- Răspunsul la prezentul ultimatum îl aștept cel mai târziu până la 29 august, orele 12.00.
- În caz de refuz de a accepta ultimatumul de față sau la neprimirea răspunsului, cu începere de la orele 15.00 din 29 august vom începe atacul flotei și bazei dvs., de pe mare și din aer.

Conform acestui ultimatum, situația a devenit critică. Pe 31 august, din zona Brăila, veneau în aval navele: „Măcin", monitoarele „A. Lahovari" (cdt. cpt. P. Diaconescu) și „Ardeal" (cdt. cpt. Gr. Gomoescu), trei vedete fluviale, navele flotilei de dragaj (cdt. cpt.

C. Uceanu), remorcherul „Gherdap" (cdt. asp. I. Vasile), șalupele de dragaj M.R. 31, 37, 38, 41 și 42 (cdt. asp. Chirculescu), pletinele cu muniții, șlepurile cu materiale, tancurile petroliere, Șantierul Naval Mobil nr. 2, vedetele blindate nr. 5 și 6. Pe 2 septembrie, la ora 16:30, echipajele românești au fost evacuate pe cheu într-o ținută sumară și filmate, apoi închise într-o magazie protejată de sârmă ghimpată. Li se dădea pâine, unt și pește, toate stricate. Comanda Forței Fluviale, în frunte cu contraamiralul A. Stoianovici, a fost arestată, iar la Tulcea, amiralul sovietic a refuzat florile oferite de populație. Deplasarea navelor pe canalul Câșlița s-a făcut pe 3 și 4 septembrie. A doua zi, arhiva, corespondența și aparatura radio au fost confiscate, iar pavilioanele tricolore au fost înlocuite cu cele roșii. Pe 5 septembrie, au sosit monitorul „Basarabia" (cdt. lt. cdor. E. Nicolau), remorcherul „Basarab" (cdt. asp. V. Andronache) și vedeta nr. 4. Remorcherul „Amurgul" a rămas la Giurgiu, iar monitorul „Bucovina" a fost pus pe uscat la km 394, fiind adus pe 16 septembrie. Pasagerele „Vasile Lupu" și „Cetatea Albă", remorcherul „Omonia", tancul petrolier „NFR 631" și vasul „NFR Izer" au fost duse la Ismail. Sovieticii au furat tot ce au găsit de la nave: echipament, alimente, aparatură. Fiecare navă a fost marcată cu semnul de captură și încadrată cu ofițer și soldați sovietici, iar mecanicii și timonierii români care au semnat o declarație de servire a U.S. au fost reținuți la bord. Pe 18 septembrie, portretele regale și emblemele au fost scoase, iar pe 9 septembrie, s-a debarcat muniția. Toate depozitele din porturi au fost golite, luându-se chiar uși, ferestre și parchet. Marina Regală Română a înregistrat 6000 de prizonieri, niciunul în luptă, majoritatea de pe navele fluviale. Marinei militare fluviale i s-au confiscat: 5 monitoare (rebotezate: Mariupol, Azov, Kerci, Izmail, Berdiansk), 5 vedete, 8 șalupe patrulare, un ponton port-mine, 5 șalupe comandament, un bac scafandri, un ceam, o navă hidrografică, o navă-comandant, 4 șlepuri transport, 2 șlepuri cazarmă, 4 tancuri combustibil, 5 bacuri-motor, 6 bacuri, docul mare de la Galaţi şi altele.

Monitor de Dunăre

Au trebuit să treacă patru decenii pentru ca Marina Militară să-şi revină complet. Efectul devastator a fost amplificat de obligaţia plătirii celor 300 milioane dolari în mărfuri, timp de 6 ani. Conform Convenţiei, în primul an s-au predat 160 nave fluviale civile (valoare 5,5 mil. $), inclusiv pasagerele: Ştefan cel Mare, Principele Mircea, Vasile Lupu, Giurgiu, Principele Mihai, 22 remorchere şi 99 şlepuri nepropulsate, 25 tancuri petroliere, 3 şlepuri şi 6 ceamuri. În 1951, cele 5 monitoare fluviale au fost restituite.

Amintirile acestor evenimente tragice sunt vii în memoria marinarilor care au trăit acele momente groaznice. Un episod din vara anului 1980, la Brăila, îmi aminteşte de un bătrânel pe malul Dunării. O grupare de blindate fluviale sovietice, acostate la mal, erau vizitate de populaţia oraşului. În avalul lor, un remorcher-cazarmă (probabil fostul „Basarab"), dar care nu se vizita. În dreptul acestei nave, bătrânul stătea pe o bancă şi lăcrima. Fusese şef de echipaj pe frumosul remorcher românesc timp de 25 de ani, până în septembrie

1944. Întâmplările sunt cunoscute de marinari, mulți dintre ei trăind groaznicele momente ale acelor zile. Aceste amintiri nu sunt doar istorie, ci lecții de curaj și sacrificiu ale marinarilor români în fața adversităților.

Povestea Căpitanului Gafton

La începutul celui de-al Doilea Război Mondial, în decembrie 1941, Sulina resimțea din plin efectele conflictului, mai ales după primele bombardamente ale aviației sovietice. S-au luat măsuri pentru întărirea apărării antiaeriene și s-a consolidat barajul de mine în zona coastei, iar primele cazemate au început să fie construite.

Căpitanul Gafton, comandantul batalionului de grăniceri de la Sulina, care avea în subordine și pichetul de grăniceri de la Casla Vadanei și Sfântul Gheorghe, a fost vizitat la Sulina de tânăra sa soție, Marioara. Într-una din zile, aflându-se cu soția la pichetul de grăniceri de la Casla Vadanei, a fost chemat de urgență la Sulina. Gafton a încălecat pe cal și a plecat pe malul mării la Sulina, lăsând-o pe soția sa în grija ordonanței, un băiat chipeș și educat.

Căpitanul Gafton cu soția

A doua zi, după ce a nins toată noaptea și s-a așternut omătul, soția căpitanului i-a spus ordonanței să înhame caii la sanie și să facă o plimbare până la Sfântul Gheorghe. Ordonanţa şi-a făcut de îndată datoria şi, în scurt timp, au plecat spre Sfântul Gheorghe cu sania. Glumele şi voia bună care îi însoţeau nu au rămas neobservate de curioşi, care imediat au avut grijă să-l înştiinţeze pe căpitan. Acesta s-a deplasat imediat la Casla Vadanei. Din nefericire, chipeşul soldat a fost trimis imediat pe frontul de est, de unde nu s-a mai ştiut nimic de el; poate că totuşi a scăpat cu viaţă din război. Gafton s-a împăcat în cele din urmă cu soţia, petrecând sărbătorile de iarnă împreună la Sulina, având grijă ca pe viitor să-şi aleagă cu grijă ordonanţa.

Povestea Sulinei la sfârşitul răboiului

La începutul celui de-al Doilea Război Mondial, armata română, alături de armata germană, a construit o serie de fortificaţii pentru amplasarea tunurilor antiaeriene şi a bateriilor de coastă. În efortul de a ridica aceste cazemate, locuitorii oraşului Sulina au fost concentraţi şi puşi la muncă.

Aliniamentul de cazemate începea de la malul drept al Dunării şi se întindea pe ambele părţi ale drumului care ducea spre plajă. Aceste structuri masive de beton erau menite să protejeze oraşul şi să asigure o apărare solidă împotriva atacurilor aeriene şi navale. Din păcate, în timpul construcţiei bazinului maritim AZL Sulina, trei dintre aceste cazemate au fost dinamitate, fiind considerate un obstacol în calea noilor dezvoltări. Restul fortificaţiilor au supravieţuit trecerii timpului. Trei dintre ele au fost îngropate în platforma AZL Sulina, devenind parte integrantă a noii infrastructuri, iar alte trei au fost lăsate pradă vegetaţiei, ascunse de ochii curioşi şi acoperite de natură. Două cazemate care au supravieţuit timpului se află şi în oraş: una în curtea şcolii, iar cealaltă pe strada a-ll-a, în spatele magazinului Suru. Aici erau amplasate bateriile de antiaeriană germane, echipate cu tunuri FLAK de 88 mm.

Astfel, aceste relicve ale războiului rămân martori tăcuţi ai unei perioade tumultoase din istoria oraşului Sulina, fiecare cazemată având propria sa poveste, îngropată în straturi de beton şi memorie colectivă.

Un alt simbol al oraşului, cazinoul de pe plaja Sulina, a fost aruncat în aer de armata germană deoarece constituia un punct de reper pentru aviaţia sovietică atunci când venea să bombardeze Sulina. Spre sfârşitul celui de-al Doilea Război Mondial, oraşul a fost supus unor bombardamente intense, mai ales în luna august. Garnizoana Sulina, care număra 1400 de militari germani şi un batalion de infanterie marină condus de maiorul Titien, a încercat să reziste atacurilor.

Cele mai intense bombardamente au avut loc pe 23, 24 şi 25 august 1944, distrugând peste 60% din clădirile oraşului. Sulina, un oraş plin de viaţă şi activitate, a fost redus la ruine, iar locuitorii săi au trăit zile de coşmar în încercarea de a se adăposti de ploaia de bombe.

Cazemată din linia de fortificaţie pentru amplasarea tunurilor

În noaptea de 27 august 1944, batalioanele sovietice au ocupat Sulina. În confruntările care au urmat, mulţi soldaţi germani au fost ucişi, iar maiorul Titieni împreună cu batalionul său s-au predat armatei sovietice. După încheierea războiului, orașul a început un lung și anevoios proces de reconstrucție. Clădirile au fost refăcute, fortificațiile abandonate au devenit relicve tăcute ale unei epoci tumultoase, iar Sulina a renăscut din propria cenușă, păstrând vie amintirea eroismului și sacrificiilor făcute de cei care au trăit acele vremuri grele. Locuitorii orașului au muncit din greu pentru a-și reconstrui casele și a readuce la viață comunitatea vibrantă care a fost odată.

Povestea ocupării Sulinei de trupele sovietice

Era noaptea de 27 august 1944. Dunărea, liniștită și învăluită în ceață, părea să înghită sunetele pădurilor mlăștinoase din apropiere. Cu toate acestea, tensiunea în aer era palpabilă. Batalionul 384 de Marină separat Nikolaev, sub comanda maiorului F. E. Katanov, înainta cu prudență prin grindurile inundabile din apropierea orașului Sulina, o fortăreață navală bine apărată de trupele germane și române.

Katanov știa că succesul acestei misiuni era crucial. Capturarea Sulinei ar fi dat un avantaj strategic enorm sovieticilor în controlul gurilor Dunării. Forțele aliate din zona Mării Negre se pregăteau să lovească puternic, iar fiecare victorie mică conta. Cu toate acestea, majoritatea oamenilor săi erau epuizați, având de înfruntat nu doar inamicul, ci și terenul dificil și condițiile meteo imprevizibile.

În timp ce trupele lui Katanov se apropiau de marginea nord-vestică a orașului, un alt grup, sub comanda căpitanului de rangul 2 P. P. Davydov, făcea o mișcare îndrăzneață. Davydov avea la dispoziție 16 ambarcațiuni blindate ale brigadei 4 separate de nave fluviale. Erau nave mici, rapide, echipate cu armament ușor, dar letal. La bord, o companie de marinari din Corpul Maritim 613 aștepta cu răbdare comanda de atac.

Navigând pe un canal îngust și periculos, cunoscut doar de pescarii locali lipoveni care îi însoțeau, Davydov și oamenii săi au reuşit să ocolească liniile de apărare ale inamicului, pătrunzând în Sulina pe neaşteptate. Când zorii începeau să se crape, trupele sovietice au lansat atacul din două direcţii: Katanov dinspre nord şi Davydov dinspre canal. Focurile de armă şi explozile au spart liniştea, iar fortificaţiile inamicului au început să cedeze sub presiunea atacului concertat.

În câteva ore, portul Sulina era în mâinile sovieticilor. Garnizoana germană şi română, constând din aproximativ 1.400 de oameni, a capitulat. Succesul operaţiunii a fost facilitat de bombardamentele aeriene sovietice din zilele anterioare, care au slăbit moralul şi forţele inamicului.

La 27 august 1944, marinarii flotei ruse de la Marea Neagră cuceresc baza navală Sulina

După ce s-au asigurat că oraşul şi baza navală erau sub controlul lor, marinarii sovietici au sărbătorit victoria. Astfel, Sulina a fost sub ocupaţie sovietică până în anul 1958, când trupele s-au retras.

Pentru vitejia şi priceperea lor, mulţi au fost decoraţi cu premii guvernamentale. În plus, brigada de nave fluviale a fost onorată cu numele de "Sulinskaya," în amintirea acestui moment crucial din campania de pe frontul de Est.

În zilele ce au urmat, Sulina a devenit un punct strategic vital, iar capturarea sa a marcat începutul declinului prezenței forțelor Axei în regiunea Mării Negre.

Capitolul 13
Sulina după cel de al doilea război mondial

Povestea Întreprinderii Piscicole Sulina

Întreprinderea Piscicolă Sulina a fost, fără îndoială, inima comunității din mica localitate dunăreană cu același nume, situată acolo unde Dunărea se întâlnește cu Marea Neagră. Înființată în 1950, aceasta a cunoscut o dezvoltare rapidă, devenind un pilon economic și social al zonei timp de aproape cinci decenii. Totul a început după război, în anul 1948, când cherhanalele au fost naționalizate și s-a format Compescaria, Societate comercială de stat, Punctul de lucru Sulina.

Din 1950, s-a înființat Întreprinderea Piscicolă Sulina, iar pentru a sprijini dezvoltarea acesteia, ingineri piscicoli au fost trimiși în URSS pentru a se specializa în utilizarea noilor metode de pescuit, în special în instalarea talienelor maritime.

Pe lângă pregătirea inginerilor, în 1951 s-a înființat și o școală profesională de piscicultură, care pregătea personalul atât pentru pescuit, cât și pentru atelierele de marangozerie (reparatul și construcția bărcilor). Până în anii '80, întreprinderea a crescut semnificativ, iar în 1983 și-a schimbat denumirea în Întreprinderea de Exploatare Complexă a Resurselor Naturale din Delta Dunării

(I.E.C.R.N.D.D.). Din 1984, a fost dotată cu o flotă de pescuit costier formată din 10 pescadoare, construite la I.C.N.U.T. Tulcea, clasa Baltika, proiect sovietic. Aceste pescadoare, denumite "Chefalul", erau numerotate de la 1 la 12, cu excepția celor transferate la Constanța (numerele 7 și 8).

Anii '80 au reprezentat apogeul întreprinderii. Aproximativ 100 de pescari, împărțiți în șase brigăzi, își începeau ziua înainte de răsărit, îmbarcându-se pe cuterele din lemn cu motor și plecând spre mare pentru a remorca mahonele către taliene.

Întreprinderea dispunea, de asemenea, de ghețării, o hală pentru sortarea și prepararea peștelui, o fabrică de oja, cherhanale la Lacul Roșuleț și pe malul stâng al Dunării, lângă gârlă. Aici, pescadoarele de tip Chefal descărcau peștele capturat în mare, în zona costieră, prin traulare.

Așezarea talianelor la uscat

De asemenea, întreprinderea avea ateliere pentru reparații și pentru confecționarea uneltelor de pescuit. În total, aici lucrau aproape 300 de persoane. Peștele era capturat cu ajutorul acestor instalații maritime, esențiale pentru obținerea cantităților mari necesare întreprinderii. Pescarii erau dedicați și pricepuți, iar munca lor contribuia la bunăstarea întregii comunități. În fiecare dimineață, halele întreprinderii se umpleau de activitate, iar peştele proaspăt capturat era sortat, curăţat şi pregătit pentru pieţele din întreaga ţară. În fiecare zi lucrătoare, fiecare brigadă de pescari de la Întreprinderea Piscicolă Sulina prepara borşul de peşte din captura proaspătă, din care nu lipsea niciodată sturionul. Fiecare brigadă avea amenajată o bucătărie, aflată la aproximativ 30 de metri de cabană. Zilnic, şeful brigăzii desemna doi pescari care să se ocupe de preparatul borşului de peşte, în timp ce restul echipei se ocupa de alte sarcini, cum ar fi spălatul mahonelor, curăţarea plaselor şi alte activităţi administrative.

O zi din viaţă unui pescar

Angajaţii de la Piscicola Sulina îşi începeau ziua dis-de-dimineaţă, pregătindu-se pentru o nouă zi de muncă pe mare. În aer se simţea mirosul sărat al mării, amestecat cu cel al motorului diesel al cuterului din lemn care se pregătea să remorcheze mahonele.

Unchiul Vasile Pescarul la comanda mahunei

Vasile, un pescar cu ani de experienţă, privea către orizontul unde cerul întâlnea marea, în timp ce îşi ajusta cu grijă echipamentul. Colegii săi, Ion şi Florea, pregăteau ultimele detalii pentru plecare, verificând funiile şi echipamentele de pe mahone. În scurt timp, cuterul cu motor a început să remorcheze mahonele, îndreptându-se către taliene.

Pe măsură ce se apropiau de instalaţiile maritime de pescuit, talienele, pescarii se pregăteau pentru procesul de "scuturat" al plasei. Era un moment important, unde priceperea şi sincronizarea erau esenţiale pentru a obţine o captură bogată. Cu mişcări rapide şi precise, au început să ridice plasele grele, pline de peşti care străluceau sub razele soarelui dimineţii. În fundal, la Bara Sulina, se zărea o dragă în plin proces de lucru, simbol al eforturilor continue de a menţine navigabilitatea acestei rute importante. Fumul gros al dragei şi zgomotul ei constant se amestecau cu sunetele naturii şi cu vocile pescarilor care discutau şi glumeau între ei. Pe măsură ce soarele urca pe cer, mahonele se umpleau cu peşte, iar pescarii, deşi obosiţi, erau mulţumiţi de munca lor. Pe drumul de întoarcere, cuterul remorcând mahonele pline, privirile lor se îndreptau din nou către dragă, un simbol al progresului şi al efortului comun de a îmbunătăţi viaţa în Sulina.

Ajunşi la mal, pescarii au început descărcarea şi pregătirea peştelui pentru prelucrare, continuând o rutină bine stabilită şi necesară pentru comunitatea lor.

Vânturile care aduceau peşte în plasele pescarilor de la mare erau numite „puriazul" (vântul dinspre nord-est) şi „moreana" (vântul dinspre sud-est), iar vânturile dinspre vest erau denumite „torba goală". La baltă, atunci când nivelul apei creştea sau scădea considerabil, pescuitul nu era la fel de eficient. De aici provine şi zicala „*Apa creşte, cucu peşte; apa scade, cucu cade!*"

După predarea peştelui prins la primitorul de la cherhana, fiecare brigadă oprea cantitatea necesară pentru borş. La servirea prânzului, la borşul proaspăt gătit participau adesea şi oaspeţi sau turişti care erau încântaţi de gustul autentic al preparatului. Aceste mese erau momente speciale, unde pescarii şi vizitatorii se bucurau împreună de aroma bogată a borșului făcut pe loc.

Rețeta borșului de pește pescăresc tradițional

Borșul pescăresc din Delta Dunării este o rețetă autentică și tradițională, plină de savoare și specificul locului. Deși e numit „borș", această ciorbă delicioasă nu se acrește cu borș de tărâțe, ci cu oțet. În plus, cea mai importantă condiție pentru a obține gustul desăvârșit este ca peștele să fie cât mai proaspăt, de preferat variat. Așadar, iată cum se prepară:

Ingrediente de bază:

1. **Pește variat și proaspăt:** Este ideal să folosești cel puțin patru feluri de pește. Crap, caras, biban, lin, somn, șalău, știucă sunt câteva dintre opțiunile populare. Fiecare pește adaugă o aromă distinctă.

2. **Legume:** Patru legume sunt esențiale pentru acest borș: cartof, ceapă, ardei gras roșu și roșii. Roșiile trebuie tocate mărunt.

3. **Condimente și alte ingrediente:** Sare, ulei, oțet, leuștean (sau, dacă nu este disponibil, mărar și pătrunjel) pentru

prospețime.

Mod de preparare:

1. **Pregătirea peștelui**: Curăță peștele cu grijă, scoțând solzii și măruntaiele fără a sparge fierea. Spală-l o singură dată în apă rece, pentru a păstra cât mai mult din aroma sa naturală.

2. **Pregătirea ceaunului**:
   - Pune apa la fiert în ceaun. Cantitatea de apă ar trebui să fie de aproximativ două treimi din ceaun, lăsând loc pentru legume și pește.
   - Adaugă legumele tocate când apa dă în clocot și fierbe-le până când cartofii sunt aproape gătiți.

3. **Gătirea peștelui**:
   - Presară sare în apă, puțin mai mult decât ai face-o de obicei, deoarece peștele va absorbi din sare.
   - Așază peștele în ceaun, acoperit de apă, și nu amesteca pentru a evita sfărâmarea. Lasă-l să fiarbă la foc potrivit, cam 10 minute, până când este gătit complet.

4. **Acrirea borșului**:
   - Când peștele este fiert, adaugă oțetul după gust, iar apoi câteva linguri de ulei pentru un plus de savoare.
   - Ia ceaunul de pe foc și presară deasupra verdeața tocată mărunt, acoperind apoi cu un capac, lăsând preparatul să „se odihnească" pentru câteva minute.

5. **Servirea**:
   - În Delta Dunării, borșul de pește se servește într-un mod unic. Se scoate peștele într-un platou sau într-o tavă. Tradiția spune că, atunci când nu aveau tavă, pescarii îl puneau direct pe frunze de stuf

tăiate.

- ○ Peştele se savurează mai întâi, împreună cu legumele şi mujdeiul de usturoi (usturoi frecat cu sare şi ulei).
- ○ La final, zeama fierbinte se toarnă în boluri, alături de un pahar de vodcă sau ţuică de corcoduşe, ca să fie mesele pe măsura efortului depus.

Amintirile legate de aceste ospeţe sunt de neuitat. Când eram băietan, am avut şi eu ocazia de câteva ori să particip la astfel de ospeţe, alături de nea' Vasile şi brigada lui. Îmi aduc aminte cu plăcere de acele momente, când uneori grăsimea de peşte din cazan era atât de multă încât se ridica la mai bine de un deget. Multe dintre persoanele care au vizitat brigăzile de pescari din acele vremuri îşi amintesc cu drag de aceste experienţe. Borşul de peşte, gătit de pescari cu peştele proaspăt prins, rămâne un simbol al vieţii simple şi pline de gust din acea perioadă.

Întreprinderea era renumită şi pentru fabricuţa de guanină, unde din hamsie şi chiulcă se obţinea o materie primă preţioasă folosită în industria cosmetică şi aeronautică. Femeile care lucrau aici erau extrem de pricepute, iar procesul complex de obţinere a guaninei transforma peştele în praf sclipitor, utilizat în vopsea pentru avioane şi ojă. Însă, după Revoluţia din 1989, schimbările economice şi politice au afectat grav industria pescuitului. În 1991, Întreprinderea Piscicolă Sulina a fost reorganizată sub numele de S.C. Piscicola S.A., iar activitatea sa a început să se restrângă treptat. În 1995, fabricuţa de guanină s-a închis, marcând declinul unei ere. Curând după aceea, întreaga întreprindere şi-a încetat activitatea definitiv, lăsând în urmă doar ruinele unei industrii care fusese cândva motorul oraşului Sulina.

Povestea Atelierele Comisiunii Europene a Dunarii

Î n anul 1895, pe malurile Dunării, în inima orașului Sulina, au fost construite Atelierele Comisiunii Europene a Dunării (C.E.D.). Aceste ateliere aveau un rol important în întreţinerea şi repararea navelor C.E.D., precum şi în asigurarea funcţionării sistemului de semnalizare şi balizare a Dunării Maritime. În perioada interbelică, atelierele s-au extins semnificativ, construindu-se hale noi specializate pentru diverse tipuri de reparaţii: tubulatură, turnătorie, modelărie pentru confecţionarea matriţelor din lemn pentru piese turnate, electricitate şi strungărie. În 1939, C.E.D. a predat aceste ateliere statului român, iar acestea au devenit parte din Direcţia Dunării Maritime (D.D.M.). D.D.M. a continuat să funcţioneze chiar şi în timpul războiului, menţinând activităţile vitale pentru navigaţia pe Dunăre. După război, în 1953, atelierele au fost transferate către Administraţia Fluvială a Dunării de Jos Sulina, marcând o nouă etapă în evoluţia lor. Anul 1983 a adus schimbări semnificative. Înfiinţarea Şantierului Naval Sulina a marcat o perioadă de expansiune şi dezvoltare. Dotat cu o cală nouă capabilă să ridice nave comerciale de până la 2400 tdw, şantierul s-a dezvoltat rapid. Numărul angajaţilor a crescut de la 270 la 800 , iar Sulina a devenit un centru important pentru reparaţiile navale.

Anii '80 au fost o perioadă de prosperitate, însă după 1989, lucrurile au început să se schimbe. Scăderea numărului de nave din flota românească şi diminuarea comenzilor de reparaţii au afectat grav activitatea şantierului. Privatizarea a venit ca o soluţie temporară, dar nu a reuşit să revitalizeze complet activitatea. În cele din urmă, şantierul şi-a încetat complet activitatea, lăsând în urmă doar amintiri şi ruine ale unei epoci apuse.Astăzi, fostele ateliere ale C.E.D. stau în ruină, amintind de vremurile când Sulina era un centru vital al navigaţiei pe Dunăre. Fostele hale de reparaţii, cândva pline de viaţă şi activitate, sunt acum abandonate, mărturii tăcute ale istoriei. Trecătorii mai vârstnici îşi amintesc de zilele glorioase, povestind tinerilor despre importanţa acestor ateliere şi despre contribuţia lor la dezvoltarea navigaţiei pe Dunăre. Fiecare colţ al fostelor ateliere poartă amprenta unei perioade tumultuoase, dar pline de realizări.

Atelierele C.E.D.

Aceste structuri, deşi degradate, rămân un simbol al muncii asidue şi al progresului tehnologic care a caracterizat Sulina de-a lungul decadelor. Poveştile spuse de bătrânii oraşului păstrează vie memoria unei epoci când Dunărea era, cu adevărat, fluviul vieţii pentru micul oraş portuar. În anul 1895, pe malurile Dunării, în oraşul Sulina, au fost construite atelierele de modelărie şi turnătorie, esenţiale pentru întreţinerea şi reparaţia navelor Comisiunii

Europene a Dunării (C.E.D.). Ateliere erau menite să asigure confecționarea pieselor de schimb necesare pentru nave, o sarcină care necesita o mare precizie și măiestrie. Pentru a garanta calitatea pieselor turnate, au fost aduși la Sulina maeștri specializați în confecționarea modelelor de lemn, care serveau drept forme pentru turnarea pieselor de schimb.

Modele pentru turnătorie

Printre acești maeștri s-au numărat inginerul italian Rosyni și germanul Michael Schnell. Nepotul lui Michael Schnell, Ghorg Schnell, a preluat ștafeta și a lucrat ca maistru modelar la atelierele din Sulina, continuând tradiția familială. Fiul său, George Schnell, a îmbrățișat și el meseria tatălui său și a lucrat la aceste ateliere până după cel de-al Doilea Război Mondial. În acele vremuri, meseriile de modelar și turnător se învățau prin ucenicie, iar cunoștințele și tehnicile erau transmise din generație în generație. Piesele turnate în acele ateliere erau de o mare precizie și varietate, incluzând roți dinţate, elici, şartare pentru motoare cu aburi, pistoane, ancore şi pompe de apă. Fiecare piesă era un testament al măiestriei şi al dedicării celor care lucrau acolo. Atelierele au funcţionat atât în timpul războiului, cât şi după război, păstrându-şi rolul vital în susţinerea flotei navigabile a Dunării. Totuşi, începutul anilor '90 a adus schimbări majore. Datorită scăderii comenzilor şi a reducerii activităţii industriale, atelierele şi-au încetat activitatea. Navele care altădată navigau mândre pe Dunăre au fost tăiate pentru fier vechi, iar modelele din lemn, odinioară atât de preţuite, au fost lăsate în magazie, considerate acum doar deşeuri. Cu toate acestea, o parte din istoria acestor ateliere a fost salvată de la uitare. Câteva dintre modelele de lemn au fost recuperate şi donate de un iubitor al istoriei locale Muzeului Farului Vechi din Sulina. Aceste modele servesc acum ca amintire a unei epoci când măiestria şi tradiţia erau esenţiale în viaţa comunităţii. Ele povestesc despre munca grea şi priceperea generaţiilor de muncitori care au contribuit la dezvoltarea navigaţiei pe Dunăre, menţinând vie memoria unor vremuri apuse, dar nu uitate.

Capitolul 14
Transformările Sulinei în perioada comunistă

Povestea Șantierului Naval Sulina

Î n anul 1983, orașul Sulina a marcat un moment deosebit prin inaugurarea Șantierului Naval Sulina, alături de Bazinul Maritim, cu noua cală inaugurată anterior, pe 23 august 1982. Evenimentul a fost onorat de prezența lui Nicolae Ceaușescu.

Lucrările pentru Bazinul Maritim și cala nouă începuseră în 1978, un efort masiv care a implicat tehnologii avansate pentru acea vreme. Construcția bazinului a necesitat dinamitarea vechiului dig construit din piatră și beton hidraulic de Comisia Europeană a Dunării (CED). Deși nu a fost posibilă distrugerea completă a digului, o mică porțiune a rămas în zona nord-estică a bazinului, amintind de vechile structuri.

Pe cala la S.N. Sulina in anul 1981

Infrastructura șantierului a fost remarcabilă. Fundamentele calei erau susținute de cilindri fixați în sol cu draga tip clopot, iar cele 17 cărucioare hidraulice permiteau ridicarea navelor comerciale de până la 2400 tdw. În plus, șantierul dispunea de o hală modernă, construită între 1970 și 1974, care găzduia secțiile mecanică, strungărie, cazangerie și turnătorie. Cala fluvială, situată la Dunăre, a fost finalizată în 1973. Dotată cu opt cărucioare trase pe șine cu ajutorul vinciurilor, aceasta a permis șantierului să se extindă și să modernizeze operațiunile de reparații navale.

Cu utilaje noi și o turnătorie echipată pentru a produce piese de mare precizie, precum elici, chiuloase de motoare, ancore și roți dințate, șantierul a devenit un centru important pentru reparațiile navelor A.F.D.J. și comerciale de până la 5000 tdw.

Numărul angajaților a crescut considerabil, de la 270 la înființarea șantierului, la 680 în 1984. Pentru a acomoda această creștere a forței de muncă, la începutul anilor '80, la intrarea în șantier, a fost construit un cămin de nefamiliști.

Căminul pentru muncitori, cunoscut localnicilor drept „Turnul din Pisa varianta Sulina", a fost construit la începutul anilor '80 în incinta Șantierului Naval Sulina și inaugurat pe 1 mai 1982.

Din cauza solului dificil, care fusese cândva teren mlăștinos, și a unei fundații necorespunzătoare, clădirea a început treptat să se afunde, ajungând să se lase cu aproximativ 1 metru în timp. Mai mult, construcția a început să se încline pe direcția nord-sud, asemănându-se astfel cu celebrul Turn din Pisa. În timp, această înclinare și afundare au făcut ca blocul să devină impropriu pentru locuit.

O altă problemă majoră a fost legată de cota fundației, care a fost redusă cu 80 cm sub nivelul mării, afectând grav funcționarea sistemelor de scurgere. La început, acestea au funcționat defectuos, iar în cele din urmă nu au mai putut fi folosite deloc, agravând și mai mult condițiile de locuire. În ciuda intențiilor bune, clădirea a devenit un simbol al eșecului ingineresc din acea perioadă, o amintire a unei epoci în care dezvoltarea urbană nu a ţinut cont de particularităţile geologice ale locului.

După revoluţia din 1989, scăderea numărului de nave din flota României şi a comenzilor de reparaţii au dus la diminuarea activităţii şantierului. Intrând în regim privat, activitatea s-a redus treptat până când, în cele din urmă, a stagnat complet. Cala nouă a fost preluată şi transformată de o firmă de dezmembrări nave, în timp, vechea cală fluvială a fost dezmembrată şi tăiată la fier vechi de o altă firmă, care a preluat şi clădirile cu vechile ateliere ale C.E.D.. Astfel, Şantierul Naval Sulina, odată un pilon al industriei locale, a devenit un martor tăcut al trecutului său glorios, o parte integrală a istoriei şi evoluţiei oraşului Sulina. Deşi funcţionează acum sub alte forme şi proprietăţi, amintirea contribuţiei sale rămâne vie în memoria comunităţii locale.

Povestea Gârlelor din Sulina

Gârla N.Bălcescu

Gârla N.Bălcescu era una dintre principalele artere ale Sulinei, un loc unde viaţa pulsa la fel de intens ca şi în centrul oraşului. Canalul era traversat de patru poduri, fiecare cu propria poveste, dar cel mai important era Podul lui Barba Spiro. Barba Spiro, un om cu o inimă mare şi o barbă impresionantă, locuia lângă pod şi îşi conducea cârciuma, un loc plin de râsete, poveşti şi negocieri. Ultimul pod dinspre baltă, care traversa gârla, era cunoscut sub denumirea de „Podul lui Zachipela," după un localnic ce locuia în apropierea podului.

Gârlă N.Bălcescu cu podul lui Zachipela unde în anul 1976 s-a turnat secvenţe din filmul toate pânzele sus

De-a lungul gârlei, pescarii îşi legau bărcile şi descărcau peştele prins, iar copiii se jucau pe maluri, urmărind peştii mici care înotau în apa limpede.

În anii '80, oraşul Sulina a trecut prin transformări semnificative, influenţate de eforturile de dezvoltare agricolă. Una dintre aceste schimbări majore a implicat gârla care făcea legătura dintre Bazinul Mic (fluvial) şi balta situată în partea de sud a oraşului.

Această baltă, cunoscută pentru biodiversitatea sa şi pentru rolul său în ecosistemul local, a fost indiguită şi asanată pentru a fi transformată în teren agricol.

Gârla N.Bălcescu din Sulina

La începutul anilor '80, autorităţile au decis să asaneze balta pentru a crea terenuri agricole. Gârla, care devenise insalubră, a fost astupată, iar podurile care o traversau au fost desfiinţate. Iniţial, terenul rezultat din asanare a fost foarte roditor, beneficiind de îngrăşământul natural provenit din vegetaţia de plaur putrezită. Aceasta a permis agriculturii să prospere timp de câţiva ani. Cu toate acestea, natura solului a început să îşi facă simţită prezenţa. Vegetaţia de plaur s-a aşezat pe nisipul sărat al zonei, care fusese cândva fundul mării, aceasta a acţionat ca un burete, absorbind sărătura şi făcând terenul din ce în ce mai infertil. În scurt timp, pământul şi-a pierdut fertilitatea, iar agriculturile de succes de la început au devenit o amintire. În prezent, terenul fostelor bălți este folosit pentru pășunatul animalelor, nefiind potrivit pentru cultivarea plantelor. Gârla, odată o parte integrantă a peisajului natural și un element vital al ecosistemului local, nu mai poate fi readusă la viață.

Transformarea sa într-un teren agricol, deși bine intenționată, a avut consecințe ireversibile asupra mediului și a echilibrului ecologic din Sulina. Această poveste ilustrează complexitatea intervențiilor umane asupra naturii și nevoia de a înțelege și respecta limitele impuse de mediul natural. Gârla astupată și terenurile infertile de astăzi sunt un memento al impactului pe care acțiunile noastre îl pot avea asupra ecosistemelor fragile.

Lacului Anadol și Cuterul Buival

În sudul Sulinei, la doar patru kilometri de oraș, se afla cândva un lac liniștit, cunoscut de localnici sub numele de Anadol, o denumire dată de turcii care au stăpânit aceste pământuri cu secole în urmă. Pe hărți, lacul era trecut cu alt nume, Lacul Buival, dar pentru pescarii deltei, Anadolul era un loc special, un colț de natură neatins, unde apa era limpede și plină de viață. La Anadol exista o altă gârlă care se vărsa în mare la mila marină 2, pe malul mării. De aici, bărcile ieșeau în larg atunci când marea era calmă și ajungeau la navele ancorate în radă, de unde preluau mărfuri de contrabandă. Între anii 1929-1931, când Sulina a fost împărțită în două zone – una cu regim vamal normal, de la strada Căpitan Cariou, perpendiculară pe Dunăre, din fața bisericii grecești spre uzina de apă, și cealaltă zonă, scutită de taxe, de la aceeași stradă spre mare – contrabanda a luat amploare.

Pentru a evita posturile de control ale grănicerilor, localnicii transportau mărfurile pe gârlele din jurul localității. Iarna, când bălțile erau înghețate, contrabandiștii foloseau sănii pentru transportul mărfurilor. În acest context tensionat, au avut loc și confruntări între contrabandiști și grăniceri. Pe 21 mai 1931, în timpul unei lupte cu contrabandiștii, și-au pierdut viața un caporal și doi soldaţi. Unul dintre soldaţi era originar din Basarabia, iar celălalt era evreu din Brăila. Militarii de naţionalitate română sunt înmormântaţi în cimitirul creştin-ortodox, iar soldatul evreu, pe nume Schwarzmann Samoil, este înmormântat în cimitirul evreiesc. Pe pietrele funerare ale acestora este inscripţionat mesajul: **„Mort în îndeplinirea datoriei către ţară.”**

Pe gârlele din Sulina se desfăşura, în general, toată contrabanda, iar cârciumarii erau intermediarii principali. La crâşma lui Barba Spiro, aflată pe malul gârlei din mahalaua Colivari, bărcile erau încărcate cu marfă şi plecau pe gârlă la ghionder până la Anadol. De acolo, urmau traseul prin Lacul Roşuleţ, Lacul Roşu, Gârla Ivancea şi ieşeau pe Braţul Sfântul Gheorghe, continuând spre Dunavăţ şi Murighiol.

În acele vremuri, o altă gârliţă îngustă făcea legătura între Canalul Nicolae Bălcescu, cunoscut drept Gârla din Mahalaua Colivari, şi lacul Anadol. Această gârliţă era atât de îngustă încât doar lotcile mici, de până la 14 crevace, puteau trece. Pescarii îşi foloseau cu dibăcie ghionderele, prăjini lungi din brad, pentru a-şi împinge lotcile prin apă, căutând locurile bune de pescuit. În lacul Anadol, vintirele lor prindeau ştiuci, bibani, lini şi somni, peşti care abundau în apa curată şi vie.

Poveştile pescarilor din acea vreme sunt strâns legate de un cuter pescaresc numit Buival, botezat astfel în amintirea lacului. Cuterul Buival fusese construit în ianuarie 1947, la scurt timp după război, şi avea portul de înregistrare la Sulina. Cu o lungime de aproape 11 metri şi propulsat de un motor diesel D110 de 65 de cai putere, Buivalul brăzda apele deltei, ajutându-i pe pescari să-şi ducă capturile în siguranţă la cherhanalele din Sulina şi Sfântul Gheorghe.

Ani la rând, Buivalul a fost un companion de încredere pentru pescarii de la Întreprinderea Piscicola Sulina şi Sfântul Gheorghe. În el se regăsea munca grea, dar plină de satisfacţii, a celor care îşi câştigau traiul din belşugul apelor deltei.

Însă, la sfârşitul anilor '80, totul s-a schimbat. Construcţia canalului Sulina-Sfântul Gheorghe, care lega litoralul de Dunăre, a transformat peisajul deltei pentru totdeauna. Multe dintre bălţile şi lacurile din zonă şi-au pierdut strălucirea de altădată, iar Anadolul nu a fost o excepţie. Apa limpede a lacului a devenit stagnantă, iar odată vibrantul ecosistem a fost redus la o simplă japsă cu apă statuta.

La scurt timp după Revoluţie, Buivalul, ca multe alte cutere pescăreşti, a fost casat. Era sfârşitul unei epoci în care pescuitul tradiţional şi viaţa liniştită a deltei erau la ordinea zilei. Pescarii de odinioară îşi aminteau cu nostalgie de lacul Anadol şi de zilele petrecute pe cuterul Buival, când Delta Dunării era încă un paradis natural nealterat.

Gârla de la Cimitir din Sulina

Pe vremuri, Gârla de la Cimitir era cunoscută drept ultima trecătoare înainte ca oraşul să întâmpine liniştea solemnă a cimitirului de la marginea Sulinei. Apa sa curgea lent, aproape reverenţioasă, parcă în ton cu sobrietatea locului pe care îl mărginea. Această gârla era păzită de două ghetării imense, structuri din lemn şi piatră învelite cu stuf, unde pescarii îşi depozitau peştele prins în apele Dunării şi mării. În dimineţile de vară, aburii reci ce se ridicau de la ghetării contrastau cu căldura aerului, creând un peisaj aproape ireal. Cele două ghetării erau folosite pentru depozitarea gheţii şi a peştelui pe timpul verii.

Sulina vedere aeriană cu cimitirul,cele doua ghețarii şi Gârlă de la cimitir

Î n timpul războiului, ghetăriile au fost devastate, iar după conflict, gârla a fost astupată. Odată cu dispariţia ei, o parte din istoria oraşului s-a stins, lăsând în urmă doar amintirile bătrânilor care îşi mai aduceau aminte de acele vremuri.

Gârla Abatorului

Gârla Abatorului, cunoscută şi ca Gârla lui Gâscă, era locul unde odinioară se desfăşura o mare parte din activitatea zilnică a oraşului.

Cele două poduri care străbăteau gârla erau puncte de întâlnire pentru locuitorii Sulinei, locuri unde se schimbau noutăţi şi se legau prietenii.

După al Doilea Război Mondial, gârla a fost astupată, iar podurile au fost demolate. Ce a rămas în urmă a fost un teren uscat şi amintirea unei vieţi care fusese odată vibrantă şi plină de energie.

Gârlă Abatorului(Gârlă lui Gaşca)şi podul principal care o traversa

G

Gârla de la Busurca

Gârla de la Busurcă, cunoscută localnicilor drept Gârla Baba Vera, era un canal destul de mare şi plin de farmec. Pe acest canal se ajungea la lacurile Roşu şi Roşuleţ, iar el există şi în prezent. Apa curgea liniştit, iar malurile erau adesea acoperite de sălcii aplecate, care ofereau umbră şi răcoare celor ce veneau să se odihnească sau să pescuiască în linişte. Această gârlă, la fel ca multe altele, făcea legătura între balta din sudul oraşului şi Dunăre, menţinând echilibrul natural al apelor din zonă.

Deşi nu era la fel de cunoscută ca alte gârle, Gârla Baba Vera era apreciată de localnicii din apropiere. Aceasta este cea mai lată şi mai adâncă gârlă din zonă, iar în trecut, peste ea trecea un pod.

Gârlă Busurca cu podul de trecere la Mm 2

Podul a fost demolat la sfârșitul anilor '60, odată cu începutul construcției canalului și a digului din apropierea localității, pentru a permite instalarea stâlpilor de înaltă tensiune necesari conectării la rețeaua electrică națională, la care Sulina a fost racordată în 1974, după ce fusese alimentată până atunci de generatoarele proprii ale uzinei locale.

Gârla lui Manolache Lazăr

În cartierul Prospect, Gârla lui Manolache Lazăr, situată la Mm 2, era un loc cunoscut pentru liniștea și frumusețea sa naturală. Manolache Lazăr, un bătrân pescar, obișnuia să își lege barca de un trunchi bătrân de salcie și să pescuiască ore în șir în această gârla.

Gârla lui Manolache Lazăr era situată lângă grădina și căsuța fiului lui Blidaru Lazăr. Tatăl meu a cumpărat grădina, care includea și o mică crescătorie de țipari, folosiți drept momeală pentru pescuitul somnilor. Această gârlă a fost astupată la sfârșitul anilor '70, odată cu construirea canalului și a digului de protecție din Prospect, pe malul stâng al orașului.

Cu timpul, gârla a devenit un loc de întâlnire pentru pescari, un refugiu unde se discutau strategiile de pescuit și se povesteau legendele Dunării.

Gârla de la Farul Vechi

Gârla de la Farul Vechi se afla pe malul stâng, în apropierea farului vechi de pe digul de nord. Prin această gârlă, o parte din apele Dunării se scurg în Golful Musura. În perioada 1921-1925, aici se afla șenalul navigabil pe unde navele intrau pe Canalul Sulina, cunoscut și sub denumirea de „Șenal Provizoriu", până la finalizarea lucrărilor de prelungire a digurilor în mare și dragarea noii guri de vărsare.

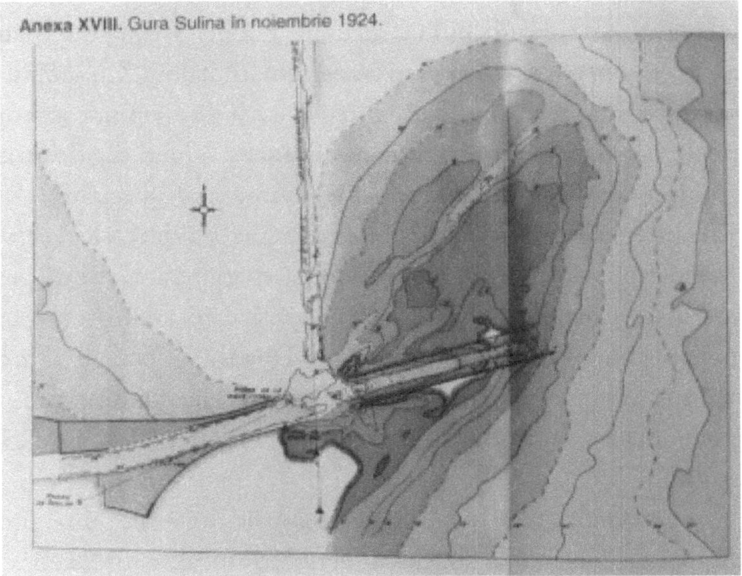

Gura de vărsare a Dunării în 1924

Vechea intrare pe Canalul Sulina între anii 1921-1924.

Canalul și digul de centură din Sulina

În anii '80, orașul Sulina, aflat la întâlnirea dintre Dunăre și Marea Neagră, a fost scena unei transformări majore. Cu scopul de a proteja localitatea de inundațiile frecvente și de a extinde terenurile agricole, s-a demarat construcția unui canal și a unui dig de centură, un proiect ambițios menit să aducă siguranță și prosperitate.

La începutul anilor '80, graiferele, dragile, buldozerele și echipele de muncitori au început să lucreze la marginea orașului pentru construcția canalul și digului de centură care au fost proiectate pentru a controla apele revărsate ale Dunării și pentru a proteja terenurile din sudul orașului. Muncitorii au lucrat din greu, zi și noapte, pentru a ridica structurile care urmau să schimbe fața orașului.

După finalizarea lucrărilor, terenurile agricole din incinta îndiguită au început să rodească. Fermierii locali erau încântați de recoltele bogate, mulțumită îngrășământului natural provenit din vegetația de plaur putrezită. Pentru câțiva ani, câmpurile erau pline de culturi verzi și sănătoase, iar speranțele comunității erau la cote înalte. Cu toate acestea, bucuria a fost de scurtă durată.

Construirea digurilor la canalul 4

Solul, care odinioară fusese fund de mare, conținea nisip sărat. Pe măsură ce plaurul s-a așezat și a absorbit sărătura, terenul a început să devină infertil. Recoltele bogate au devenit o amintire, iar fermierii au fost nevoiți să își adapteze activitatea, folosind terenul mai mult pentru pășunatul animalelor decât pentru agricultură. Chiar dacă problemele solului au fost dezamăgitoare, construcția canalului și a digului de centură a adus numeroase beneficii. Nivelul pânzei freatice a scăzut pe strada a VI-a, permițând construirea de noi locuințe. Acest lucru a dus la extinderea orașului și la dezvoltarea unei noi comunități prospere. Proiectul a mărit și suprafața de teren intravilan și extravilan, oferind noi oportunități pentru dezvoltare. Sulina a început să se transforme într-un oraș modern, cu o infrastructură mai bună și mai multe facilități pentru locuitori.

Astăzi, canalul și digul de centură sunt o parte integrantă a peisajului Sulinei. Aceste structuri stau mărturie a ingeniozității și determinării comunității de a îmbunătăți condițiile de trai și de a proteja mediul înconjurător.

Povestea filmului "Toate pânzele sus"

În vara anului 1976, oraşul Sulina a devenit un adevărat platou de filmare pentru serialul "Toate pânzele sus", o ecranizare a romanului lui Radu Tudoran. Autorul a petrecut o perioadă la Sulina pentru a se documenta pentru romanul său. Unele fapte şi evenimente descrise în roman chiar s-au petrecut în Sulina, aşa cum le povesteşte scriitorul. De la epavele naufragiate pe ţărmul mării, la jefuirea de către piraţi a corăbiilor care erau puse pe uscat, până la ascunzătoarea piraţilor din bălţile din zonă. Scorbura lui Spânul, ascunzătoarea lor, a fost inspirată din povestea celor trei tâlhari ruşi care îşi făcuseră adăpost în bălţile de lângă Sulina. Pentru a nu se plictisi, aceştia luaseră cu ei trei fete să le ţină de urât.

Scenografia pentru serialul *Toate pânzele sus* a fost realizată în diverse locaţii emblematice din Sulina, aducând un aer de epocă pe faleză, în zona restaurantului „Marea Neagră", la farul vechi de pe Digul de Nord, pe plajă şi la gârla Nicolae Bălcescu.

În timpul filmărilor de pe strada I, decorurile au fost concepute cu grijă pentru a reda atmosfera unui oraş-port din alte vremuri, păstrând autenticitatea clădirilor istorice şi a elementelor arhitecturale locale. O arcadă de lemn, construită între una dintre clădirile vechi și restaurantul „Marea Neagră", completa imaginea pitorească și specifică orașului Sulina.

Pe partea dreaptă a străzii, chiar lângă arcadă, se afla taverna „La Palicarul Amărât", un loc plin de istorie și povești. Aici, în mijlocul agitației zilnice, avea loc scena în care Izmail, un personaj pitoresc și plin de haz, îl certa pe Chir Aristide să fie atent să nu strice plachia de crap (crap făcut la cuptor cu cartofi sau varză), un fel de mâncare tradițional și îndrăgit. Această interacțiune anima scena, dezvăluind aspecte din viața marinarilor și a locuitorilor din Sulina de altădată – o existență simplă, dar încărcată de farmec și autenticitate.

O fotografie cu locul unde, în 1976, s-au turnat secvențe pentru Toate pânzele sus: decorurile cu arcada din lemn, amenajate între R. Marea Neagră și clădirea bibliotecii de lângă primărie.

În fața tavernei, la estacada de lângă chei, era acostată Speranța, vasul emblematic din povestea Toate pânzele sus.

Lângă farul vechi de pe Digul de Nord, s-au construit o mică căsuță și un șopron, adăugând un plus de autenticitate decorurilor. Restaurantul "Marea Neagră" și clădirile din apropierea primăriei au fost decorate în stilul perioadei reprezentate în film, creând o atmosferă captivantă pentru scenariul marinăresc al serialului. Un moment deosebit a fost sosirea goeletei Speranța în portul Sulina. Goeleta, vedeta filmului, fusese transformată din pescadorul "Jirlău", construit la Turnu Severin.

Corabia Speranța

Transformarea a fost realizată de ofiţerul de marină Marin Deboveanu într-un şantier din Brăila, cu piese fabricate în şantierele din Galaţi, Brăila şi Tulcea. Catargele goeletei au fost realizate din patru pini aduşi de la Satu Mare, iar suprastructura pescadorului a fost modificată complet pentru a da naştere elegantei nave Speranţa.

Platoul de filmare la farul de pe digul de nord 1976

După finalizarea lucrărilor, Speranța a fost inspectată și înregistrată de Registrul Naval German, Germanischer Lloyd. Goeleta a avut o carieră impresionantă pe mare, fiind folosită în mai multe producții cinematografice, precum "Vasul Fantomă", "Doi ani de vacanță", și "Pirații din Pacific". Pe timpul filmărilor serialului "Toate pânzele sus", Speranța a devenit un simbol al aventurii și al marinarilor curajoși. Mulți dintre locuitorii din Sulina au participat ca figuranți, aducând un plus de autenticitate scenelor filmate.

Comandantul navei și regizorul secund al filmului, ofițerul de marină Marin Deboveanu, a jucat un rol important în coordonarea filmărilor și în asigurarea unei experiențe de neuitat pentru echipa de producție. După terminarea filmărilor, Speranța a fost dusă în portul Tomis din Constanța. În iarna anului 1980, o furtună puternică a dus la scufundarea navei, îmbrăcată în gheață. A fost ulterior ranfluată și tăiată la fier vechi în 1983, marcând sfârșitul unei epoci. Astăzi, singurul martor tăcut al acelor zile de filmare este farul vechi de pe Digul de Nord. Deși gârla și podurile de lemn din Sulina nu au rezistat timpului, farul rămâne un simbol al amintirilor și al poveștilor trecute. Vizitatorii care trec pe lângă acest far pot simți fiorii unei istorii bogate şi pot imagina secvenţele din filmul "Toate pânzele sus", care a captivat inimile multor generaţii. Această poveste a oraşului Sulina şi a goeletei Speranţa, împreună cu oamenii care au contribuit la aceste momente unice, rămâne vie în memoria colectivă, un testament al unei perioade de creativitate şi aventură.

*Clădirea unde s-au amenajat decorurile pentru filmul **Toate pânzele sus**, în care, înainte de război, a funcţionat cofetăria **Apesos**, aparţinea negustorului grec Stamati*

Nava, impunătoare şi robustă, părea să facă parte din viaţa cotidiană a locului, oferind un cadru perfect pentru atmosfera marină şi aventuroasă a filmului. Privind scena, îţi puteai imagina cum marinarii se întorceau din larg, aducând poveşti şi mărfuri din ţinuturi îndepărtate, iar portul Sulina, vibrant şi cosmopolit în acele vremuri, era locul unde se întâlneau diverse culturi şi influenţe.

Povestea călătoriilor pe ape şi vise abandonate

în Sulina

Oraşul Sulina, aşezat la capătul lumii, acolo unde Dunărea se întâlneşte cu marea, a fost mereu un loc al apei. Înconjurat din toate părţile de ape, Sulina şi localităţile izolate din Deltă au trăit şi au supravieţuit datorită acestor canale. În trecut, la fel ca în prezent, transportul locuitorilor se realiza pe apă, cu ajutorul navelor de pasageri, care, de-a lungul anilor, au fost modernizate pentru a ţine pasul cu nevoile şi speranţele oamenilor.

În perioada interbelică, Sulina era un punct de plecare nu doar pentru cei care călătoreau în ţară, ci şi pentru cei care visau să vadă alte orizonturi. Navele de pasageri maritime mixte - Ardealul, Peleş, Carpaţi, Alba Iulia, Cavarna şi Sulina - nu doar transportau mărfuri generale, dar şi pasageri, legând astfel Sulina de porturi îndepărtate din Turcia, Grecia şi Italia. Aceste călătorii pe mare reprezentau nu doar o necesitate, ci şi o fereastră către lume, o oportunitate de a evada din izolare şi de a explora alte ţărmuri.

În acele vremuri, Comisiunea Europeană a Dunării a visat să aducă Sulina şi mai aproape de restul lumii. Un proiect ambiţios a fost gândit pentru construirea unui mic aeroport în oraş, un loc unde avioanele ar fi putut ateriza şi decola, făcând legătura cu alte mari oraşe europene. Dar destinul a avut alte planuri. Odată cu retragerea Comisiunii din Sulina şi cu izbucnirea celui de-al Doilea Război Mondial, acest vis a fost abandonat, iar proiectul a rămas doar o pagină dintr-o istorie neîmplinită.

Anii au trecut, şi la mijlocul anilor '80, un alt vis a prins contur. De această dată, se vorbea despre construirea unei şosele care să lege Sulina şi localităţile din Deltă de continent. Două rute erau în discuţie: una pe malul mării şi alta de-a lungul Canalului Sulina, cu trecere bac la Nufărul pe Braţul Sfântul Gheorghe. Această idee părea să fie soluţia pentru a scoate Sulina din izolare, pentru a facilita accesul şi pentru a transforma oraşul într-un loc mai accesibil.

Dar şi acest vis a fost îngropat odată cu căderea regimului comunist. Planurile pentru şosea au fost abandonate, iar Sulina a rămas, ca şi până atunci, legată de lume prin apă, cu amintirile unor proiecte neîmplinite plutind la suprafaţă.

Inundaţiile din Sulina: Povestea unui oraş la mila apelor

În oraşul Sulina, primăvara nu aduce doar renaşterea naturii, ci şi ameninţarea constantă a apelor învolburate. Încă din vremuri de demult, locuitorii ştiu că atunci când vântul bate din direcţia est sau nord-est, aducând cu el apa din mare, Dunărea îşi schimbă cursul liniştit şi se transformă într-o forţă necruţătoare. În acele momente, fluviul se revarsă peste cheu, inundând faleza şi zonele joase ale oraşului, lăsând în urmă străzi acoperite de ape şi case aflate la mila naturii.

Primăverile anilor 1970 și 1979 au fost unele de neuitat pentru locuitorii Sulinei. Timp de trei zile, vântul a suflat nemilos din est și nord-est, împingând apele Dunării dincolo de malurile obișnuite. Orașul a fost prins în strânsoarea apelor: faleza, mândria localnicilor, a fost inundată, iar zonele joase, inclusiv Prospectul orașului și Șantierul Naval, au fost acoperite de ape. În fața acestui spectacol terifiant al naturii, oamenii au încercat să salveze ce se putea, dar forța Dunării a fost copleșitoare.

Sulina , în timpul inundațiilor din 1977

După această inundație devastatoare, autoritățile au decis că era timpul să acționeze pentru a preveni astfel de dezastre pe viitor. În anul 1980, s-a construit un dig de protecție din beton pe faleza orașului, sperând că acest zid va fi suficient pentru a ține apele la distanță. În plus, s-a săpat un canal cu dig de centură în partea de sud a localității, o măsură menită să protejeze Sulina de furia apelor. Cu toate acestea, natura a demonstrat din nou că planurile oamenilor sunt adesea insuficiente. Eficiența digului de protecție de pe faleza orașului s-a dovedit a fi limitată. Deși solid și impunător, digul nu putea împiedica apele Dunării să refuleze prin canalizări atunci când nivelul fluviului depășea cotele normale. Așa s-a întâmplat de mai multe ori, în diverse primăveri, când Dunărea, alimentată de vânturile puternice şi de apele mării, a inundat din nou oraşul.

Sulina , în timpul inundaţiilor din 1907

Cele mai mari inundaţii din istoria Sulinei au avut loc în primăverile anilor 1907, 1970, 1977 şi 1979. Fiecare dintre aceste evenimente a lăsat urme adânci în memoria colectivă a oraşului, amintindu-le oamenilor cât de vulnerabili sunt în faţa forţelor naturii. În fiecare primăvară, locuitorii privesc cu îngrijorare către Dunăre, întrebându-se dacă, de data aceasta, zidurile şi digurile vor fi suficiente. Povestea inundaţiilor din Sulina este o poveste despre supravieţuire, despre curajul de a reconstrui şi de a merge mai departe, chiar şi atunci când totul pare pierdut. Este o lecţie despre respectul pentru natură şi despre nevoia permanentă de a găsi soluţii mai bune pentru a proteja oraşul de capriciile apei.

Povestea Hotelului Sulina

În vara anului 1984, oraşul Sulina, aflat la gurile Dunării, era în plină efervescenţă. Construcţia hotelului Sulina, care urma să fie una dintre cele mai moderne şi atrăgătoare edificii din zonă, atrăgea atenţia locuitorilor şi turiştilor deopotrivă. Antrepriza de construcţii hidrotehnice Galaţi, Brigada Tulcea, condusă de inginerul Radu Zaim, lucra de zor pentru a finaliza proiectul de pe malul drept al Dunării, lângă Bazinul Fluvial, cunoscut localnicilor sub denumirea de Bazinul Mic.

Hotelul Sulina 1985

Hotelul Sulina era menit să fie un simbol al modernităţii şi un punct de referinţă pentru turismul local, având ca beneficiar Ministerul Turismului. Construcţia a fost finalizată în 1985 şi a devenit rapid un punct central al vieţii sociale şi culturale din Sulina. Restaurantul cu terasă oferea privelişti impresionante asupra Dunării, iar locurile de cazare erau mereu pline de turişti veniţi să exploreze Delta Dunării. În acea perioadă, hotelul era administrat de Oficiul Judeţean de Turism (O.J.T.) Tulcea, sub conducerea directorului Ciucan. În fiecare seară, restaurantul se umplea de oameni veniţi să se bucure de preparatele delicioase şi de muzica live care răsuna de pe terasă.

Atmosfera era vibrantă, iar hotelul devenise rapid o atracţie de neocolit pentru oricine vizita oraşul. La începutul anilor '90, etajul superior al hotelului a fost transformat într-o discotecă, unde tinerii din Sulina îşi petreceau serile, mai ales în lunile calde de vară. Muzica răsuna până târziu în noapte, iar ringul de dans era mereu plin. Această discotecă a devenit un simbol al verilor petrecute în Sulina, un loc unde tinerii se întâlneau, dansau şi îşi făceau amintiri de neuitat. Anii au trecut, iar hotelul Sulina a continuat să fie un reper important pentru oraş. Cu toate acestea, odată cu schimbările economice şi sociale din România, hotelul a intrat într-un regim privat. În prezent, se află în curs de reabilitare, iar planurile pentru viitor includ restaurarea gloriei de odinioară şi aducerea unui suflu nou în peisajul turistic din Sulina. Povestea hotelului Sulina este una a evoluţiei şi transformării, un simbol al vremurilor care au fost şi al celor care urmează să vină. De la o construcţie modernă pe malul Dunării, la un loc plin de viaţă şi muzică, şi acum, în pragul unei noi ere, hotelul rămâne o parte esenţială a istoriei şi identităţii oraşului Sulina.

Povestea Fabricii Conserve Peşte Sulina

În primăvara anului 1973, oraşul Sulina era martorul unui eveniment major: inaugurarea fabricii de conserve din peşte, un simbol al dezvoltării economice şi industriale a zonei. Lucrările de construcţie ale fabricii au început în anul 1970 şi au fost finalizate în 1973, când a început să funcţioneze şi fabrica de gheaţă. În această perioadă, personalul a fost trimis la specializare în diverse şcoli profesionale cu contract, care pregăteau frigotehnişti, electricieni, instalatori şi alţi specialişti. Primele conserve din peşte au fost produse în primăvara anului 1974, într-un ritm intens, lucrându-se în trei schimburi, fiecare cu aproximativ 150 de persoane.

Pentru a suplini forţa de muncă necesară, au fost aduşi oameni din diverse zone ale ţării, în special din Moldova. În acest context, a fost construit şi un cămin de nefamilişti pe faleza din apropierea fabricii, denumit în glumă de localnici "Blocul NATO". În prezent, acest cămin a fost renovat şi transformat într-un hotel turistic. Mulţi dintre cei veniţi să lucreze la fabrică s-au stabilit în Sulina, contribuind la dezvoltarea comunității locale.

Colectivul de femei de la fabrica de pește în 1988

Fabrica producea conserve de foarte bună calitate, având ca materie primă peștele oceanic pescuit de pescadoarele românești de pe Coasta de Vest a Africii. Pe aceste nave lucrau mulți oameni din Sulina și din alte localități din Delta Dunării.

Întoarcerea acestor marinari din voiaje era un prilej de bucurie pentru familiile din Deltă, deoarece aduceau acasă obiecte la mare căutare pe atunci, precum covoare și carpete. Un cântec popular din acea vreme reflecta acest entuziasm:

"Într-o joi de dimineață,
Îmi spuse nevasta-n față:
Că am aflat o șmecherie,
Să scăpăm de sărăcie.
Du-te, dragă, la ocean,
Și adu-mi carpete și bani.
Pe ocean m-am ambarcat,
Și la cursă am plecat,
Să-i aduc nevestii mele
Bănișori și covorele..."

Fabrica Conserve Pește Sulina

Navele de tip Polar asigurau transportul peștelui congelat din zonele de pescuit către fabricile de conserve din Sulina și Tulcea. După decembrie 1989, activitatea fabricii a scăzut treptat din cauza lipsei de materie primă, peștele oceanic, și a scăderii comenzilor pentru piața de desfacere. Peștele din Delta Dunării era insuficient pentru a susține producția, iar pe piața românească apăruseră conserve din Thailanda, mai ieftine și cu comisioane avantajoase pentru distribuitori.

În anul 1997, fabrica și-a încetat complet activitatea, iar

instalaţiile şi bunurile mobile au fost scoase la licitaţie sau vândute ca fier vechi. Astfel, o eră a industriei locale s-a încheiat, lăsând în urmă amintiri despre o perioadă de prosperitate pentru comunitatea din Sulina.

Povestea primului bloc de locuinţe Sulina

În anul 1968, la Sulina a început construcţia primului bloc de locuinţe, un proiect ambiţios al Întreprinderii Piscicole Sulina. Acesta a fost finalizat în 1970, marcând un moment semnificativ în dezvoltarea urbanistică a oraşului. Până la acel moment, singura clădire cu două etaje din Sulina era Hotelul Farul, cunoscut anterior ca Hotel Camberi, construit la începutul secolului XX. Blocul de locuinţe al Întreprinderii Piscicole Sulina, cu o fundaţie clasică, a fost un simbol al modernizării, dar şi un exemplu al provocărilor pe care le prezenta solul dificil al Deltei Dunării. Din cauza pânzei freatice foarte apropiate de suprafaţă şi a naturii instabile a terenului, blocul s-a afundat în aproximativ 45 de ani cu circa un metru. Această experienţă a influenţat metoda de construcţie pentru următoarele serii de blocuri de locuinţe, ridicate la începutul anilor '80. Noile construcţii au fost realizate pe o fundaţie cu pernă de nisip, o tehnică ce a oferit o mai bună rezistenţă în faţa solului problematic al oraşului Sulina, care era compus dintr-un amestec complex, inclusiv pământ adus de corăbii ca lest din diverse colţuri ale lumii.

Primul bloc din Sulina de locuințe

Această metodă inovatoare de construcție a permis noilor blocuri să reziste mai bine în timp, oferind locuitorilor o stabilitate și siguranță sporită.

Sulina - Orașul dintre ape: o punte între trecut și viitor (povestea de încheiere)

La sfârșitul anilor '60, Sulina începea să-și scrie un nou capitol al dezvoltării, atrăgând tineri din satele limitrofe și din întreaga țară, în special din Moldova. Odată cu înființarea noilor întreprinderi și crearea locurilor de muncă, orașul a cunoscut o creștere demografică semnificativă, ajungând la o populație de 8300 de locuitori în 1988. În anii '80, Sulina era un oraș vibrant, cu două hoteluri, 36 de magazine, poștă, cinema, bibliotecă, liceu, două școli, spital și 700 de posturi telefonice. Portul liber și șantierul naval erau inima activităților economice, iar pescuitul continua să fie o sursă importantă de venit pentru mulți locuitori.

În 1985, noul și modernul far de aterizare a intrat în funcțiune, iar celelalte faruri de intrare au fost renovate, marcând o nouă eră de siguranţă pentru navigaţie. După 1990, zona a fost inclusă în patrimoniul protejat UNESCO, devenind parte a Rezervaţiei Biosferei Delta Dunării, gestionată de Administraţia Rezervaţiei Biosferei Delta Dunării (ARBDD). Cu toate acestea, restricţiile impuse pentru protecţia mediului au limitat activităţile economice şi industriale tradiţionale, provocând dificultăţi pentru locuitorii Sulinei. Scufundarea navei "Rostok" la mila marină 31 şi stagnarea tranzacţiilor comerciale la zona liberă AZL Sulina au contribuit la mutarea activităţilor comerciale în portul Constanţa-Agigea Sud, lăsând Sulina într-o stare de linişte forţată. În ciuda acestor provocări, Sulina continuă să atragă turişti care redescoperă frumuseţea unică a zonei, transformând pensiunile într-un refugiu de vacanţă. Vara, oraşul prosperă, iar iarna se aşterne liniştea, ca un vals al anotimpurilor care îşi urmează cursul firesc.

În 2002, Sulina avea peste 4600 de locuitori, dar numărul acestora a scăzut la 3600 în 2012, cu o diversitate etnică ce reflectă bogata sa istorie: 81,93% români, 9,88% ruşi lipoveni, 1,69% greci şi 1,23% ucraineni. Cu o suprafaţă de 330 km^2 şi un nou drum spre plajă deschis în octombrie 2011, Sulina îşi păstrează speranţa într-un viitor luminos. Astăzi, oraşul dintre ape, cu farurile sale strălucitoare şi poveştile sale nesfârşite, stă la răscrucea timpului. Deşi Eugeniu Botez a prezis că "În momentul în care se va deschide o altă cale de acces pe apă, acest orăşel fără industrie, fără agricultură va fi sortit pieirii", Sulina refuză să se stingă. Aşa cum valurile Dunării întâlnesc apele mării, oraşul îşi găseşte mereu calea de a renaşte, adaptându-se şi reinventându-se.

Sulina, cu sufletul său de marinar şi poveştile sale de demult, continuă să fie o punte între trecut şi viitor, un loc unde tradiţia şi natura îşi dau mâna, iar spiritul comunităţii rămâne neclintit în faţa provocărilor. Ca un far în noapte, Sulina străluceşte, promiţând că va rămâne un simbol al rezilienţei şi al speranţei pentru generaţiile viitoare.

SFÂRȘIT

În adâncul valurilor sărate, corăbiile au purtat povara cărămizilor și a pietrelor din porturi îndepărtate, în timp ce vântul le împingea spre necunoscut, asemenea unor sculptori care cioplesc cu migală în piatra albă. Corăbiile, când plecau din porturile lumii, pentru a avea stabilitate pe mare, încărcau jos, în cală, materiale de construcții: cărămidă, piatră de Malta, calcar, țiglă și olane turcești. Deasupra, puneau marfă ușoară: ceai, mirodenii, tutun, cafea, precum și alte produse care aveau cerere în porturile dunărene. Cele care nu aveau materiale de construcții puneau ca lest pământ în saci sau chiar nisip de râu, iar deasupra așezau marfa ușoară.

Astfel, din greutatea lestului de odinioară, Sulina s-a transformat într-o bijuterie arhitecturală, un orășel european cochet, ce poartă în zidurile sale ecoul unui trecut plin de aventură și curaj. Așa cum fiecare corabie și-a găsit drumul înapoi către țărm, Sulina și-a găsit locul în istorie, o perlă născută din mâinile care au construit-o cu materialele aduse de valurile lumii.

Bibliografie

1. **Brătianu, Gh. I.** - *Marea Neagră de la origini până la cucerirea otomană*, Editura Meridiane, București, 1988.
2. **Bondar, C.** *Comisia Europeană a Dunării și opera sa de la 1856 la 1931.* Traducere din limba franceză.
3. **Demir, Erwin** - *Comisiunea Europeană a Dunării și rolul ei în dezvoltarea economică a Sulinei*, Editura Fundației Culturale Române, București, 2001.
4. **Ionescu, Petru** - *Istoria Dobrogei*, Editura Enciclopedică, București, 1995.
5. **Stoian, Vasile** - *Sulina - străvechi oraș maritim*, Editura Albatros, București, 1977.
6. **Teodor, Dan Gh.** - *Cetatea de la Sfântu Gheorghe și rolul său în controlul gurilor Dunării*, Editura Academiei Române, București, 1994.
7. **Bărbulescu, M.** - *Istoria României*, Editura Corint, București, 2007.
8. **Constantiniu, Florin** - *O istorie sinceră a poporului român*, Editura Univers Enciclopedic, București, 1997.
9. **Georgescu, Vlad** - *Istoria României de la origini până în zilele noastre*, Editura Humanitas, București, 1992.
10. **Giurescu, Dinu C.** - *Istoria ilustrată a românilor*, Editura Sport-Turism, București, 1981.
11. **Sorin, Alex** - *Porturi și navigație în Marea Neagră*, Editura Albatros, București, 1980.

1. **Cojoc, Dinu** - *Dunărea Maritimă: Istorie și perspectivă*, Editura Militară, București, 1983.

2. **Popescu, Nicolae** - *Economia Dunării de Jos*, Editura Economică, București, 2002.

3. **Marian, Petre** - *Navigația pe Dunăre în epoca modernă*, Editura Academiei Române, București, 1990.

4. **Alexandrescu, Ion** - *Comerțul maritim al României*, Editura Științifică, București, 1967.

5. **Vulcănescu, Romulus** - *Civilizația română sătească*, Editura pentru Literatură, București, 1966.

6. **Iordache, Ion** - *Arhitectura tradițională din Delta Dunării*, Editura Tehnică, București, 1975.

7. **Dragomir, Elena** - *Religie și viață cotidiană în Delta Dunării*, Editura Universitară, București, 2003.

8. **Stanciu, Florin** - *Mituri și legende din Delta Dunării*, Editura Ion Creangă, București, 1980.

9. **Bogdan, Gheorghe** - *Biodiversitatea Deltei Dunării*, Editura Albatros, București, 1998.

10. **Munteanu, Adrian** - *Pescuitul tradițional în Delta Dunării*, Editura Sport-Turism, București, 1984.

11. **Popescu, Cornel** - *Geografia Deltei Dunării*, Editura Universitară, București, 1993.

12. **Vasilescu, Mircea** - *Ecologia Deltei Dunării*, Editura Științifică, București, 1987.

13. **Constantin, Maria** - *Turismul în Delta Dunării*, Editura Fundației Culturale Române, București, 2005.

14. **Grigore, Alexandru** - *Flora și fauna Deltei Dunării*, Editura Academiei Române, București, 1992.

15. **Ionescu, Vasile** - *Gastronomia Deltei Dunării*, Editura Albatros, București, 1995.

16. **Dumitrescu, Radu** - *Sate și orașe dunărene*, Editura Tehnică, București, 1973.

17. **Niculescu, Ion** - *Monumente istorice din Dobrogea*, Editura Meridiane, Bucureşti, 1981.

18. **Popa, Andrei** - *Transporturile pe apă în România*, Editura Militară, Bucureşti, 1968.

19. **Mihăilescu, Dumitru** - *Porturile Dunării*, Editura Ştiinţifică, Bucureşti, 1975.

20. **Manea, Lacrimioara, Madalina Ciocoiu, Iuliana Costea** - *Europolis. Destinul unui oraş-titlul unui roman*, Editura Istros a Muzeului Brailei 2013

Referinţe Internaţionale

1. **Jelavich, Barbara** - *History of the Balkans*, Cambridge University Press, 1983.

2. **King, Charles** - *The Black Sea: A History*, Oxford University Press, 2004.

3. **McNeill, William H.** - *Europe's Steppe Frontier*, University of Chicago Press, 1964.

4. **Pryor, John H.** - *Geography, Technology, and War: Studies in the Maritime History of the Mediterranean, 649-1571*, Cambridge University Press, 1988.

5. **Hobsbawm, Eric** - *The Age of Revolution: Europe 1789-1848*, Vintage Books, 1996.

6. **Braudel, Fernand** - *The Mediterranean and the Mediterranean World in the Age of Philip II*, Harper & Row, 1972.

7. **Wolf, Eric R.** - *Europe and the People Without History*, University of California Press, 1982.

8. **Norwich, John Julius** - *A Short History of Byzantium*, Alfred A. Knopf, 1997.

9. **Lewis, Bernard** - *The Middle East: A Brief History of the Last 2,000 Years*, Scribner, 1995.

10. **Quataert, Donald** - *The Ottoman Empire, 1700-1922*,

Cambridge University Press, 2000.

Studii Regionale și Locale

1. **Mihail, Adrian** - *Delta Dunării: Patrimoniu natural și cultural*, Editura Universitară, București, 2010.
2. **Enache, Dan** - *Viața socială în Delta Dunării*, Editura Meridiane, București, 2008.
3. **Lungu, Ana** - *Tradiții și obiceiuri din Delta Dunării*, Editura Albatros, București, 1999.
4. **Sandu, Ioan** - *Economia locală a Deltei Dunării*, Editura Economică, București, 2012.
5. **Ciobanu, Liviu** - *Delta Dunării: Ecologie și protecția mediului*, Editura Științifică, București, 2004.
6. **Marinescu, Victor** - *Evoluția geografică a Deltei Dunării*, Editura Academiei Române, București, 1997.
7. **Popescu, Florin** - *Explorările hidrografice ale Deltei Dunării*, Editura Tehnică, București, 1982.
8. **Tudor, Elena** - *Delta Dunării în literatură și artă*, Editura Sport-Turism, București, 1986.
9. **Bălan, George** - *Confluența culturilor în Delta Dunării*, Editura Fundației Culturale Române, București, 2001.
10. **Simion, Vasile** - *Arhitectura tradițională a Deltei Dunării*, Editura Tehnică, București, 1990.

Cuvinte populare folosite în Delta Dunării

Alimbare

Definiție: Proces de descărcare parțială a mărfurilor dintr-o navă pentru a trece peste bancuri de nisip sau ape puțin adânci, după care marfa este reîncărcată.

Origine: Termen utilizat în navigația pe Dunăre și Marea Neagră.

Caiuc

Definiție: este o ambarcațiune din lemn, folosită la pescuit și transport, cu peste 24 de crevace.

Origine: Cuvânt de origine turcă, folosit local în Delta Dunării.

Parus

Definiție: Velă specifică, folosită la caiucele maritime pentru o mai bună manevrabilitate.

Origine: Termen cu rădăcini slavone, preluat în vocabularul local.

Plaur

Definiție: Insulă plutitoare formată din vegetație acvatică specifică Deltei Dunării.

Origine: Termen autohton,

Șlep

Definiție: Navă fără propulsie proprie, folosită pentru transportul mărfurilor pe Dunăre.

Origine: Termen de origine germană, preluat și adaptat în limbajul naval local.

Liman

Definiție: Lac sau lagună formată prin bararea unui braț al Dunării.

Origine: Cuvânt de origine slavă, utilizat în toată regiunea deltei.

Cârciumă

Definiție: Han sau local mic, tradițional, unde se servesc băuturi și mâncăruri.

Origine: Cuvânt arhaic, folosit în multe zone rurale, inclusiv în Deltă.

Vâslă

Definiție: Instrument folosit la propulsarea bărcilor mici.

Origine: Termen tradițional pentru navigație.

derivat din tradiţiile şi geografia Deltei.

Fener

Definiţie: Far sau turn de semnalizare luminoasă folosit pentru ghidarea navelor.

Origine: Din turcescul „fener", însemnând „lumină" sau „felinar".

Cherhana

Definiţie: Un loc special amenajat pentru colectarea şi procesarea peştelui, de obicei la malul apei.

Origine: Cuvânt de origine turcă, frecvent folosit în comunităţile pescăreşti din Deltă.

Gârla

Definiţie: Canal sau braţ mic al Dunării, folosit adesea de pescari sau localnici pentru transport şi pescuit.

Origine: Cuvânt din limba română veche, folosit în special în regiunile de apă.

Grind

Definiţie: Fâşie de pământ înalt, formată între braţele fluviului sau în zona litorală.

Origine: Termen local, specific Deltei Dunării.

Lest

Definiţie: Greutate plasată într-o navă pentru a-i asigura stabilitatea.

Origine: Cuvânt de origine engleză şi germană, folosit în limbajul maritim.

Cherhanagiu

Definiţie: Persoană care administrează o cherhana (loc de colectare a peştelui).

Origine: Derivat din „cherhana", de origine turcă.

Vrană

Definiţie: Mic canal sau adâncitură în nămol, formată natural în deltă.

Origine: Termen regional, rar folosit în afara Deltei.

Ostrov

Definiţie: Insulă mică pe Dunăre, adesea acoperită de vegetaţie.

Origine: Cuvânt slavon, foarte utilizat în limbajul local.

Năvod

Definiție: Plasă mare de pescuit, utilizată pentru capturarea peștilor.

Origine: Termen tradițional românesc, foarte comun în comunitățile pescărești.

Șopron

Definiție: Construcție simplă, adesea din lemn, folosită pentru adăpostirea uneltelor sau a proviziilor.

Origine: Cuvânt arhaic, utilizat în special în regiunile rurale, inclusiv în deltă.

Bivuac

Definiție: Adăpost temporar improvizat, folosit adesea de pescari sau vânători în deltă.

Origine: Cuvânt de origine franceză, preluat și adaptat în limbajul local.

Zăpodie

Definiție: Zonă mlăștinoasă sau cu vegetație acvatică deasă.

Origine: Termen regional pentru terenuri umede, specific Deltei.

Țapin

Definiție: Unealtă folosită de pescari pentru manevrarea

Brac

Definiție: Barcă sau ambarcațiune de mici dimensiuni, folosită pentru transport scurt pe apă.

Origine: Cuvânt regional, utilizat în navigația locală.

Malmaș

Definiție: Plasă de pescuit mai mare, folosită pentru capturarea peștilor de talie mare.

Origine: Termen specific pescuitului tradițional în Delta Dunării.

Baltă

Definiție: Lac sau întindere de apă dulce, izolată de Dunăre, folosită pentru pescuit.

Origine: Cuvânt tradițional românesc, des utilizat în contextul Deltei Dunării.

Pătlăgică

Definiție: Nume popular pentru roșie sau vinete în limbajul local.

Origine: Cuvânt arhaic, folosit în comunitățile rurale.

Joagar

Definiție: Fierăstrău mare folosit în tăierea lemnului sau a plaurului.

peștelui mare.

Origine: Termen popular, provenit din vocabularul pescăresc.

Cocârț

Definiție: Termen popular pentru o unealtă sau o improvizație în gospodărie.

Origine: Cuvânt regional, cu sensuri multiple în funcție de context.

Hodină

Definiție: Odihnă, repaos, folosit adesea pentru a desemna pauza pescărească sau agricolă.

Origine: Cuvânt arhaic, utilizat în special în comunitățile rurale din deltă.

Moșie

Definiție: Pământ sau teren agricol, adesea folosit pentru agricultură sau pășunat.

Origine: Cuvânt arhaic, prezent în limbajul tradițional din deltă

Sfredel

Definiție: Unealtă folosită pentru a face găuri în lemn sau alte materiale.

Origine: Termen arhaic, utilizat în meșteșugurile

Origine: Termen tradițional, specific comunităților rurale.

Prăjină

Definiție: Băț lung folosit pentru a împinge bărcile în zonele cu ape mici.

Origine: Termen românesc, specific pescuitului tradițional

Chiup

Definiție: Vas mare de ceramică folosit pentru depozitarea apei sau alimentelor.

Origine: Cuvânt de origine turcească, folosit frecvent în gospodăriile tradiționale.

Tăruș

Definiție: Țepușă de lemn folosită pentru fixarea plaselor de pescuit sau a bărcilor la mal.

Origine: Termen tradițional, foarte utilizat în pescuitul local.

Găvan

Definiție: Adâncitură sau loc mai jos în teren, adesea umplut cu apă.

Origine: Cuvânt regional, utilizat în toată Dobrogea.

traditionale.

Cârje

Definiție: Piese de lemn folosite la susținerea uneltelor sau structurilor improvizate.

Origine: Cuvânt din limbajul tradițional al meșteșugarilor din deltă.

Braniște

Definiție: Zonă protejată, interzisă pentru pescuit sau vânătoare în anumite perioade.

Origine: Cuvânt arhaic, folosit și în contextul protecției mediului.

Vânturică

Definiție: Termen popular pentru o pasăre mică de apă, comună în deltă.

Origine: Cuvânt local, descriind fauna specifică Deltei Dunării.

Stufăriș

Definiție: Zonă acoperită de stuf, specifică Deltei Dunării.

Origine: Termen autohton, desemnând vegetația abundentă din regiune.

Ispol

Definiție O unealtă tradițională sculptată din lemn de plop, folosită pentru scoaterea apei din bărcile pescărești din Delta Dunării.

Ghionder

Definiție: Prăjină lungă din lemn, utilizată pentru a împinge bărcile în zonele de apă puțin adâncă.

Mahona

Definiție: Barcă mare de transport, folosită de pescari pentru a transporta capturile mari către cherhanale.

Japsă

Definiție: Zonă mlăștinoasă, cu apă stagnantă, specifică Deltei Dunării.

Cuter

Definiție: Navă mică, motorizată, utilizată pentru

Cherhanală

Definiție: Locație unde se colectează și procesează peștele prins, esențială pescuitul în larg sau în deltă.

pentru comunităţile pescăreşti.

Strǎpazanul

Definiţie: este un suport din lemn de salcâm, fixat într-un orificiu pe marginea bǎrcii pentru susţinerea ramelor. În Delta Dunǎrii mai este numit şi „cocici" (echivalentul termenului marinar „furchet")..

Lodca

Definiţie: Lodca provine din cuvântul rusesc „lodka", care înseamnǎ „barcǎ".

.

Rame

Definiţie: „Ramele" este termenul folosit în Delta Dunǎrii pentru vâsle.

Fundatoare

Definiţie: „Fundatoare" este o banchetǎ din lemn folositǎ în barcǎ.

Caldaram

Definiţie: „Caldaram" – loc înǎlţat în Delta Dunǎrii, format prin sǎparea unei gropi şi depunerea pǎmântului alǎturi, folosit pentru construirea unei case.

Tizic

Definiţie: „Tizic" – balegǎ de vite amestecatǎ cu paie uscate, folositǎ drept combustibil pentru foc.

Baran

Definiţie: dispozitiv sub forma unui tambur din lemn pus in miscare cu ajutorul unor bete fixat pe barca folosit de pescari pentru ridicatul plaselor si a greutatilor

Ciulci

Definiţie: „Ciulci" – îmbrǎcǎminte pentru picioare, confecţionatǎ dintr-un doc mai tare, folositǎ împreunǎ cu opincile de locuitorii din Delta în loc de cizme.

Naboica

Definiţie: „Naboica" – unealtǎ confecţionatǎ din lemn, folositǎ pentru batutul stufului pe case, la învelit (în

Tarpan

Definiţie: „Tarpan" – unealtǎ folositǎ pentru tǎiatul stufului.

limba germană „nemțește”)..

Despre Autori

Numele meu este Gheorghe Comârzan și sunt un pasionat colecționar și navigator. Am urmat Școala de Maiștri Militari de Marină, unde am dobândit cunoștințe esențiale despre navigație și viața pe mare. Deși nu sunt istoric de profesie, dragostea mea pentru istoria Sulinei și pentru obiectele vechi m-a determinat să devin un custode al trecutului acestui oraș pitoresc.

Interesul meu pentru viața Sulinei de altădată a fost stârnit la vârsta de doisprezece ani, când adunam lemne de pe plajă și am descoperit "Cimitirul corăbiilor", un loc unde se făceau lucrări de dragare și unde se găseau epavele navelor naufragiate. Fiecare obiect adus la suprafață de drage mă fascina și mi-a alimentat dorința de a afla cât mai multe despre trecutul acestei regiuni.

Am dedicat o mare parte din viața mea colectării de obiecte care reflectă istoria și tradițiile Sulinei.

Am adunat unelte tradiționale, piese de pe vechile corăbii, fotografii de epocă și multe alte artefacte pe care le-am expus în propria mea colecție numită "Expoziția Sulina Veche". Aceasta este situată în curtea casei mele, aproape de farul vechi și clădirea Comisiunii Europene a Dunării. Colecția include obiecte tradiționale folosite în Deltă, piatra originală a morii de vânt a strabunicului meu, fotografii şi documente de familie, obiecte navale vechi, fotografii şi obiecte legate de cosmopolitismul din Sulina, un caiuc maritim folosit la pescuitul la mare şi o reproducere a morii de vânt a străbunicului meu din Sulina.

Expoziţia mea nu este doar o colecţie de obiecte, ci o poveste în sine. Fiecare piesă are propria sa poveste, fie că este vorba de un ulcior vechi folosit de străbunici sau de un clopot naval folosit pentru semnalizare. Am avut onoarea de a fi gazda multor vizitatori care au venit să afle mai multe despre istoria Sulinei şi să audă poveştile pe care le spun cu pasiune despre acest loc minunat.

Prin munca mea, încerc să păstrez vie memoria acestui loc şi să împărtăşesc frumuseţea şi bogăţia istoriei sale cu toţi cei care doresc să o descopere. Sper ca eforturile mele să inspire şi să fascineze generaţiile viitoare, la fel cum m-a inspirat pe mine acest oraş deosebit.

Iacob Nicolae
M-am născut în Sulina, oraşul copilăriei mele, unde am crescut înconjurat de poveştile Dunării şi ale mării, într-un peisaj încărcat de istorie şi mister. Aici, fiecare colţ de stradă şi fiecare val aduc aminte de oameni şi întâmplări ce merită păstrate în memoria colectivă. Sulina mi-a oferit un cadru unic, ce a aprins în mine o curiozitate profundă şi o dragoste pentru tradiţie şi inovaţie. Inginer de profesie, mi-am dedicat cariera ingineriei marine şi navale, domeniu ce m-a fascinat încă din tinereţe. Am urmat studii la Facultatea de Arhitectură Navală din cadrul Universităţii „Dunărea de Jos" din Galaţi, aprofundând tainele construcţiilor navale.

Prin această carte, *Poveştile Sulinei*, îmi doresc să readuc la viaţă fragmente din istoria acestui oraş emblematic, să evoc poveştile oamenilor săi şi să ofer cititorilor o fereastră către o lume ce pulsează de viaţă şi tradiţie. Fiecare pagină reflectă respectul meu profund pentru Sulina și pentru moștenirea sa culturală. Aceasta este o poveste despre rădăcini, identitate și pasiunea pentru locul care mi-a definit parcursul și m-a inspirat să privesc mereu spre orizont.

Despre Editura

Editura SELINAS este dedicată publicării lucrărilor care explorează teme captivante și autentice, cu un accent deosebit pe povești cu rădăcini culturale și istorice. Fiecare carte lansată sub sigla SELINAS oferă cititorilor o experiență de lectură valoroasă, menită să inspire, să educe și să conecteze trecutul cu prezentul.